CHRETIENS
ET
HOMMES CÉLÈBRES
AU XIXme SIÈCLE

PAR

L'ABBÉ A. BARAUD

Ouvrage honoré des encouragements
de plusieurs évêques et littérateurs distingués.

TROISIÈME SÉRIE

PARIS
TÉQUI, LIBRAIRE-ÉDITEUR
85, RUE DE RENNES, 85

1891

CHRÉTIENS

ET

HOMMES CÉLÈBRES

Paris. — Imprimerie TÉQUI, 92, rue de Vaugirard.

CHRÉTIENS
ET
HOMMES CÉLÈBRES
AU XIXᵐᵉ SIÈCLE

PAR

L'ABBÉ A. BARAUD

Ouvrage honoré des encouragements
de plusieurs évêques et littérateurs distingués.

TROISIÈME SÉRIE

PARIS

TÉQUI, LIBRAIRE-ÉDITEUR

85, RUE DE RENNES, 85

1891

APPROBATIONS ET APPRÉCIATIONS

Evêché
de
Luçon

Monsieur et cher curé,

Votre ouvrage: *Chrétens et hommes célèbres au XIXe siècle* est une œuvre d'apologiste dont je vous félicite.

En vous lisant, les chrétiens convaincus verront avec une sainte joie les cœurs d'élite, des esprits supérieurs apporter à nos croyances l'hommage de la science et de la vertu, et ceux que l'incrédulité a plus ou moins atteints reconnaîtront combien est absurde le préjugé, toujours si répandu, que la *foi* et la *raison* sont incompatibles, ils apprendront que, si les âmes médiocres refusent de soumettre à l'enseignement divin leur intelligence orgueilleuse, les âmes les plus nobles prouvent, au contraire, par leurs convictions et par leur vie, qu'il est souverainement raisonnable de croire.

Veuillez agréer...

† Clovis Jh. *Ev. Luçon.*

Evêché
de
Nantes

Monsieur le curé,

Je suis heureux de vous dire, après votre vénérable évêque, combien votre livre intitulé : *Chrétiens et hommes célèbres*, m'a paru intéressant et opportun.

On a dit très haut dans une certaine école, et l'on ne cesse de le répéter de nos jours : la Foi, avec ses dogmes inflexibles et immuables est par nature hostile à tout progrès; elle captive l'esprit et redoute le mouvement des idées; elle voudrait emprisonner la science et couper les ailes du génie lui-même. Quant aux pratiques religieuses que le christianisme préconise ou impose, ce ne sont que de mystiques puérilités, sans aucune influence sérieuse sur la direction de la vie, bonnes tout au plus à servir d'aliment à l'imagination naïve des enfants ou à la sensibililité maladive d'un certain nombre de femmes plus ou moins exaltées.

A ces indignes calomnies et à ces blasphèmes, votre livre, monsieur le curé, répond. non par de longues discussions ni par de longs raisonnements, mais ce qui vaut beaucoup mieux, par des faits empruntés à l'histoire contemporaine, faits notoires et incontestables.

Ce genre d'apologie simple et lumineux est parfaitement approprié aux besoins de l'heure présente.

Vous avez donc lieu d'espérer, monsieur le curé, que votre travail fera du bien. Puisse-t-il contribuer, pour une large part, à dissiper tant de funestes préjugés, à fortifier dans leurs convictions ceux qui ont le bonheur de croire, et à préserver d'une chute définitive ceux qui, trop nombreux hélas! parmi nous, ont déjà senti passer sur leur âme le souffle mauvais du scepticisme et de l'incrédulité.

Agréez, avec mes félicitations, l'assurance. .

† Jules Ev. de Nantes.

Evêché
de
Luçon

Cher monsieur le curé,

Les premières pages de votre ouvrage que j'ai lues avec une sérieuse attention m'ont vivement impressionné, j'aurais voulu avoir le loisir de le lire d'un seul trait, tant elles ont captivé mon esprit et mon cœur.

J'ose espérer qu'elles feront du bien à tous vos lecteurs, comme elles m'en ont fait à moi-même...

Bien respectueusement tout vôtre...

M. Garreau
vic. gén.

INSTITUTION RICHELIEU
LUÇON (*Vendée*)

Monsieur le curé et cher ami,

Vos notices m'ont, en général, vivement impressioné surtout celles dont des héros sont des personnages tout à fait historiques, comme Alexandre Ier, Ampère, Bautin, etc.

C'est d'ailleurs une excellente pensée de présenter l'influence et l'action du catholicisme dans la vie et la mort des hommes célèbres, grands par l'intelligence, par le cœur et par la situation. Sur un grand nombre d'âmes, ce sera la meilleure des instructions et l'excitation la plus puissante à la pratique des devoirs religieux.

La veine que vous exploitez est d'ailleurs très riche et presque inépuisable.

P. Prunier, *supéreur*,

Paris, 18 Janvier

Monsieur le curé,

Je ne saurais trop vous féliciter de travailler d'une façon si utile pour l'Église. Les apologistes nous font défaut. Vos biographies des *Hommes célèbres du XIXe* siècle seront les bienvenues.

Très rares sont les personnages de marque qui, de nos jours ont mal fini. Au milieu de nos tristesses c'est pourtant une bien grande joie pour moi de savoir que des prêtres comme vous travaillent en ce sens. De tels exemples nous consolent et nous fortifient.

Veuillez...

Oscar Havard,
rédacteur au *Monde*

Paris

Cher Monsieur le curé,

A peine arrivé au terme des pages de votre manuscrit. « *Chrétens et hommes célèbres* » que vous avez bien voulu me confier, encore sous le charme du puissant intérêt qui se dégage d'entre ces feuilles pleines de cœur et de raison; d'humilité et de grandeur, de vaillance et de simplicité et d'ardente foi, de sublime patriotisme, je me permets de venir joindre ma modeste obole de félicitation et d'admiration à celles que d'autres, mieux placés sur le chemin du paradis ou des grandeurs humaines, vous ont déjà apportées.

Combien je vous admire d'avoir entrepris ce travail gigantesque, monument plus difficile à ériger que la tour Eiffel, mais aussi mille fois plus durable, puisqu'il sort de votre plume, cette fidèle chose, et a pour point d'appui les pages de l'histoire, tandis que l'autre, colosse de fer, a ses pieds dans l'argile.

Les choses meurent, non l'histoire.

On a dit, — mais que ne dit-on pas, — on a dit que dans notre siècle athée, les femmes suivant le mouvement donné par l'orgueil de l'époux, avaient déjà remplacé leur confesseur par leur médecin. Quelle erreur! et combien peu connaissent le monde ceux qui parlent ainsi.

Certes, dans les grands centres, au milieu des grosses agglomérations, à Paris surtout, ces choses-là peuvent être... mais dans quel milieu, Seigneur! et combien de larmes de sang seront versées par ces dévoyées! Madeleine n'est-elle pas la vivante image de l'erreur d'un moment et du repentir éternel?

Je suis beaucoup de l'avis de ceux qui n'ont pas foi en ce qu'on appel l'athéisme pur et simple. Quelque féroce, quelque révoltée qu'elle soit la faible humanité a toujours eu une croyance quelconque. A mon avis l'athée étant un mythe, il en reste en présence, aujourd'hui sur la terre de France que des bons et des mauvais, c'est-à-dire deux grandes familles, personnifiées par le Catholicisme et la franc-maçonnerie.

Pardon de cette longue parenthèse, cher Monsieur le curé, et veuillez ne pas m'en vouloir trop fort de l'avoir ouverte, elle me semblait nécessaire, non pour verser un trop-plein de fiel, que personne, j'en suis certain, n'y découvrira, mais pour faire œuvre de peintre, embrassant un fond obscur sur lequel votre puissant et charmant livre « *Chrétens et hommes célèbres* » doit se détacher lumineux.

Vous avez fait là, cher Monsieur le curé, la construction du plus merveilleux *Panthéon* qu'un catholi-

puisse rêver. Panthéon sur le fronton duquel peut se lire, sans y être inscrit ce seul mot : *Devoir !* Parce qu'à lui seul il réunit tous les autres mots : croyances espérance, famille, patrie, orgueil bien placé, humilité saine, soif du bien, horreur du mal, amour pour Dieu et pour nos semblables, charité. — C'est de la fatuité, je le veux bien, mais en conscience, croyez-vous qu'il soit une autre seule terre au monde, en dehors de notre beau pays de France, qui puisse fournir à vos souvenirs et à vos recherches une telle somme de héros chrétiens?

Ni l'auteur du *Génie du Christiansme*, Chateaubriand, ni M. de Lescure qui a fait le *Panthéon des grands hommes* n'ont eu la simple, mais sublime idée comme vous, d'exhumer les portraits de ceux qui, dans leur siècle, s'étaient fait un nom, tout en gardant l'amour du divin Maître.

« Très rares sont les personnages de marque, qui de nos jours, ont mal fini, » vous disait dans sa lettre M. Oscar Havard. C'est vrai, très vrai, et cependant cette pensée me semble restreinte. Il est plus consolant et plus juste de dire « Très rares sont les personnages de marque qui de tout temps, ont mal fini. » Constantin fut vaincu par la Croix, Witikind par le roi très chrétien Charlemagne, Clovis, par la prière d'une pauvre petite reine... Pas une seule des pages de l'histoire ne manque d'un de ces exemples.

Pourtant, pour entreprendre l'édification de cette œvre de vérité, il vous fallait la ténacité des forts, et aussi, — ne prenez pas cela pour une raillerie, — la patience d'un pêcheur à la ligne.

Comment, tout au fin fond de votre Vendée, avez-vous réussi à rassembler la montagne de documents-matériaux qu'il vous fallait? Je l'ignore. Par quel prodige de patiente constance, vous, modeste architecte de ce beau temple de mémoire, avez-vous réussi ce qu'à Paris un autre n'eût pu faire?

Je ne sais encore combien cela vous demanda-t-il de temps, de labeurs pénibles, de longues veilles? Je ne sais toujours pas, et vous seul pouvez le dire.

-Mais le temple est fait.

Humble serviteur de Jésus, ce livre est destiné à faire, dans la moyenne de vos forces débiles, ce que le Sauveur fit dans toute la splendeur de son abnégation divine...

Le résumé de ces réflexions est celui-ci : « *Chrétiens et hommes célèbres* » est un ouvrage de haute portée et d'une valeur sincère, il est destiné à émotionner, à raffermir les bons, à étonner et peut-être même à ramener beaucoup de mauvais. En tous cas, il sera le salut certain des pauvres esprits qui hésitent, leur vie durant, sur la voie qu'ils auront à choisir. — C'est là tout le mal que je leur souhaite.

Pour vous, cher Monsieur le curé, veuillez agréez l'hommage de ma sincère et respectueuse admiration.

PAUL FÉVAL

Dimanche de la Passion, 23 mars 1890

CHRÉTIENS
ET
HOMMES CÉLÈBRES

MILLERIOT (P.)

PRÉFET DES ÉTUDES A STANISLAS.

(1800-1881)

> « Un jésuite, ça ?
> « — Oui, un jésuite ça ! Tu es encore bon enfant, toi, tu ne sais pas qu'un jésuite c'est tout ce qu'il y a de plus *chic* dans les curés. »
> *Deux ouvriers*, d'après BERNADILLE

C'est l'apôtre des ouvriers, l'ami des pauvres, le religieux dévoué à toutes les misères physiques et morales que nous présentons ici à l'admiration du lecteur. M. Victor Fournel lui a consacré des pages émues que nous allons reproduire.

« Louis Milleriot est né à Auxerre, le 11 janvier 1800. Il est donc dans sa soixante-dix-huitième année : « Je sais bien que je suis un peu âgé, mais cela ne s'appelle pas être vieux, » a-t-il dit quelquefois; et je vous assure que nul de ceux qui le connaissent ne songe à le traiter de vieillard. Il a été préfet des études à Stanislas, puis quelque temps missionnaire de France, c'était là sa vraie vocation ; il n'en est plus sorti. Le Père Milleriot est un missionnaire fait pour évangéliser les sauvages de la civilisation ; et particulièrement les Peaux-Rouges de Paris. Il y a trente-quatre ans qu'il travaille à son œuvre d'apostolat dans la grande ville ; il y en a trente-six qu'il est entré dans la Compagnie de Jésus.

— Un Jésuite, ça ? disait d'un ton d'incrédulité à son camarade un ouvrier qui venait de l'entendre ?

— Oui, un Jésuite, ça ! Tu es encore bon enfant, toi ! Tu ne sais donc pas que les Jésuites c'est tout ce qu'il y a de plus *chic* dans les curés ? N'importe ! Je comprends l'étonnement du premier. On prétend que les Jésuites se ressemblent tous, comme les soldats, qu'ils ne font pas un geste qui n'ait été prévu par le règlement... Il faut croire que le P. Milleriot aura brisé le moule, car personne n'a jamais moins ressemblé au type convenu du Jésuite.

Ce quasi-octogénaire, *qui est un peu âgé mais qui n'est pas vieux*, se lève chaque jour à trois heures et demie du matin, dit sa messe à cinq heures moins un quart, et part à six heures pour son confessionnal de Saint-Sulpice, où il reste jusqu'à midi, et où il rentre à deux heures pour n'en plus sortir avant le soir. Le confessionnal du P. Milleriot est un arsenal rempli de chapelets, de médailles, de crucifix qu'il distribue à sa clientèle. Plus encore que la cellule de la rue de Sèvres, plus que la chaire, plus que les salles des œuvres qu'il dirige avec un zèle infatigable, c'est sa vraie demeure.

Le P. Milleriot n'est pas un orateur de parade : il ne prêche que pour amener au confessionnal, il n'aime que les *gros poissons*, comme il dit. Plus ils sont gros, plus il excelle à les prendre. Ce qu'il lui faut, ce sont des hommes qui ne peuvent pas sentir un prêtre, et qui n'ont jamais mis le pied dans une église depuis leur première communion.

Un jour à la suite d'une retraite où il avait donné rendez-vous aux pécheurs les plus endurcis il voit une vieille femme s'acheminer vers son confessionnal :

« — Pas de femmes, s'écria-t-il.

« — Mais, mon père, il y a cinquante ans que je ne me suis confessée.

« — Alors, c'est bien, *vous valez un homme.* »

Il est le médecin de l'âme qu'on appelle dans les cas désespérés. Y a-t-il, à l'hôpital ou ailleurs, un malade qui entre en fureur quand on lui parle des *calotins*, un communard qui se vante d'avoir tiré sur les *ratichons*, le P. Milleriot est là toujours prêt. Neuf fois sur dix, à force de dévouement, de conviction, d'entrain, de bonne humeur, à force de franchise et aussi de savoir-faire, il vient à bout des incrédulités les plus opiniâtres. Par mille ingénieux stratagèmes, il sait arriver jusqu'à eux et trouver le chemin de leur âme ; il les surprend et ils se trouvent saisis, désarmés, avant même, pour ainsi dire, d'avoir pu faire résistance.

..

Un jour, c'est comme *son pays* qu'il aborde, à la Charité, un mourant enfermé dans son impiété muette et sombre ; une autre fois, c'est en se trompant de porte sur un palier, qu'il tombe par hasard dans la chambre d'un malade incrédule, et le charme si bien que l'enterrement civil y perd un client.

On ne saurait dire toutes les industries de son zèle. Il désarme les plus rébarbatifs, les plus récalcitrants. On a beau se mettre en garde, impossible de lui résister : c'est toujours par le côté qu'on n'avait pas prévu qu'il arrive au cœur de la place. Un concierge esprit-fort, un savetier radical, athée et darwiniste qui trouve que la religion est bonne tout au plus pour le peuple, (savetiers et concierges sont les grands amis du P. Milleriot) résisterait à un argument et se hérisserait aussitôt de citations du *Rappel*; il ne résiste pas à une caresse ou à un cadeau à son *petit*. Il avait ramassé toutes ses forces pour soutenir le choc d'une attaque, mais il ne s'attendait pas à une conversation amicale, où ses préjugés finissent par se fondre en une poignée de main.

Sous la Commune, le Père ne quitta ni Paris, ni sa maison, ni son confessionnal. Il parcourait tranquillement les rues en soutane, au plus fort de cette Terreur en raccourci. Les gens du quartier le connaissaient et l'eussent protégé; mais il n'avait besoin de personne. On cite vingt traits étonnants e son sang-froid et de son ascendant sur les hommes du peuple. Je n'en puis rapporter qu'un, mais il me semble résumer sa vie, son caractère et son genre d'esprit.

Un poste de fédérés l'arrête dans la rue.

« Qui es-tu? dit un grand diable galonné en lui mettant la main sur l'épaule.

« — Je suis le père des pauvres.

« — Qu'est-ce que ça veut dire?

« — Ça veut dire que j'ai donné 15.000 francs d'aumône cette année. Et toi?

« Les fédérés, ahuris, s'écartèrent et le laissèrent passer. »

***

Au mois de février 1881, le P. Milleriot dut garder la chambre et bientôt le lit. Son supérieur a écrit, à ce sujet, des notes qui nous font connaître la piété aimable du vénérable religieux.

« Qu'arriverait-il? mon Père, si un beau matin je venais vous dire : Père, dans huit jours vous serez en Paradis.

« — Mon Révérend Père, si vous veniez me dire une chose comme cela, j'en serais si content que je serais capable d'en mourir de joie, de ne pas attendre les huit jours et de vous faire mentir.

Malgré cela, reprit-il, à l'occasion, ne manquez pas de venir m'en donner la nouvelle.

— Bonjour, mon Père. Qu'avez-vous fait depuis hier?

— Ce que j'ai fait?... De l'ennui gros comme cela.

Et il ouvrait les bras aussi grands qu'il pouvait.

— Et avec de l'ennui gros comme cela, ajoutait-il, j'ai fait de la pénitence gros comme cela.

Et il rapprochait, jusqu'au contact, les paumes de ses mains à demi fermées.

— Alors on s'est impatienté?

— Oh! pas du tout.

— La patience, disait-il agréablement, est un extrait, un élixir.

— On plaisante donc toujours?

— Il le faut bien. Sans cela on serait insupportable à son pauvre prochain.

— Il y a longtemps que je ne vous ai vu. Je viens savoir si vous avez fait de l'ennui?

— De l'ennui? Pas le moins du monde. J'ai fait mieux que cela.

— Vous avez souffert?

— Oui.

— Vous avez prié?

— Oui.

— Vous avez prié pour moins souffrir?

— Par exemple! Certainement non. Comment? Il y a des pécheurs qui offensent Dieu tout le long du jour, qui meurent, qui se damnent, et je prierais pour souffrir moins! Allons donc. Pauvres pécheurs, j'ai prié pour eux.

— Comment êtes vous aujourd'hui?

— Comment je suis! Toujours souffrant, toujours content.

— Vous ne vous ennuyez pas?

— Du tout.

— Vous souffrez beaucoup?

— Enormément.

— Pour les pécheurs?

— Oui, comme ils sont à plaindre! Il n'ont point en cette vie les consolations que nous avons, les seules vraies. Ils courent à leur damnation dans l'autre. Il faut bien faire quelque chose pour eux. Je fais mon petit possible. Je prie, je souffre.

— Et de bon cœur?

— Toujours.

— Et vous souffrez aussi un peu pour vous?

— Je crois bien, certes, je n'oublie pas qu'il y a un purgatoire. »

* * *

Le 2 mars 1881, le saint religieux expirait dans

la paix du Seigneur. Autour de son cercueil se pressaient en foule les nombreux ouvriers qu'il évangélisait, et les amis que sa bonté s'était attirés dans les différentes classes de la société.

L'apôtre était entré enfin dans le lieu du repos mais son zèle avait semé des germes qui devaien mûrir en leur temps. Le P. Milleriot avait eu les relations les plus cordiales avec un homme que ses idées antireligieuses semblaient séparer entièrement de lui. Mais M. Littré était une âme loyale. La franchise militaire du bon Père lui plaisait. Il lisait avec attention et respect ses lettres, et recevait avec reconnaissance ses visites empressées.

Le jour où le P. Milleriot mourut, écrit le P. Clair, son supérieur, le P. Pitot crut devoir transmettre à l'académicien la douloureuse nouvelle, et lui fit dire que *son vénérable ami était mort de la mort des saints, en priant pour lui.*

Voici textuellement la réponse de M. Littré; elle laissait pressentir le grand changement qui devait s'opérer en lui, sous l'influence de la grâce au seuil de l'éternité.

« C'est vivre quelques jours de trop que de vivre pour voir mourir des hommes tels que le P. Milleriot. C'est une grande perte pour moi. Il a été pour moi d'une bonté angélique. Il m'aimait sans que rien en moi, pût motiver cette affection de sa part, je ne la méritais pas; j'en jouissais comme d'une grâce, et je lui en étais bien reconnaissant. La grâce nous est donnée sans qu'on la mérite, vous le savez mieux que moi.

« Remerciez beaucoup le P. Supérieur, et dites-lui que la démarche qu'il fait faire aujourd'hui près de moi m'est bien douloureuse en son motif, mais qu'elle m'est aussi bien douce par l'attention qu'il me témoigne. »

Tels étaient les sentiments que la mort du saint religieux faisait naître dans le cœur de l'illustre savant.

MOIGNO

INVENTEUR, MATHÉMATICIEN, CHIMISTE, LINGUISTE, CHANOINE DE SAINT-DENIS.

(1804-1884)

> « M. Moigno marche depuis un siècle à la tête du mouvement scientifique en France. »
> J.-B. DUMAS.
> secrétaire de l'Académie des sciences.

Le célèbre abbé *Moigno* est né à Guéméné (Morbihan). Son père qui s'appelait Moigno de Villebeau avait abandonné son titre nobiliaire à la Révolution.

M. Moigno entra de bonne heure dans la Compagnie de Jésus où il resta dix-huit ans; mais il en sortit en 1844, sur les instances d'Arago, de Binet, d'Ampère et d'autres savants, qui, admirant ses talents et ses connaissances extraordinaires, voulaient le voir se consacrer tout entier à sa science de prédilection, au milieu d'eux à Paris. Depuis, il a beaucoup regretté l'isolement qui en est résulté pour lui.

Il était doué d'une grande aptitude pour les sciences physiques et mathématiques et les langues : sa mémoire et son intelligence étaient prodigieuses. Théologie, linguistique, sciences exactes, sciences naturelles étudiées au point de vue théorique et pratique, ce savant a tout abordé, tout pénétré. Capable de réciter de suite les cent vingt-trois premiers chiffres de *Pi*, il connaissait la hauteur de toutes les montagnes du globe, et répondait imperturbablement à toutes les questions qu'on voulait lui poser sur les dates de la vie de tous les rois de France, de tous les Papes depuis St Pierre. Il possédait douze langues, avait professé la théologie et la philosophie, et tout récemment encore les sciences dans la salle du Progrès, et n'avait rien oublié de ce qu'il avait appris, et il avait tout appris, dit M. Victor Fournel.

« En 1871, un obus prussien lui broya cinq cents volumes; mais comme il les avait tous lus, il ne les considéra pas comme perdus. Au minimum, il se rappelait le livre, la page et la ligne où se trouvait le renseignement dont il avait besoin. Sur son invitation, continue *Bernardille*, je le mis à l'épreuve en lui demandant à brûle-pourpoint les noms du

36ᵉ patriarche de Constantinople, du 123ᵉ pape et du 10ᵉ comte palatin du Rhin. Il réfléchit quelques secondes, et répondit : Sergius, Landon, Conrad de Souabe. Je vérifiai aussitôt. C'était bien cela. J'avoue que je fus saisi. »

Par goût et par besoin, il collabora pour la partie scientifique à *l'Epoque*, à *l'Union catholique*, au *Pays*, à *la Presse*, à *l'Univers*, au *Monde*, et traduisit une foule d'ouvrages scientifiques étrangers. Il a fondé le *Cosmos*, revue scientifique, très estimée dans le monde entier, puis *Les Mondes*, qui sont réunis depuis et fondus dans le *Cosmos* actuel. Il avait parcouru toute l'Europe, s'entretenant avec les savants, fouillant les bibliothèques, étudiant les pays et rédigeant tout ce qu'il observait. Il a écrit la valeur de plus de 100 volumes.

Aumônier du Lycée Saint-Louis, prêtre attaché à St-Germain-des-Prés, chevalier de la Légion d'honneur, chanoine à St-Denis en 1873, ces divers postes ne lui ont donné qu'un bien léger viatique pour l'aider à parcourir sa longue et laborieuse carrière.

*
* *

M. Victor Fournel a donné, dans le *Moniteur universel*, les détails qui suivent sur l'humble savant.

« J'ai connu l'abbé Moigno à la fin de l'empire. Ce savant était diacre d'office à Saint-Germain-des-Prés.

« Mais ne croyez pas qu'il se plaignît de sa position. Non pas, ses goûts et ses besoins étaient modestes. Il s'acquittait de ses devoirs avec la régularité d'un jeune vicaire. Il interrompait un article des *Mondes*, sa correspondance avec J.-B. Dumas, ses recherches sur l'optique, la mécanique ou l'électricité pour réciter son bréviaire ou descendre à un convoi. Quand, plus tard, son traitement monta jusqu'à 125 francs par mois, il se trouva riche. Ce qu'il gagnait par ses travaux scientifiques, c'était pour l'entretien de sa bibliothèque. Ses 125 francs par mois accrus de quelque léger casuel, suffisaient à la vie de ce cénobite.

« Il est vrai que la paroisse le logeait dans une sorte de maisonnette, accolée au flanc de l'église. On lisait sur le mur : *Sonnette des Sacrements*. Souvent, la nuit, l'ami d'Arago et d'Ampère était réveillé en sursaut, pour aller à travers la pluie ou à neige porter le viatique à quelque bonne femme :
« Par bonheur, me disait-il, j'ai le sommeil d'un nfant; dès que je pose la tête sur l'oreiller, je m'endors. »

« ... Il m'est arrivé de trouver ses portes ouvertes et d'errer dans les couloirs en jetant des appels ongtemps sans écho. A la fin, la vieille bonne infirme qui le servait depuis un demi-siècle arrivait et nous cherchions ensemble son maître, qui parfois était parti pour le bureau du journal ou pour une séance de l'Académie, en oubliant de fermer sa porte.

« Et, en dehors de ses livres et de ses papiers, qu'aurait-on pu lui voler? Le mobilier de sa chambre à coucher lui avait coûté 35 francs dans une vente du quartier. Il fut fracassé, le 20 janvier 1871 par un obus prussien qui tomba sur la toiture de St-Germain-des-Prés; mais la ville de Paris, dans sa munificence, recolla comme des objets précieux les fragments du bois de lit, de la table de nuit e des chaises de paille. Quant au cabinet de travail c'était un déversoir, un abîme où venaient s'engouffrer chaque jour les publications scientifiques du monde entier.

L'abbé Moigno était un correspondant avec tous les chimistes, physiciens, mathématiciens et naturalistes du globe. Les fauteuils y servaient aux usages les plus divers, excepté à celui pour lequel ils ont été créés; ils supportaient des in-folio, des rames de papier noirci, des fioles, des échantillons, des appareils; il se retrouvait sans peine au milieu de ce chaos.

« La vie de l'abbé Moigno était réglée et méthodique comme un théorème. Toujours couché entre 10 et 11 heures du soir, toujours levé à six heures du matin, eût-il été dérangé deux ou trois fois la nuit; il ne faisait son premier repas qu'à midi. Et quels repas! J'en appelle à ses invités, s'il en survit... Puis comment ne pas être doux avec un homme qui était la douceur même et se laissait mener comme un enfant? »

***

M. J.-B. Jaugey, décrit ainsi la physionomie du célèbre savant dans les dernières années de sa vie.

« L'abbé Moigno, dont M. Dumas disait naguère en pleine Académie qu'il marche depuis un demi-siècle à la tête du mouvement scientifique en France, est bien le plus curieux type de savant qui se puisse rencontrer. C'est un vieillard de près de 69 ans, de taille moyenne, un peu voûté, au pas alerte, aux mouvements vifs, à la voix douce, au timbre élevé, toujours armé de lunettes, et dont la tête fine, presque malicieuse, est couronnée d'abondants cheveux blancs. Au moral, c'est un caractère simple, naïf comme un caractère d'enfant, ardent et confiant comme on l'est à vingt ans, tenace comme on l'est dans le Morbihan, son pays natal.

« Il a passé 18 ans dans la Compagnie de Jésus, et il en observe les règles autant que sa position le lui permet. Il remplit avec scrupule tous les devoirs du prêtre, et n'a jamais manqué que trois fois de dire sa messe dans le cours de sa longue carrière sacerdotale de cinquante-cinq ans. Il trouva le temps de dire régulièrement son bréviaire en rédigeant à lui seul *Les Mondes*, en écrivant les *Leçons de mécanisme analytique*, en préparant ses cours, et il n'a jamais songé que ses travaux transcendants puissent l'autoriser à demander une dispense quelconque. »

Si maintenant vous voulez l'interroger, il est à vos ordres, prêt à scruter avec vous les problèmes les plus ardus de la science, ou à descendre jusque dans les plus minces détails de la pratique, ou enfin, si vous venez à lui comme à l'un des ministres de la sainte Église, tout disposé à dissiper vos doutes, à affermir votre faiblesse et à guérir vos blessures. Car le cœur du saint prêtre n'était pas desséché par les formules abstraites de la science, il était plein de charité pour Dieu et les âmes. Son zèle pour les âmes, il en donnait des preuves chaque jour et presque chaque nuit, puisqu'il mettait son temps si précieux à la disposition du dernier des pauvres malades qui le faisaient demander.

Son amour pour Dieu était plus ardent encore. Il n'avait qu'un but dans toutes ses études : être utile à Dieu, à sa religion, au salut des âmes. La gloire de Dieu, c'est à cela que tendaient toutes ses veilles et ses immenses travaux, et quelques jours avant sa mort, répondant lui-même à un renseignement sur ses œuvres, il nous écrivait sur le lit où il devait mourir peu après, avec une humilité et une piété extraordinaires :

« Mon cher confrère, »

« .... Priez bien pour moi : je suis cloué, assis, sur mon fauteuil par une plaie du pied. Demandez mon rétablissement, car j'ai encore beaucoup à faire en dépit de mes 81 ans.

Votre humble confrère,

L'abbé F. Moigno. »

26 Juin 1884.

On le voit, le courage et l'espoir ne lui manquaient pas.

La simplicité, on l'a vu dans ces pages, était encore une vertu qu'on admirait en lui. Cette simplicité, caractère du grand en toutes choses, caractère commun de la vraie vertu et du vrai génie, faisait le charme de sa personne et de sa conversation. Il était humble et petit avec tout le monde.

La pauvreté enfin fut toujours sa vertu favorite. Il a vécu pauvre et est mort si pauvre, que quelques amis ont dû subvenir aux dépenses de ses dernières semaines de maladie, car il n'a jamais voulu amasser ni garder, suivant à la lettre le conseil de Jésus-Christ dans l'Evangile. Il a fait la fortune de plusieurs par ses inventions, non la sienne. C'est lui qui a lancé M. Giffard, à qui il a fait gagner plusieurs millions, et celui-ci, oubliant l'homme généreux qui l'avait si puissamment aidé, a laissé à l'Etat son immense fortune. Sans cesse,

M. Moigno disait : « Je veux enrichir telle bonne œuvre, telle mission avec une invention nouvelle que j'ai ici. » C'est vrai, il promettait et donnait d'avance, et d'autres profitaient de l'invention ; et c'est ainsi qu'il est sorti de ce monde aussi pauvre qu'il y était apparu.

Mais s'il fut pauvre des biens de ce monde, nous savons que son cœur fut riche de bonté, son âme riche de vertus, et qu'il a laissé à tous l'exemple de ce que peut, dans l'ordre intellectuel, le travail opiniâtre joint au talent, et dans l'ordre moral, la fidélité au devoir soutenue par l'amour de Dieu.

Deux ans avant sa mort, ce prêtre savant avait offert à Léon XIII le seul exemplaire du recueil du *Cosmos* qu'il possédât et qui vaut une somme énorme, cette collection étant devenue des plus rares. Le Pape l'a fait placer dans la Bibliothèque vaticane.

MONCEY

MARÉCHAL DE FRANCE, SÉNATEUR, PAIR DE FRANCE.

(1754-1842)

> « Nous avons vu le prêtre, administrer les sacrements au vieux soldat, et ce spectacle était plein de grandeur et de majesté. »
>
> (Général AMBERT)

Adrien *Moncey* né à Moncey, près de Besançon, était fils d'un avocat au Parlement de Franche-Comté. Il s'évada du collège à 15 ans pour s'enrôler dans l'armée royale. Son avancement fut si rapide, qu'en 1794, il était général de brigade ; général de division deux mois après, il reçut le commandement en chef de l'armée d'Espagne, et envahit la vallée de Ronceveaux, où il détruisit une pyramide élevée pour perpétuer la défaite de Roland, battit les Espagnols, et les força à demander la paix.

En 1796, envoyé à l'armée des Côtes de Brest, il avait réussi, par un esprit de modération et d'équité, inspiré par sa foi religieuse, à faire accepter, dans une certaine mesure, à ces populations royalistes le gouvernement républicain.

Ses qualités furent appréciées par Napoléon Ier qui le chargea de plusieurs commandements importants. En 1800, il eut la gloire de contribuer à la victoire de Marengo, après avoir traversé le Saint-Gothard avec 12.000 hommes. Aussi fut-il nommé maréchal de France et sénateur.

La Restauration le fit pair de France. Il combattit plus tard le ministère Villèle, accueillit avec joie la révolution de 1830 et fut fait gouverneur des Invalides. C'est en cette qualité qu'il reçut les restes mortels de Napoléon Ier.

Dans cette circonstance, le vieux guerrier, couvert d'années et de gloire, malade, glacé par le froid de la saison et de la vieillesse, pouvant à peine se mouvoir, voulut se faire porter à l'église et assister à la cérémonie tout entière.

« Lorsque parut le glorieux cercueil porté sur les épaules des marins, dit le général Ambert, un frémissement parcourut l'assemblée, le Roi descendit de son siège pour venir à la rencontre du cercueil; tout le monde se leva.

« Le vieillard (Moncey) assis à gauche de l'autel, voulut se lever aussi, les forces lui manquèrent, il retomba sur son fauteuil. Un éclair d'émotion passa sur ce visage déjà marqué de l'empreinte de la mort, et de son regard éteint, un instant ranimé, le vieillard semblait dire : *J'ai assez vécu !*

« Quelques semaines après le vieux guerrier, en effet, avait cessé de vivre. Les premières impressions chrétiennes de son enfance ne s'étaient pas effacées, et le vieux maréchal de France se souvenaît des principes que recevait jadis le fils de l'avocat au parlement de Besançon.

« Nous avons vu le prêtre administrer les derniers sacrements au vieux soldat, et ce spectacle était plein de grandeur et de majesté.

« C'est que le vieux maréchal, ajoute le général Ambert, fut toujours fidèle aux enseignements de son enfance. Il était donc fort religieux, sans ostentation et sans mystère. »

MONTALEMBERT (de)

PAIR DE FRANCE, ORATEUR, DÉPUTÉ.

(1810-1870)

> « Nous montrerons au monde qu'on peut être chrétien sans être rétrograde et servir Dieu avec la noble humilité d'hommes libres. (DE MONTALEMBERT.)

« Je suis le premier de mon sang qui n'aie guerroyé qu'avec la plume, » a dit Montalembert; mais comme tous ses aïeux, à la tribune et à la presse, il aima et fit la guerre pour la sainte cause de l'Eglise : il fut dans les assemblées parlementaires le grand champion de la liberté religieuse et de l'enseignement catholique.

C'est à ce titre que nous devons inscrire ici son nom et ses victoires.

Le comte Charles *de Montalembert* est né à

Londres, en 1810. En 1826, entré au collège Sainte-Barbe, à Paris, où la politique et les journaux de l'opposition avaient pénétré, le jeune homme se rendit populaire parmi les libéraux du collège ; mais quand il s'agissait de religion, il était seul de son avis, seul croyant parmi les incrédules, et il n'en rougissait pas.

Fils d'un pair de France, encore seulement rhétoricien, il se sentait appelé à la défense des droits de l'Eglise dans la vie politique : « Nous montrerons au monde, disait-il déjà, qu'on peut être chrétiens sans être rétrogrades, et servir Dieu avec la noble humilité d'hommes libres. »

Et ce qu'il disait si bien, il le pratiquait courageusement au milieu d'une société si troublée. Ecoutons-le dans l'ardeur de sa jeunesse et de sa foi : « Tout le monde se moque de moi. Je n'entends résonner que les noms de *globiste*, doctrinaire, jeunesse présomptueuse, ardente et folle... Je défonds les Jésuites toute la journée, ce qui paraît étonner beaucoup papa. »

C'est qu'en 1828, comme le remarque M. Fourier, il était très original de défendre les Jésuites.

Montalembert courut en Irlande voir de près et entendre celui qui devait être son modèle dans les luttes quotidiennes, le grand O'Connel.

De retour à Paris, croyant trouver, dans Lamennais et Lacordaire, les compagnons d'armes qu'il cherchait, et dans le journal l'*Avenir*, un moyen d'action plus puissant pour revendiquer les droits de Dieu, il s'associa avec ces hommes de talent, heureux de lire en tête de l'*Avenir* cette belle devise : *Dieu et la liberté*. « S'il nous eût été donné, écrivait-il alors, de vivre au temps où Jésus vint sur la terre et de ne le voir qu'un moment, nous eussions choisi celui où il marchait couronné d'épines et tombant de fatigue sur le Calvaire. »

Paroles enthousiastes, qui montraient bien la générosité de sa foi.

Un article de la Charte avait promis la liberté d'enseigner. L'*Avenir* insista pour l'exécution de cette promesse. Le gouvernement répondit en poursuivant les curés de Lyon qui donnaient des leçons de latin à leurs enfants ds chœur : « Eh bien, dit Lacordaire, puisque le gouvernement nous refuse la liberté, nous la prendrons. » Et avec Montalembert et M. de Coux, il ouvre une école qui fut fermée le lendemain.

Montalembert, traduit avec ses courageux complices devant la Chambre des pairs dont il faisait partie, répondit au chancelier Pasquier qui lui demandait ses noms et qualités : « Charles, comte de Montalembert, âgé de 21 ans, *maître d'école* et pair de France. »

Après le réquisitoire du procureur général, le jeune défenseur de la liberté d'enseignement, se levant, fit entendre ces belles paroles. « La tâche de nos défenseurs est accomplie, la nôtre commence. A nous, accusés, il appartient de parler un autre langage, celui de nos croyances et de nos affections, de notre cœur et de notre foi, le langage catholique. »

C'était la première fois, dit M. Fourier, que les pairs l'entendaient sous cette forme. Les assemblées de la Restauration avaient vu à la tribune des catholiques royalistes, Bonald, Chateaubriand, mais jamais de catholiques tout court : « Nous sommes résignés à tout, ajoutait fièrement Montalembert, à tout, si ce n'est à la servitude, il est bon que le pouvoir le sache et s'en souvienne. »

Le procès de *l'Ecole libre* fut suivi de la disparition de *l'Avenir*; et quand Lamennais se sépara tristement de l'Eglise, Montalembert, donnant un magnifique exemple de la soumission de sa foi, envoyait à Rome son adhésion aux deux Encycliques qui avaient condamné son maître.

*
* *

Montalembert n'était lié à aucun parti politique. Avant tout, il était parlementaire, et avant d'être parlementaire, il était catholique. Il fut le premier des catholiques qui, dans une Chambre française, invoquât la liberté contre la tyrannie gouvernementale, le premier des libéraux qui osât franchement se dire catholique, et réclamer pour ses coreligionnaires autre chose que le droit d'être toujours les serviteurs du gouvernement. En 1835 il était à la Chambre haute le seul de son opinion.

C'est à cette époque que Montalembert forma le projet de constituer un parti catholique : « Il faut, disait-il dans une lettre à Biot, qu'il se forme en France un parti catholique pur, libéral sans être démocratique, et conservateur sans être absolutiste; voilà ce qui est évident pour toi comme pour moi. »

La ligne de conduite du jeune orateur ne fut pas alors approuvée par tous les catholiques et tous les membres du haut clergé, mais plusieurs évêques, entre autres, Mgr Parisis, lui apportèrent franchement leur adhésion, et le nonce du Pape en France dissipa les scrupules « en déclarant qu'à ce moment c'était aux laïques qu'il appartenait de sauver l'Eglise (1). » En 1836, Grégoire XVI lui-même le félicitait de son attitude, et ajoutait : « L'Eglise est amie de tous les gouvernements quelle qu'en soit la forme, pourvu qu'ils n'oppriment pas sa liberté. » C'est à Montalembert que revient, en partie, l'honneur d'avoir choisi ce terrain pour engager la lutte contre le pouvoir.

Ses principes l'avaient fait l'ennemi acharné de l'Université, qui tendait toujours au monopole de l'enseignement. « Adversaire déclaré de la centralisation, il jugeait que l'Etat avait bien assez de rendre la justice, de faire la police, d'être législateur, juge, gendarme, chef de bureaux, sans

---

(1) Fourier. *Illustrations du XIXe siècle.*

aller s'établir encore maître d'école de pension, et il pensait avec Mme de Staël que « la religion n'est rien si elle n'est tout. »

« C'est le 6 juin 1842 qu'il porta pour la première fois cette question à la tribune. A la fin de l'année, il composa sa brochure : *Du devoir des catholiques dans la question de la liberté de l'enseignement*. Elle donnait à la fois le signal et le programme de la campagne. Le moment était bien choisi : pour la première fois depuis la Ligue, les catholiques s'entendaient en dehors de toute question politique ou dynastique, et s'organisaient pour la défense de leurs droits : en tête les évêques tels que Mgr Parisis, puis l'élite du clergé, les P P. Lacordaire et de Ravignan, qui refaisaient dans Notre-Dame un auditoire à la parole chrétienne; les abbés Gerbet, Dupanloup, Combalot; pour les soutenir, des laïques comme Berryer, de Carné dans les Chambres, comme Louis Veuillot dans la presse, comme Ozanam et Lenormant au milieu même de l'Université (1). »

Devant ces justes revendications, Louis-Philippe ne voulait pas céder. Dupin pressait le gouvernement d'agir avec vigueur, il avait dit au ministère : *soyez implacables*.

— Eh bien ! répliquait Montalembert, soyez-le ;

---

(1) Fourier.

faites tout ce que vous voudrez et ce que vous pourrez... Nous ne sommes pas à craindre pour vous, et nous ne vous craignons pas. Au milieu d'un peuple libre, nous ne voulons pas être des ilotes; nous sommes les successeurs des martyrs et nous ne tremblerons pas devant les successeurs de Julien l'Apostat; nous sommes les fils des Croisés et nous ne reculerons pas devant les fils de Voltaire. »

Les « fils des Croisés » firent fortune; un chef de parti qui savait son métier, dit son biographe, Montalembert, avait trouvé le mot de ralliement.

.*.

Dix jours après, le rude champion de la cause catholique reprenait la parole dans une discussion de la loi sur l'enseignement secondaire, présentée par Villemain et soutenue par Cousin, qui s'étonnaient de l'acharnement de Montalembert contre l'éducation dispensée par l'Etat. « Villemain, dit M. Fourier, s'impatientait de l'opposition de ce « jeune homme » qui avait l'audace de tout dire, et Montalembert se moquait audacieusement des peurs de ses adversaires : « Vous peuplez tout, Chambres, Académies, tribunaux. A la Sorbonne comme au palais de justice, au Collège de France comme à la Cour de Cassation, vous parlez toujours et vous parlez tout seuls. Vous êtes les seuls maîtres, et vous l'êtes partout. Vous êtes tout et nous ne sommes rien, et cependant vous tremblez. Devant qui ? devant nous ; pauvres fanatiques ultramontains, devant la sacristie, comme vous dites. »

« Il s'en vengeait en traitant l'Université de Mandarinat. Le mandarin Villemain ne trouva rien à répondre. »

Sa loi ne passa qu'à dix-huit voix de majorité.

Ce qui faisait la force du redoutable orateur, c'était, avec le souffle puissant de sa fougueuse éloquence et de l'ardeur de sa foi, son indépendance de tout et de tous. Il n'avait à ménager ni groupe politique, ni ministère, ni électeurs. Pour plaider sa cause il se plaçait toujours au point de vue catholique, c'est de ces hauteurs qu'il dominait toutes les opinions et tous les partis, et que sa voix résonnait jusqu'au fond des cœurs de tous les enfants de l'Eglise. En 1831, sa devise était : *Dieu et la liberté ; Dieu et la société* fut sa devise en 1848.

« La vieille société est une guenille, » répétaient les socialistes. »

« — Guenille, si l'on veut, ma guenille m'est chère, » répondait-il, et il repoussait de toutes ses forces la solution qui consiste à la découper en morceaux et à la faire bouillir dans la chaudière du socialisme.

En 1849, Victor Hugo, nommé à Paris par les

conservateurs, en prit texte pour attaquer, d'une façon inattendue, la politique des Papes, dans un débat à la Chambre, sur l'indépendance pontificale. Acclamé par la gauche, il descendit de la tribune, dit M. Fourier, et pendant que Montalembert y montait pour lui répondre, il s'en alla. « Messieurs, commença son adversaire, le discours que vous venez d'entendre a déjà reçu le châtiment qu'il méritait dans les applaudissements de l'opposition. »

A ces mots, la gauche interrompt avec fureur; et pendant cinq minutes, l'orateur est obligé de s'arrêter : « Puisque le mot de *châtiment* vous blesse, dit-il en reprenant, je le retire et j'y substitue celui de *récompense*. »

C'est dans ce discours que se trouve le fameux passage sur l'Eglise, tant admiré : « On peut nier la force du Saint-Siège, mais non sa faiblesse, qui fait sa force insurmontable contre vous... Permettez-moi une comparaison familière. Quand un homme est condamné à lutter contre une femme si cette femme n'est pas la dernière des créatures elle peut le braver impunément. Elle lui dit : Frappez, mais vous vous déshonorerez et vous ne me vaincrez pas. Eh bien! l'Eglise est une femme; elle est bien plus qu'une femme, c'est une mère. (Une triple salve d'applaudissements accueille cette phrase). C'est une mère, la mère de l'Europe, c'est la mère de la société moderne. On a beau être un fils dénaturé, un fils révolté, un fils ingrat, on est toujours son fils ; et il vient un moment où cette lutte parricide devient insupportable au genre humain, et où celui qui l'a engagée tombe accablé, anéanti, soit par la défaite, soit par la réprobation unanime de l'humanité. »

Les *Débats* constatèrent alors que jamais discours n'a été plus applaudi dans aucune assemblée délibérante, et Thiers émerveillé disait : « Montalembert est le plus éloquent des hommes, et son discours est le plus beau que j'aie jamais entendu. Je l'envie pour cela ; mais j'espère que cette envie n'est pas un péché ; car j'aime le beau et j'aime Montalembert. »

En 1851, élu député du Doubs, Montalembert continua sa lutte au Corps législatif en faveur de la religion. Les travaux des Chambres ne l'avaient pas empêché de se livrer à d'autres études. Déjà dès l'âge de 26 ans, il avait donné sa *Vie de sainte Elisabeth ;* plus tard, il publia les *Moines d'Occident*, où il étudiait l'influence des saints dans la vie sociale. Il écrivit beaucoup d'articles dans le *Correspondant* et fit paraître *le P. Lacordaire.* Ainsi Montalembert a eu la gloire de figurer au premier rang dans la grande et longue lutte qui devait enfin conquérir la liberté d'enseignement en France. Nul n'y déploya plus d'énergie, plus de talent, plus de persévérance ; nul n'a plus de droit à l'honneur de cette glorieuse victoire.

Nous n'avons point à juger ici ses illusions par rapport aux idées libérales, qu'il professa et qui le poussèrent à l'opposition au moment du Concile de Rome : c'est le rôle de l'historien. Nous nous souviendrons seulement de cette noble parole, bien digne de sa foi ardente, adressée à un ami qui lui demandait, quelques mois avant sa mort : « Si l'infaillibilité est proclamée, que ferez-vous ? »

— « *Ce que je ferai, c'est bien simple,* JE ME SOUMETTRAI. »

A la même époque, il écrivait à des jeunes gens catholiques : « Courage et confiance ! Travaillez énergiquement pour la bonne cause, pour la vérité, pour la justice ; et soyez sûrs que vous ne vous en repentirez jamais. »

Trois mois après, le 13 mars 1870, il expirait assez à temps pour ne pas être témoin des revers de la guerre néfaste contre les Allemands et des horreurs de la Commune.

« Tel a été Montalembert, amoureux de la liberté, de la poésie, de l'art, du passé, et mettant toutes ces nobles passions au service de sa foi.

L'énergie de ses convictions, l'allure chevaleresque de son enthousiasme, l'unité de sa vie en font une des figures les plus originales parmi les catholiques français du XIXe siècle ; et si le catholicisme a recouvré quelque influence sur les âmes contemporaines, il est de ceux qui contribuèrent le plus à cette résurrection (1). »

(1) Fourier.

MONTALIVET (De)

MEMBRE DE L'INSTITUT, MINISTRE, SÉNATEUR.

(1801-1880)

> « Il a demandé à la religion catholique des espérances, des consolations et des forces qu'il n'avait trouvées nulle part ailleurs. »
> (*Univers*)

Camille *de Montalivet* est mort le 4 janvier 1880. Né à Valence le 25 avril 1801, il était fils du comte de Montalivet, ministre sous le premier empire, puis pair sous Louis XVIII.

Elève de l'école polytechnique, il entra bientôt dans les ponts et chaussées. Il se montra, sous la Restauration, partisan des idées libérales. Attaché à ses principes, il eut cela de commun avec toute l'école doctrinaire qu'il fut chargé d'en combattre l'application. Après 1830, plusieurs fois ministre, il fut toute sa vie en opposition avec Guizot. En 1847, il travailla à détacher de lui Louis-Philippe. Après la révolution de Février, la fidélité de M. de Montalivet à la famille royale déchue, le tint à l'écart des affaires publiques dans son château de la Grange, près Sancerre.

Pendant ces derniers temps, il s'était rallié à la République, et c'est comme républicain qu'il a été nommé sénateur inamovible.

Ayant servi et vécu sous plusieurs gouvernements, M. de Montalivet avait pu apprécier le néant des choses humaines, et les déceptions qu'apportent avec elles les infidélités politiques.

Aussi, dans les derniers temps de sa vie, il a demandé à la religion des espérances, des consolations et des forces qu'il n'avait trouvées nulle part ailleurs. Plusieurs journaux de cette époque nous ont appris qu'ayant fait venir le curé de sa paroisse et s'étant confessé, il a communié en présence de toute sa famille : preuve non équivoque de sa foi. La mort a pu venir ensuite, elle l'a trouvé prêt à paraître devant Dieu.

Univers.

MOUSSEAUX (Des)

PHILOSOPHE, LITTÉRATEUR, HISTORIEN.

(1805-1876)

> « Ce penseur, était, avant tout, le fils de l'Eglise, serviteur infatigable du bien, champion intrépide de toutes les bonnes causes.. » (C. de CHAMBORD)

Nous devons un hommage ici à la mémoire d'un écrivain distingué, mort le 5 octobre 1876, le chevalier *Gougenot des Mousseaux*, qui s'était appliqué particulièrement à l'étude du surnaturel.

Esprit élevé, cœur généreux, il partagea sa vie entre les études les plus sérieuses et les plus approfondies et l'exercice des œuvres de charité inspirées par sa foi. De 1844 à 1865, il a écrit de nombreux et savants ouvrages sur les questions d'économie sociale et le surnaturel.

M. le comte de Chambord, dans une lettre écrite à Madame la marquise de Saint-Phalle, sa fille, a dit, en quelques mots d'une remarquable justesse, ce qu'il fut comme chrétien et comme philosophe.

« Le chevalier Gougenot des Mousséaux était, dans notre siècle positif, un homme à part, dont les travaux pouvaient, par leur nature même, rester incompris du plus grand nombre, mais dont la science éclairée et le savoir incontestable commandaient à tous l'attention et le respect. Dans les sphères élevées où l'entraînait de préférence son intelligence d'élite, dans les études où le surnaturel et la philosophie imposaient à son esprit les recherches les plus délicates, à la poursuite des problèmes sociaux les plus ardus, l'écrivain catholique n'a jamais dévié de sa route, parce que sa main n'abandonna pas un seul jour le flambeau de la foi, et que le penseur était, avant tout, le fils de l'Eglise. Serviteur infatigable du bien, champion intrépide de toutes les bonnes causes, ce grand chrétien, votre vénéré père, m'avait toujours inspiré la plus profonde estime. »

Cet éloge, venu de si haut et mérité, indique bien ce qu'était le chevalier des Mousseaux.

NADAU-DESISLETS

MAGISTRAT.

(1800-1844)

> « Ma conscience qui foule aux pieds ma raison décide mon jugement. Croyez-m'en bien, l'homme n'est pas composé d'argile seulement. »
>
> (Nadau-Desislets)

Le héros de cette notice était un magistrat de la Guadeloupe. Homme heureux au point de vue humain, revêtu d'un haut emploi, conquis et exercé par un beau talent, époux d'une femme digne de lui, père de sept enfants qui devenaient déjà son orgueil; frère par alliance d'une femme au cœur d'ange qui versait sur son intérieur domestique la suave douceur de ses vertus, il a eu le malheur de voir en moins de deux minutes cette sœur, cette épouse, ses sept enfants écrasés sous ses yeux par le tremblement de terre de la Guadeloupe en 1843. Mais cette immense infortune ne l'a point abattu, il est demeuré ferme dans sa foi et sa confiance en Dieu.

L'antiquité païenne, dit M. A. Nicolas, aurait voilé la face de ce père, et le judaïsme n'aurait eu à faire entendre de lui qu'un *Noluit consolari, quia non sunt...* Mais le Christianisme qui a des consolations égales aux plus grandes calamités et des espérances plus fermes que la terre, a inspiré à ce nouveau Job des paroles sublimes de patience et de résignation.

Basse-terre, 14 février 1843.

Mon cher D...

... J'éprouve le besoin d'avoir de vos nouvelles et de partager votre bonheur comme vous avez partagé mon affliction.

Elle n'est pas aussi amère que quelques personnes le pensent... Il est des croyances qui consolent, des convictions qui dédommagent. Elles sont les unes et les autres tellement profondes, que je n'ai pas cessé mes relations intellectuelles avec les miens. Je les consulte : le cœur qui est devenu le seul organe, voit leurs résolutions, entend leur réponse ; et ma conscience, qui foule aux pieds ma raison, décide mon jugement. Croyez-m'en bien, l'homme n'est pas composé d'argile seulement...

« En me voyant enlever, en moins de deux minutes, tous ces corps si pleins d'une admirable beauté, non pas de cette beauté sur laquelle la vertu et l'intelligence jettent un reflet céleste; en voyant rentrer dans la matière la partie argileuse des miens, j'étais perdu, si j'avais pris le néant pour la limite de l'homme! Aujourd'hui, je suis calme, tranquille, résigné. Je m'incline avec respect sous la main qui a voulu que les choses fussent ainsi *modifiées*; je vais plus loin : je la remercie, car elle est dirigée par des principes d'une rigoureuse et éternelle et parfaite justice; et en me permettant d'apprécier tout ce qu'il y avait de grand, de noble, de céleste, dans la réunion de ce qui m'a été enlevé, Dieu m'a dit : Je te place dans la position d'être imbécile ou injuste, en supposant que tu puisses admettre que je n'ai pas un but noble et digne de moi.

.... Croyez-en votre vieil ami : Louise est immortelle; Victorine et Stéphanie sont immortelles, mes petits enfants sont immortels, cette vertueuse Malvina, sainte et martyre, est immortelle. Sentir autrement, c'est fouler aux pieds toutes les affections basées sur la vertu, pour les remplacer par les creuses théories et les raisonnements disloqués d'une ignorante et présomptueuse raison.

« Je suis ici sous la double impression de la vérité et de mon affection pour vous... Je voudrais vous voir partager des croyances qui seules, vous rendront heureux. Je suis dans une situation trop solennelle pour trouver de la satisfaction à emporter d'assaut par le raisonnement, ce que je ne puis espérer d'obtenir (par affection pour **vous**) que par la force des convictions. »

« Votre vieil ami

Nadau-Desislet.

Un an après, M. Nadau-Desislets est allé rejoindre ceux qu'il avait perdus.

NAPOLÉON Ier

EMPEREUR DES FRANÇAIS

(1769-1821)

> « Il croyait à Dieu, il n'était pas philosophe, il n'était pas athée, il était chrétien en plein dix-neuvième siècle. »
> CHATEAUBRIAND.

La vie d'un grand homme appartient à l'histoire : elle appartient aussi à la religion qui a le droit d'y rechercher tous les faits importants, toutes les paroles remarquables favorables à sa cause. C'est à ce point de vue que nous devons noter dans la vie de Napoléon Ier toutes les paroles, les actes et les témoignages qui confirment l'excellence et la divinité de l'Eglise de Jésus-Christ.

Nous nous abstiendrons de juger l'homme politique qui n'est pas de notre compétence. Nous n'essaierons pas d'excuser l'invasion du domaine temporel des papes, ni l'incarcération de

Pie VII, ni ses douleurs à Savone, ni son isolement, ni les avanies respectueuses de Fontainebleau. Il nous est impossible de déchirer ces lettres brutales, où l'insatiable dominateur se dit le Charlemagne de l'Eglise, l'empereur de Rome, et contre lesquelles tout chrétien doit protester. Aussi bien, telle n'est pas la tâche que nous nous sommes imposée. Nous ne résumerons pas même la vie politique de Bonaparte : ce sont des faits connus de tous, et dont la seule énumération étendrait outre mesure la courte notice que nous voulons lui consacrer.

L'enfance de Napoléon Ier fut chrétienne comme sa mort.

Né le 15 août 1769, à Ajaccio, mêlé tout jeune, aux luttes des enfants de la ville, dès cette époque caractère fougueux et emporté, mais cœur droit et affectueux, Napoléon fut élevé d'abord par une pieuse mère, dont il a proclamé, depuis, l'influence sur son avenir, puis admis au collège d'Ajaccio, où il fut confié à l'abbé Recco, auquel par reconnaissance furent laissés 10 000 francs dans le testament de Sainte-Hélène.

Le jeune Corse, emmené sur le continent par son père, député de la noblesse, entra d'abord au collège d'Autun, et peu après à l'école militaire de Brienne, où il obtint une bourse. Introduit par l'évêque d'Autun dans la famille de Brienne, il fut vivement recommandé par elle à ses maîtres et à son répétiteur Pichegru, bientôt ravi de l'étonnante facilité de son élève pour les sciences exactes et les exercices militaires.

Il avait fait une excellente première communion, comme il le rappela lui-même aux jours de sa gloire. Un jour, entouré d'un brillant état-major de ses compagnons d'armes les plus dévoués, il en entendait quelque-uns se rappelant et racontant aux autres l'époque la plus mémorable de leur vie. Il les écoute un instant en silence; puis, tout à coup les interrompant : « Messieurs, leur dit-il, savez-vous quel est le plus beau jour de ma vie? » Et voilà tous ces illustres généraux occupés à chercher la journée la plus glorieuse de cette vie si brillante au point de vue militaire. Les uns nomment Marengo, les autres Austerlitz, celui-ci les Pyramides, celui-là Wagram. Il en est qui parlent du jour de son sacre. « Messieurs, vous n'y êtes pas, reprend l'Empereur; le plus beau jour de ma vie, c'est celui de ma première communion. » Cette réponse fut généralement accueillie par un sourire; c'était la réponse du génie, et les génies sont rares. Un seul de ses généraux se montra grave et sévère, il parut même attendri. Napoléon lui frappant sur l'épaule, lui dit : « Très bien, Drouot, très bien, mon brave! je suis heureux que tu m'aies compris. »

On rapporte qu'au collège de Brienne, au moment le plus solennel de la messe, un élève affectait de tourner le dos au maître-autel. Le jeune

Bonaparte auprès duquel il se trouvait placé, dans un généreux mouvement d'indignation : « A genoux ! lui dit-il, tout bas, mais avec un énergique accent, à genoux ! » Le jeune sceptique obéit.

*
* *

On voit que Napoléon se souvenait encore des leçons de sa mère. Il s'en souvint aussi vingt ans après, alors que, n'étant que premier consul, il faisait en ces termes l'éloge de la Papauté :

« L'institution qui maintient l'unité de la foi, c'est-à-dire le pape, gardien de l'unité catholique, est une institution admirable. On reproche à ce chef d'être un souverain étranger. Ce chef est étranger, en effet, et il faut en remercier le Ciel. Le pape est hors de Paris, et cela est bien ; il n'est ni à Madrid, ni à Vienne, et c'est pourquoi nous supportons son autorité spirituelle. A Vienne, à Madrid, on est fondé à en dire autant. Croit-on que s'il était à Paris, les Viennois, les Espagnols consentiraient à recevoir ses décisions? On est donc trop heureux qu'il réside hors de chez soi, et qu'en résidant hors de chez soi, il ne réside pas chez des rivaux ; qu'il habite dans cette vieille Rome, loin de la main des empereurs d'Allemagne, loin de celle des rois de France ou des rois d'Espagne, tenant la balance entre les souverains catholiques, penchant toujours un peu vers le plus fort, et se relevant bientôt si le plus fort devient oppresseur. Ce sont les siècles qui ont fait cela, et ils l'ont bien fait. Pour le gouvernement des âmes, c'est la meilleure, la plus bienfaisante institution qu'on puisse imaginer. Je ne soutiens pas ces choses par entêtement de dévot, mais par raison. » (Thiers, *Histoire du Consulat et de l'Empire.*)

Il se souvint encore des convictions religieuses de son enfance, lorsque devenu empereur, il reçut l'envoyé de Pitt, qui venait lui proposer de détruire le catholicisme en France : « Rappelez-vous bien mes paroles, répondit Napoléon à l'émissaire du célèbre diplomate anglais, et reportez-les fidèlement à celui qui vous envoie : je maintiendrai le catholicisme en France parce que c'est la vraie religion, parce que c'est la religion de l'Eglise, parce que c'est la religion de la France, parce que c'est la religion de mon père, parce que c'est la mienne enfin; et loin de rien faire pour l'abattre, je ferai tout pour l'affermir. »

Marséria reprit : « Mais, sire, en agissant ainsi, en restant dans cette ligne de conduite, vous vous donnez des chaînes invisibles, vous vous créez mille entraves ! Tant que vous reconnaîtrez Rome, Rome vous dominera; les prêtres auront plus d'autorité que vous; leur action pénétrera jusque dans votre volonté, qui ne s'étendra jamais jusqu'à sa limite absolue. »

L'Empereur eut un geste d'impatience : « Vous

confondez, dit-il, deux choses bien distinctes. En effet, il y a ici deux autorités en présence ; pour les choses du temps, j'ai mon épée, et elle suffit à mon pouvoir ; pour les choses du ciel, Rome a tout pouvoir, et Rome en décidera sans me consulter, et elle aura raison, c'est son droit. — Sire, permettez que j'insiste et que je répète à Votre Majesté qu'elle ne possédera, même au point de vue temporel, l'autorité souveraine dans sa plénitude, qu'à la condition d'être chef de l'Eglise. Et c'est là ce que vous ne pouvez vous procurer qu'en créant une religion en France, c'est-à-dire une religion à vous. — Créer une religion, répliqua l'empereur en souriant ; mais pour créer une religion, il faut monter au Calvaire, et le Calvaire n'est pas dans mes desseins. » (Rome en 1848-49-50.) Trop heureux, le puissant empereur, s'il eût toujours persévéré dans de telles dispositions !

*
* *

Malheureusement, l'orgueil et l'ambition lui tournèrent la tête ; il oublia vite, au comble de la gloire, les leçons chrétiennes de son enfance, comme lui-même l'avouait un jour à Metternich : « Moi, je suis un soldat, j'ai besoin d'honneur, de gloire.... Il faut que je reste grand, glorieux, admiré. »

« Je n'ai pas pratiqué sur le trône, disait-il, à Sainte-Hélène, au général Montholon, parce que la puissance étourdit les hommes, mais j'ai toujours eu la foi. »

C'est cette folie de l'orgueil qui le fait emprisonner et maltraiter indignement Pie VII, même après avoir rétabli le catholicisme dans ses Etats, parce qu'il a reconnu que *cet homme* est plus puissant que lui : « Moi, disait-il à Fontanes, je trouve dans mon siècle un prêtre plus puissant que moi, car il règne sur les esprits, et je ne règne que sur la matière. » Une autre fois, l'empereur avait dit avec amertume : « Les prêtres gardent l'âme et me jettent le cadavre. »

Et cependant il les estimait encore, ces prêtres que son ambition le poussait à détester. Un jour, qu'il traversait l'Italie en vainqueur, il aperçut dans une de ses courses, un religieux. Il regarde attentivement et se dirige de son côté. Napoléon le salue d'un air affable et lui rappelle que c'est lui qui l'a préparé à sa première communion. « Cet acte, ajoute-t-il, ayant été le plus beau et le plus solennel de ma vie, je suis heureux de revoir celui qui m'y a disposé. » Puis, prenant la main de ce bon religieux, il l'embrassa, et en témoignage de son bonheur et de sa reconnaissance, il lui assigna une pension pour toute sa vie.

Le P. Lacordaire raconte aussi que Napoléon, dans une promenade, surpris par un orage et forcé de se réfugier dans une chaumière, voyant passer un curé qui affronte la tempête pour porter les sacrements à un malade, l'appelle et lui demande où il va par un tel temps : « Monsieur, lui dit le digne prêtre sans le connaître, je vais porter à un mourant les dernières consolations de la religion. » Et Napoléon, ému, regarda ses officiers en ajoutant : « Messieurs, quelle pâte d'hommes, que nos curés de France! »

Aussi, malgré cette ambition et peut-être à cause d'elle, dès qu'il avait eu la puissance en main, convaincu qu'un peuple ne peut se passer de religion, il avait entamé avec le pape des négociations qui finirent par aboutir heureusement au Concordat, signé le 15 juillet 1801.

La religion catholique y était déclarée religion de la majorité des Français, et l'étendue du territoire divisée en dix archevêchés et cinquante évêchés, mesure qui enleva leurs titres à tous les anciens évêques, fidèles ou constitutionnels. La plupart des évêques non assermentés sacrifièrent leurs dignités, à la prière du Souverain Pontife et pour le bien de l'Eglise de France. Bonaparte, dans le même but, exigea la même renonciation des évêques constitutionnels et méprisa les réclamations des opposants. Il acceptait de doter le clergé d'un traitement, à titre d'indemnité, pour les biens ecclésiastiques enlevés par la Révolution; enfin, la célébration du dimanche était rétablie et l'usage des cloches rendu au culte public.

Ce pacte avait été proclamé loi de l'Etat en 1802.

« Cet acte de courage et même de hardiesse, dit-Mury, excita dans tous les cœurs élevés et catholiques une reconnaissance profonde et sincère, quoique Napoléon eût, de sa propre autorité, ajouté au Concordat une série d'articles qui affligèrent le Saint-Siège; on ferma les yeux pour le moment sur ce manque de loyauté, et d'un bout de la France à l'autre la voix du peuple appela les bénédictions célestes sur celui qui lui avait rendu ses fêtes religieuses. »

Ce grand acte fut, pour l'empereur, dans ses dernières années, un souvenir qui le consola dans le malheur : « Général, dit-il à Montholon, le fidèle compagnon de sa captivité, ce qui me console dans mes derniers moments, c'est d'avoir rétabli la religion catholique en France, car *sans la religion, que deviendraient les hommes?* »

.·.

Les traits qui prouvent que Napoléon Ier n'a jamais perdu la foi ne sont pas rares dans sa vie. Nous en citerons quelques-uns.

En confiant, dit Michaud, son fils, le roi de Rome, aux soins de Mme de Montesquiou, dont il appréciait la vertu et la haute piété, Bonaparte lui dit : « Madame, je vous confie mon enfant, sur qui reposent les destinées de la France et peut-être de l'Europe entière; vous en ferez un bon chrétien. »

Quelqu'un se permit de rire. Aussitôt l'Empereur, courroucé, se retourne vers le rieur et l'apostrophe ainsi : « Oui, Monsieur, je sais ce que je dis, il faut faire de mon fils un *bon chrétien*, car autrement, il ne serait pas *bon français*. »

Une autre fois, Napoléon disait à la gouvernante du roi de Rome : « Voilà Bernadotte roi, quelle gloire pour lui ! — Oui, sire, mais il a un vilain revers de médaille : pour un trône il a abdiqué la foi de ses pères. — Oui, en effet, repartit l'Empereur ; et moi qu'on croit si ambitieux, je n'aurais jamais quitté ma religion pour toutes les couronnes de la terre. »

Voilà de magnifiques paroles ; plût au ciel qu'il eût toujours parlé ainsi. Il n'aurait pas fait couler les larmes d'un saint Pontife.

Visitant un jour le pensionnat d'Eccoen, auquel il s'intéressait beaucoup et dirigé par M. Campan, Napoléon voulut connaître tout ce qui concernait l'ameublement, le régime, l'ordre de la maison, l'éducation religieuse des élèves. Les règlements intérieurs lui furent soumis. Un des projets rédigés par M. Campan portait que les pensionnaires entendraient la messe les dimanches et les jeudis. Napoléon écrivit de sa main en marge : « Tous les jours ».

A Sainte-Hélène, Napoléon, dit Michaud, eu avec ses compagnons d'exil, surtout avec le général Bertrand, qu'il voulait persuader, des conversations sur la religion, dans lesquelles on remarque des pensées vraiment étonnantes et dignes d'un théologien. Ce général lui ayant dit un jour : « Qu'est-ce que Dieu? l'avez-vous vu? — Je vais vous le dire, répondit Napoléon. Comment jugez-vous qu'un homme a du génie? Le génie est-il une chose visible? Qu'en savez-vous pour y croire? Sur le champ de bataille, au fort de la mêlée, quand vous aviez besoin d'une prompte manœuvre, d'un trait de génie, pourquoi, vous le premier, me cherchiez-vous de la voix et du regard? pourquoi s'écriait-on de toutes parts : Où est l'empereur? Que signifiait ce cri, si ce n'est de l'instinct, de la croyance en moi, en mon génie? Mes victoires vous ont fait croire en moi, en mon génie? eh bien ! l'univers me fait croire à Dieu... Les effets merveilleux de la toute-puissance divine sont des réalités plus éloquentes que mes victoires. Qu'est-ce que la plus belle manœuvre auprès du mouvement des astres? Quoique Dieu soit invisible, il existe donc et je crois en lui. »

C'est à ce sujet que Chateaubriand s'écrie :

« Fortes têtes du jour, quittez votre admiration pour Napoléon; vous n'avez rien à faire de ce pauvre homme... Il croyait à Dieu, il était de la religion de son père; il n'était pas philosophe, il n'était pas athée, il n'avait pas comme vous livré bataille à l'Eternel, bien qu'il eût vaincu bon nombre de rois. Il trouvait que tout proclamait l'existence de l'Être suprême; il déclarait que les plus grands génies avaient cru à cette existence, et il voulait croire comme ses pères. Enfin, chose monstrueuse ! ce premier homme des temps modernes, cet homme de tous les siècles était chrétien dans le dix-neuvième siècle ! son testament commence par cet article : « Je meurs dans la religion catholique, apostolique et romaine. » La révolution nous a donné bien des enseignements; mais en est-il un seul comparable à celui-ci : Napoléon et Louis XVI faisant la même profession de foi ! Voulez-vous savoir le prix de la croix? Cherchez dans le monde entier ce qui convient le mieux à la vertu malheureuse ou à l'homme de génie mourant (1). »

.*.

Et non seulement ce grand homme croyait à Dieu, mais encore à la divinité de Jésus-Christ : nous la voyons proclamée plusieurs fois dans le *Mémorial de Sainte-Hélène*. Il a cru également à l'authenticité et à l'inspiration de l'Evangile :

« Je cherche en vain dans l'histoire pour y trouver le semblable de Jésus-Christ ou quoi que ce soit qui approche de l'Evangile. Ni l'histoire, ni l'humanité, ni les siècles, ni la nature ne m'offrent rien avec quoi je puisse le comparer ou l'expliquer.

(1) *Mémoires d'Outre-Tombe.*

Ici, tout est extraordinaire : plus je le considère, plus je m'assure qu'il n'y a rien là qui ne soit en dehors de la marche des choses et au-dessus de l'esprit humain.

« Les impies eux-mêmes n'ont jamais osé nier la sublimité de l'Evangile, qui leur inspire une sorte de vénération forcée. Quel bonheur ce livre procure à ceux qui croient! Que de merveilles y admirent ceux qui l'ont médité!

« Tous les mots y sont scellés et solidaires l'un de l'autre, comme les pierres d'un même édifice. Chaque phrase a un sens complet, qui retrace la perfection de l'unité et la profondeur de l'ensemble, livre unique où l'esprit trouve une beauté morale inconnue jusque là, et une idée de l'infini, supérieure à celle-même que suggère la création. Quel autre que Dieu pouvait produire ce type, cet idéal de perfection, également exclusif et original, où personne ne peut ni critiquer, ni ajouter, ni retrancher un seul mot, livre différent de tout ce qui existe, absolument neuf, sans rien qui le précède, et sans rien qui la suive.

« Je ne vois, disait Napoléon à Sainte-Hélène, dans Lycurgue, Numa, Confucius et Mahomet, que des législateurs qui, ayant le premier rôle dans l'Etat, ont cherché la meilleure solution du problème social; mais je ne vois là rien qui décèle la divinité; eux-mêmes n'ont pas élevé leurs prétentions si haut.

« Il est évident que la postérité seule a divinisé les premiers despotes, les héros, les princes des nations et les instituteurs des premières républiques. Pour moi, je reconnais ces dieux et ces grands hommes pour des êtres de la même nature que moi. Leur intelligence ne se distingue de la mienne que d'une certaine façon. Ils ont rempli un grand rôle dans leur temps comme j'ai fait moi-même. Rien chez eux n'annonce des êtres divins : au contraire, je vois de nombreux rapports entre eux et moi, je constate des ressemblances, des faiblesses et des erreurs communes, qui les rapprochent de moi et de l'humanité. Leurs facultés sont celles que je possède moi-même : il n'y a de différence que dans l'usage que nous en avons fait, eux et moi, selon le but différent que nous nous sommes proposé, et selon le pays et les circonstances.....

« Il n'en est pas de même du Christ. Tout de lui m'étonne ; son esprit me dépasse et sa volonté me confond. Entre lui et quoi que ce soit au monde, il n'y a pas de terme possible de comparaison. Il est vraiment un être à part ; ses idées et ses sentiments, la vérité qu'il annonce, sa manière de convaincre ne s'explique ni par l'organisation humaine, ni par la nature des choses.

« Sa naissance et l'histoire de sa vie, la profondeur de son dogme qui atteint vraiment la cime des difficultés et qui en est la plus admirable solution ; on Evangile, la singularité de cet Être mystérieux, son apparition, son empire, sa marche à travers les siècles et les royaumes, tout est pour moi un prodige, je ne sais quel mystère insondable... qui me plonge dans une rêverie dont je ne puis sortir, mystère qui est là sous mes yeux, mystère permanent que je ne peux nier, et que je ne puis expliquer non plus.

« Ici je ne vois rien de l'homme.

« Plus j'approche, plus j'examine de près : tout est au-dessus de moi, tout demeure grand d'une grandeur qui m'écrase... Toute sa religion consiste à croire. »

***

Napoléon, au faîte de la prospérité et devenu maître d'une grande partie de l'Europe, n'avait pas su conserver cette sage modération qui assure le fruit de la victoire. Poussé par une ambition toujours croissante, après avoir rendu à la religion catholique d'éminents services, il avait terni sa gloire, nous l'avons dit, en usurpant sacrilègement le domaine temporel de l'Eglise et en faisant enlever de la Ville Éternelle le vénérable Pie VII.

Mais avant de quitter Rome pour être conduit à Savone, le pape avait lancé la fameuse bulle : *Quum memoranda,* où il frappait d'excommunication ceux qui avaient commis des entreprises sacrilèges contre les droits temporels du Saint-Siège.

Napoléon s'en était moqué dans une lettre au vice-roi d'Italie, Eugène de Beauharnais, auquel il écrivait :

« Que peut faire Pie VII en me dénonçant à la chrétienté ? *Pense-t-il alors que les armes tomberont des mains de mes soldats ?* Il ne lui resterait plus qu'à essayer de me faire couper les cheveux, et de m'enfermer dans un monastère. » La Providence se chargea elle-même de réaliser ces sinistres prévisions.

Le 9 mai 1812, l'empereur, jusque-là triomphant, sort d'un palais où il ne doit rentrer que vaincu. Il est à la tête de six cent cinquante mille hommes ; il a sous ses ordres jusqu'à huit monarques qui viennent lui rendre leurs hommages pendant son passage à Dresde. C'est ce moment que Dieu a choisi pour l'heure de ses justices. *Les armes vont tomber des mains de ses soldats.* Le ciel ratifiera l'excommunication fulminée contre le conquérant par le Pontife du Vatican. Le 9 juin, pendant que Napoléon traverse la Prusse, Pie VII, par ses ordres, est enlevé brusquement de Savone et conduit à Fontainebleau.

On sait les immenses désastres de Moscou, de Smolensk, de la Bérésina, du Niémen. Les Français ne combattaient plus des ennemis ordinaires, ils luttaient contre les éléments : « Tout, jusqu'à leurs armes, dit un acteur de ces scènes d'horreur, se tourna contre eux. Elles parurent à leurs bras engourdis un poids insupportable. Dans les chutes fréquentes qu'ils faisaient, elles s'échappaient de leurs mains, elles se brisaient ou se perdaient dans la neige. S'ils se relevaient, c'était sans elles, car ils ne les jetèrent point, la faim et le froid les leur arrachèrent. Les doigts de beaucoup d'entre eux gelèrent sur le fusil qu'ils tenaient encore et qui leur ôtait le mouvement nécessaire pour y entretenir un reste de chaleur et de vie. »

Il y avait cinq mois que le pape était détenu à Fontainebleau, lorsque Napoléon apporta lui-même à Paris la nouvelle de son épouvantable défaite. La grande armée était réduite à vingt mille hommes errants, fugitifs, sans vivres, sans vêtements et sans armes.

Mais le châtiment devait être plus terrible encore, et Dieu voulait ramener à lui l'orgueilleux conquérant par des épreuves plus dures que celles qu'il avait éprouvées jusque-là.

Bientôt Napoléon, repoussé par les alliés dans ce palais de Fontainebleau, où, il avait enfermé le pape, y vint donner le spectacle de la fragilité des grandeurs humaines. Apprenant que sa déchéance avait été prononcée au sénat, après l'entrée des rois alliés, et pressé par ses confidents les plus intimes, il signa sa propre abdication, puis embrassa ses aigles dans la cour d'honneur du palais et partit en exil à l'île d'Elbe.

Après avoir bouleversé une dernière fois l'Europe dans une nouvelle royauté de Cent-Jours, il va demander l'hospitalité à une nation qu'il combattait depuis longtemps. L'Angleterre n'eut pas la noblesse de comprendre cette grandeur d'âme : elle y répondit par une lâcheté. Mais elle fut, sans le savoir, l'instrument de la Providence qui voulait punir, dans le captif de Sainte-Hélène, le persécuteur de la Papauté.

Le 5 mai 1821, Napoléon mourait sur le rocher de l'exil, et Pie VII, qui avait oublié ses outrages, pria pour son persécuteur, à la famille duquel il avait offert une généreuse hospitalité dans les Etats de l'Eglise.

C'est ainsi que les papes savent se venger.

**

Napoléon passa les dernières années de sa vie dans la pratique exacte et sincère de ses devoirs religieux.

A Sainte-Hélène on faisait maigre le vendredi : le maître donnait l'exemple et tous devaient s'y conformer : « Fais-nous du maigre, Cipriani, disait-il à son maître d'hôtel, c'est aujourd'hui vendredi. »

Lui qui, dans les jours de sa gloire, faisait consister toute sa religion à assister à une messe en musique, allait régulièrement entendre l'office divin. Son âme, sortant enfin d'un trop long assoupissement, avait cessé d'être bercée des rêves de grandeurs évanouies à jamais.

Lorsque la mort lui apparut comme prochaine, il congédia les médecins, et fit approcher l'abbé Vignali, son aumônier : « Je crois à Dieu, lui dit-il, je suis de la religion de mon père : n'est pas athée qui veut. Je suis né dans la religion catholique, je veux remplir les devoirs qu'elle impose et recevoir les secours qu'elle administre. »

A la nouvelle de cette résolution, certaines gens de sa maison craignirent l'effet que cette détermination, qu'ils appelaient une faiblesse, pourrait produire à Paris. On ne voulait pas que le vainqueur du pape mourût comme un capucin.

Là-dessus Napoléon s'échauffa contre le fidèle mais trop ignorant serviteur qui faisait ces difficultés. « Et que sont-ils donc, dit-il, que sont donc tous les hommes et tous les conquérants, que sont Alexandre, César et Charlemagne, avec toute leur gloire? Que serai-je comme eux dans un instant? Néant, pourriture, proie des vers! Tout cela passe, mais Jésus-Christ subsiste, et seul il ne passe pas! c'est le roi, c'est le maître, et je ne suis devant lui que ce qu'est le dôme des Invalides devant le soleil, ce que tu es devant moi toi-même, un morceau de plomb que j'ai un peu doré. »

L'Empereur se confessa, et l'abbé Vignali lui administra le Viatique et l'Extrême-Onction. Après ce grand acte accompli, Napoléon dit au général

Montholon : « Je suis heureux d'avoir rempli mes devoirs. Je vous souhaite, général, à votre mort, le même bonheur. J'en avais besoin, car je suis Italien, voyez-vous, enfant de classe de la Corse. Je n'ai pas pratiqué sur le trône parce que la puissance étourdit les hommes; mais j'ai toujours eu la foi. Je voulais faire un mystère de tout ceci, mais c'est de la faiblesse. Je veux rendre gloire à Dieu. Général, donnez des ordres pour qu'on dresse un autel dans la chambre voisine, on y exposera le Saint-Sacrement. Je doute qu'il plaise à Dieu de me rendre la santé, mais je veux l'implorer. Vous ferez dire les prières des Quarante-Heures. »

Puis se ravisant : « Non, reprit-il, pourquoi vous charger de cette responsabilité? On dirait que c'est vous, noble gentilhomme, qui avez tout commandé de votre chef; je veux donner les ordres moi-même. »

Le pieux cardinal Fesch qui aimait tendrement son neveu, et qui connaissait toute la sincérité de ses sentiments religieux, a souvent dit à une personne qui le voyait à Rome :

« Croyez-moi, Dieu lui a fait grâce. Quand Dieu condamne un homme, il le brise, mais il ne l'humilie pas. Or, Dieu a pris soin d'humilier mon neveu; mon neveu est mort en chrétien, et j'espère le revoir là-haut.

Napoléon, *Prince impérial*, (voir page 57)

NAPOLÉON

PRINCE IMPÉRIAL
(1856-1879)

> « Il s'est véritablement conduit comme un héros et comme un chrétien. »
>
> (C. de Chamb.)

Le prince Eugène-Louis *Napoléon*, fils de Napoléon III et de l'impératrice Eugénie, né aux Tuileries le 16 mars 1856, dut aux soins de sa mère le bienfait d'une éducation chrétienne et fit sa première communion avec une grande ferveur ; ce fut en 1868. Son catéchiste était M. Deguerry, alors curé de la Madeleine et depuis martyr sous la Commune, dont les soins furent récompensés par l'attention constante et la piété de son élève.

« M. Deguerry, dit M. de Barghon Fort-Rion, exposait un jour l'histoire si touchante de la Passion, il remarqua que son auditeur, très attentif, n'était point aussi ému qu'il aurait dû l'être. Il ne put se défendre de lui dire :

« Comment n'êtes-vous pas plus attendri, Monsieur ? Y a-t-il au monde un plus grand sujet de larmes que la Passion de Notre-Seigneur ?

« — Sans doute, Monsieur l'abbé, répliqua le prince, mais vous m'avez enseigné que Dieu savait tout, voyait tout et pouvait tout ; il a donc voulu souffrir et faire souffrir sa mère ; *c'est ce qui m'empêche de pleurer.* »

L'instruction première du jeune prince ne laissa rien à désirer, mais la Providence elle-même se chargea de compléter son éducation en le faisant passer par la grande et salutaire école du malheur.

Après des événements connus de tout le monde, le prince quittait les Tuileries le 4 septembre 1870 et partait pour l'Angleterre, où il suivit les cours de l'école d'artillerie de Voolwich.

Devenu l'objet des plus grossiers outrages de certain parti politique, accusé de lâcheté par la plupart des journaux français, il en fut profondément affecté, et résolut de choisir la première occasion de prouver qu'il était français et petit-neveu de Napoléon Ier.

L'Angleterre venait de déclarer la guerre aux Zoulous, il voulut guerroyer.

Avant son départ pour cette périlleuse expédition, il avait désiré faire sa confession et la communion, comme le rapporte une lettre de M. l'abbé Tourzel, desservant la chapelle française de Londres, à Mgr d'Arras, et une autre de M. l'abbé Godard, curé de Chislehurst, lesquelles nous allons résumer ici.

M. Tourzel avait cru reconnaître le pénitent qui se présentait à lui ; mais, respectant *l'incognito* que le prince avait voulu garder, il le confessa dans le salon où il l'avait reçu, et ne lui rendit aucune marque d'honneur due à son rang. En descendant, le jeune prince entra à la chapelle, où il devait se croire seul et non observé. Il récita dévotement une courte prière. Puis, se levant, il jeta ses regards sur un tableau représentant la sépulture de Notre-Seigneur. Le jeune homme avait-il le pressentiment qu'à quelques mois de là, son corps dépouillé et percé serait porté dans un linceul, fait d'une couverture de laine affermie sur quatre lances de soldats africains ?

Le prince plia le genou, dit une prière et passa à l'autel de la sainte Vierge. A deux genoux sur le plancher, on le vit élever les mains jointes à la hauteur des yeux et adresser à Marie une fervente prière. Le mouvement des lèvres était sensible. Que disait-il ? c'est le secret de Dieu. Ce que l'on sait, c'est que le barbare Zoulou, qui après sa mort le dépouilla de tout, respecta le médaillon de la Vierge qu'il avait au cou et qui était la preuve de sa consécration à Marie. Le prince se releva, fit une génuflexion, prit de l'eau bénite et se signa. La personne qui l'avait observé lui ouvrit la porte sur la rue, et il sortit, se dirigeant sur Windsor.

De son côté, M. l'abbé Godard lui ayant écrit pour lui rappeler que c'était l'époque à laquelle les vrais catholiques s'approchaient de la Sainte-Table, le prince lui répondit :

« Mon cher Curé,

« Je vous remercie de la lettre que vous avez bien

voulu m'écrire, elle me prouve toute l'affection que vous me portez. Je tiens à ce que vous ne croyiez pas que la précipitation de mon départ et le soin des détails m'aient fait oublier mes devoirs de chrétien. Je me présenterai demain jeudi, à sept heures et demie, pour communier une dernière fois dans la chapelle de Chislehurst, où je désire être déposé, si je viens à mourir.

« Votre bien affectionné,

« Napoléon. »

Le our suivant, il vint, en effet, et accomplit ses devoirs religieux.

Au Zoulouland la guerre avait débuté par des escarmouches, puis s'était continuée par des batailles acharnées. Le prince, fidèle à ses habitudes de pieuse charité auxquelles il avait été formé par sa mère, visitait souvent l'hôpital militaire. A chaque malade, il disait un mot de consolation et d'encouragement.

D'autres mérites, dit M. de Barghon Fort-Bion, distinguaient le fils de Napoléon III : son sang-froid, sa bravoure, sa résolution. « J'oublie que ce jeune homme est un prince, disait lord Chelmosford à un haut personnage français, pour ne me souvenir que c'est, de mes officiers, celui sur lequel je puis le plus compter dans un moment donné ; chaque jour je m'applaudis de l'avoir près de moi, il a droit à toute ma confiance. »

Les officiers, frères d'armes du prince, ont été unanimes à rendre hommage à sa mémoire : sa bravoure les avait profondément émus. L'un d'eux écrivait à un de ses amis : « Ce jeune homme était le plus noble et le plus beau caractère du monde, pur et brave comme aucun héros dans l'histoire. »

Et un autre officier ajoutait : « Le caractère du Prince restera comme un grand exemple pour nous tous qui l'avons connu. » Enfin la mort, une mort héroïque sur le champ de bataille, l'emporta le 1er juin 1879, au milieu de circonstances sur lesquelles, dit son biographe, s'étend jusqu'ici un impénétrable mystère.

« Le prince Louis-Napoléon, a dit L. Veuillot, est mort fidèle à son Dieu, à son baptême, à la foi chrétienne. La France chrétienne, (il n'en voulait pas connaître d'autre), sera fidèle à sa mémoire et priera pour le filleul de Pie IX, en même temps que pour le fils de saint Louis. Celui-ci pourra redemander ses restes aux Anglais, les ensevelir dans le tombeau des Invalides, à côté des glorieux soldats qui n'ont voulu trahir ni la France, ni l'honneur. »

La mère du jeune prince trouva les lignes suivantes, écrites de sa main, dans son livre de prières.

« Mon Dieu ! je vous donne mon cœur, mais vous, donnez-moi la foi. Sans la foi, il n'est point d'ardentes prières, et prier est un besoin de mon âme.

T. III. 4

« Je vous prie, non pour que vous écartiez les obstacles qui s'élèvent sur ma route, mais pour que vous me permettiez de les franchir.

« Je vous prie, non pour que vous désarmiez mes ennemis, mais que vous m'aidiez à me vaincre moi-même, et daignez, ô mon Dieu, exaucer mes prières !

« Conservez à mon affection les gens qui me sont chers. Accordez-leur des jours heureux. Si vous ne voulez répandre sur cette terre qu'une certaine somme de joies, prenez, ô Dieu, la part qui me revient.

« Répartissez-la parmi les plus dignes, et que les plus dignes soient mes amis. Si vous voulez faire aux hommes des représailles, frappez-moi.

« Le malheur est converti en joie par la douce pensée que ceux que l'on aime sont heureux.

« Le bonheur est empoisonné par cette pensée amère : Je me réjouis, et ceux que je chéris mille fois plus que moi sont en train de souffrir. Pour moi, ô Dieu ! plus de bonheur. Je le fuis. Enlevez-le de ma route.

« La joie, je ne puis la trouver que dans l'oubli du passé. Si j'oublie ceux qui ne sont plus, on m'oubliera à mon tour, et quelle triste pensée que celle qui vous fait dire : « Le temps efface tout. »

« La seule satisfaction que je recherche, c'est celle qui dure toujours, celle que donne une conscience tranquille.

« O mon Dieu ! montrez-moi toujours où se trouve mon devoir, donnez-moi la force de l'accomplir en toute occasion.

« Arrivé au terme de ma vie, je tournerai sans crainte mes regards vers le passé.

« Le souvenir n'en sera pas pour moi un long remords. Alors je serai heureux. Faites, ô mon Dieu ! pénétrer plus avant dans mon cœur la conviction que ceux que j'aime et qui sont morts sont les témoins de toutes mes actions. Ma vie sera digne d'être vue par eux, et mes pensées les plus intimes ne me feront pas rougir.

« Si je dois mourir, Seigneur, que ce soit pour sauver la vie de l'un des miens; si je dois vivre, que ce soit parmi les plus dignes. »

Quels admirables sentiments de foi dans ce jeune cœur de 23 ans, conservé pur et croyant au milieu des splendeurs du trône et des épreuves de l'exil !

Un prince, bon juge en fait d'honneur chrétien, disait de lui : « Pauvre jeune homme ! il s'est véritablement conduit comme un héros et comme un chrétien. Sa prière m'a profondément touché, et elle est une preuve irrésistible, pour ceux qui en doutent, que notre religion est toujours vivante et fervente dans le cœur des meilleurs et des plus grands (1). »

(1) Comte *de Chambord.*

NÉLATON

CHIRURGIEN, MEMBRE DE L'ACADÉMIE DE MÉDECINE, SÉNATEUR.

(1807-1873)

« J'ai prié, j'ai cherché, j'ai trouvé. »
(Dʳ Nélaton)

Après le célèbre Dupuytren, dont *Nélaton* était un des derniers élèves survivants, et assurément celui dont le maître se fût montré e plus fier, aucun chirurgien n'avait jusqu'ici acquis en France une pareille célébrité.

Docteur en médecine en 1836, bientôt après chirurgien des hôpitaux, agrégé à la faculté de médecine, il était en 1851 professeur de clinique chirurgicale; membre de l'Académie en 1856, sénateur en 1863, aucune des célébrités de sa profession n'était arrivée avant lui à une si haute situation. Sa clientèle était immense et son autorité incontestée et sans partage. On lui doit l'invention de l'opération chirurgicale pour l'extraction immédiate de la pierre, en dehors de tous les procédés de la lithotritie. Il a beaucoup écrit sur sa science, et ses *Eléments de pathologie chirurgicale* sont une œuvre magistrale.

Le docteur Nélaton a vécu en bon chrétien dans la seconde partie de sa vie. Aussi est-il une gloire pour la religion catholique en même temps que pour la science médicale contemporaine.

L'*Univers* a raconté ainsi les derniers moments du célèbre docteur.

« Un des princes de la science moderne vient de fermer les yeux à la vie; sa mort a été celle d'un chrétien plein de conviction et de foi.

« M. le docteur Nélaton, qui depuis longtemps déjà souffrait d'une maladie de cœur, comptait pour ainsi dire tous les progrès du mal et toutes les pulsations lentes de l'agonie.

« Avec quelle foi il reçut le sacrement dernier et la sainte communion ! Avec quel recueillement il écoutait chacune des paroles qui l'exhortaient à s'unir à son Dieu ! avec quel amour il collait ses lèvres sur le crucifix !

Quand la cérémonie fut terminée, se tournant vers l'ecclésiastique qui l'assistait : « Je vous remercie, dit-il, des excellentes paroles que vous venez de m'adresser; elles sont certainement l'expression exacte de la vérité. » Le prêtre, après lui avoir manifesté toute sa joie de l'entendre parler ainsi, lui dit qu'ayant vu récemment le Saint-Père et obtenu une bénédiction spéciale pour chacun de ses pénitents, il allait la lui donner en son nom : « C'est bien consolant », répondit le malade.

« Il ne cessa de persévérer dans ces sentiments qui firent l'édification de ceux qui l'entouraient :

« Mes enfants, leur disait-il, la voie droite...

4.

l'observation des commandements de Dieu, voilà ce qui seul peut assurer la paix de la conscience et du cœur. » Et plus tard, il ajoutait cette parole remarquable, bien propre à produire une grande impression sur les incrédules modernes, qui prétendent regretter de n'avoir pas la foi : « *j'ai prié, j'ai cherché, j'ai trouvé.* »

« La fin chrétienne du docteur Nélaton n'étonnera personne, si on se rappelle la droiture de cette âme noble et élevée. Dieu ne permet pas que l'homme, qui cherche la vérité avec franchise, et se dépense dans l'exercice de la charité, ne soit pas un jour éclairé des lumières de la foi. Cette fin si parfaite peut servir de leçon et de modèle à notre génération légère et sceptique; elle démontre une fois de plus que la science et la religion peuvent se rencontrer ici-bas sur le même terrain, sans s'exclure et s'y donner la main. »

Les paroles du célèbre chirurgien, que nous donnons en épigraphe, prouvent que ses convictions religieuses furent le fruit de ses études et de ses recherches, en même temps que de sa bonne volonté et de ses prières.

NELSON (lord)

PAIR D'ANGLETERRE

(1854)

> « Qui dira comment et pourquoi ce jeune homme a mis la première fois le pied dans cet oratoire ? Toujours est-il qu'il y est venu, qu'il y a vu et qu'il a été vaincu. »
> (*Le Temps*)

Lord *Nelson* était pair d'Angleterre.

Son fils aîné, dont il est ici question, naquit à Londres en 1854 ; il est entré dans l'Eglise catholique en 1876.

Voici comment sa conversion fut annoncée et appréciée par un journal protestant et libre penseur : *le Temps* :

« Encore une conversion au catholicisme.

« C'est le fils d'un lord, âgé de vingt ans, qui vient, à l'insu de son père, de quitter le catholicisme anglican pour le catholicisme romain. Ce fait, qui n'est pas très rare, ne mériterait pas d'être mentionné ailleurs que dans les colonnes du *Monde* ou de *l'Univers*, s'il n'avait été bruyamment signalé au public par les lettres indignées que lord Nelson a écrites au *Times*, pour protester contre cet enlèvement spirituel d'un mineur.

Pauvre lord Nelson ! ses plaintes seraient vraiment touchantes si la faute n'était pas avant tout la sienne. Comment peut-il s'étonner de voir une intelligence de vingt ans tirer hardiment les conclusions logiques des prémices qu'il lui a fournies? Ne vous en prenez qu'à vous-même, Milord, de l'évasion morale de votre fils. Pour peu que vous réfléchissiez, vous ne pouvez que trouver naturel qu'il ait franchi l'étroit Rubicon qui sépare le puséisme du papisme, et au bord duquel la mauvaise honte vous arrête vous-même.

« Ce n'est pas un protestant de moins en Angleterre, c'est seulement un catholique avoué de plus, au lieu d'un catholique déguisé, voilà tout. Je m'explique.

« Lord Nelson est ritualiste. J'ai déjà plusieurs fois entretenu vos lecteurs des progrès alarmants pour le protestantisme anglais de cette secte des ritualistes, formée des *ultra* de la haute Eglise, qui effrayée des tendances libérales et démocratiques du protestantisme, voudrait remonter au-delà de la réforme de Henri VIII et revenir au catholicisme romain ou à peu près, avec son pape en moins, mais avec tout son luxe de dogmes, de hiérarchie et de cérémonial. Je connais plusieurs ritualistes; presque tous appartiennent au monde le plus huppé, ou voudraient frayer avec ce monde. Le ritualisme est très bien porté. C'est une secte surtout aristocratique. Les théologiens anglais souffrent beaucoup, à la pensée d'être séparés du **grand corps de l'Eglise.**

« Depuis quarante ans, le rapprochement avait fait des pas immenses, petit à petit, sur les traces de Pusey et de Netman, beaucoup de clergymen avaient ramené leurs fidèles à un culte qui n'avait plus rien de protestant, pas même le nom que beaucoup d'anglicans repoussent avec effroi.

« Exempt des étroitesses des disciples de Calvin, de Knox, de Crammer, le ritualiste ne se contente pas de retourner aux dogmes que la réforme avait réprouvés ou laissés à l'écart, la succession apostolique, l'existence d'une Eglise visible, les sacrements, la présence réelle, le purgatoire, la confession, etc., il veut rendre au culte la pompe dont le protestantisme l'avait dépouillé; il lui faut les cierges, les vitraux peints, les mosaïques, les encensoirs, les sculptures, les tableaux, etc. La communion, simple cérémonie commémorative pour beaucoup de protestants, est devenue pour le ritualisme une messe célébrée quotidiennement avec le dramatique accompagnement qui l'entoure dans l'Eglise latine. Tandis que le protestant, comme la langue populaire l'a si bien dit, va *au prêche*, c'est-à-dire tient l'exhortation, la prédication pour la partie la plus importante du culte, le ritualiste considère le sermon comme l'accessoire, et surtout le sermon hors de l'enceinte sacrée. Il va chaque matin à l'église et attache de l'importance aux litanies, aux formules sacramentelles. Je connais des dames qui saluent chaque fois qu'il est fait mention, dans les prières, de Jésus ou de la Trinité. D'autres vont jusqu'au signe de croix... J'ai eu occasion de rencontrer dans le monde une jeune ritualiste, dont je respecte beaucoup la sincérité, et qui pousse la ferveur jusqu'à vouloir devenir sœur de charité !

« M. Gladstone, le grand adversaire de Pie IX, n'est pas éloigné de partager ces vues ritualistes. Cela vous étonnera. Rien de plus simple pourtant. La colère de M. Gladstone contre le Vatican vient précisément de ce qu'à titre de membre de la haute Eglise anglicane, il avait rêvé la réconciliation avec l'Eglise latine, et la promulgation des dogmes nouveaux a ajourné *sine die* peut-être la possibilité de cette fusion. Il faut savoir cela pour comprendre les anathèmes violents, passionnés qu'il a lancés coup sur coup aux jésuites et ultramontains. C'est la rage impuissante de Sisyphe qui a roulé son rocher jusqu'au sommet de la colline et qui le voit dégringoler jusqu'en bas quand il touche l faîte.

« Comme M. Gladstone, et plus encore lord Nelson appartient à la haute Eglise. Il avait lui-même encouragé son fils à employer des livres de liturgie romains, il lui avait donné un directeur spirituel, qui ne trouvait pas de mal, non plus à le voir fréquenter des églises catholiques.

« Il y a à Brompton, quartier du *West-End*, de Londres, qui se confond presque avec Kensinetow, une confrérie d'oratoriens composée de quinze à seize prêtres séculiers, dont la chapelle est fort coquette et le culte très bien conduit. Qui dira comment et pourquoi le jeune homme a mis, pour la première fois, le pied dans cet oratoire? Toujours est-il, qu'il y est venu, qu'il y a vu et qu'il a été vaincu ; si bien vaincu, que lundi dernier il y était admis pour communier, et que son père, qui l'avait laissé simple ritualiste en quittant Londres, il y a quelques jours, l'a retrouvé à son retour bien et dûment catholique et fervent comme un Polyeucte.

« Aux réclamations du père temporel Lord Nelson, le père spirituel, Fater Bowden répond, dans le *Times,* avec une habileté triomphante. Sa justification est l'argument le plus fort que l'on puisse opposer aux ritualistes. Je cite les paroles mêmes du convertisseur, qui semblent en effet irréfutables.

* * *

« Lord Nelson m'accuse, dit l'oratorien, d'une précipitation inconvenante à recevoir son fils dans l'Eglise, lui qui, dix jours auparavant était encore un « heureux membre de l'Eglise anglicane ».

Je demanderai si la fréquentation du culte catholique romain et la pratique de dévotions essentiellement romaines pendant trois années répondent à cet état d'esprit que suppose Lord Nelson !

« Le fils de Lord Nelson m'informe que l'ecclésiastique auquel il avait coutume de se confesser pendant les trois dernières années, et qui, à ce que dit lord Nelson, calma ses doutes, n'a jamais essayé de discuter avec lui, mais au contraire l'a encouragé dans la pratique de ses dévotions favorites.

« Je ne veux pas entreprendre de discuter cette méthode de direction spirituelle, mais aussi longtemps que certains membres de l'Eglise d'Angleterre auront l'habitude d'imiter le rituel catholique romain, en célébrant la sainte messe, en invoquant les saints, en pratiquant la confession orale, etc., il s'en suivra des conversions, qui, toutes mondaines qu'elles pourront paraître, ne seront que la conséquence nécessaire d'une telle ligne de conduite. »

Le Temps.

Pour apprécier la lettre du père oratorien, nous dirons ici quelques mots du puséysme pour ceux de nos lecteurs qui ne sont pas au courant du mouvement religieux en Angleterre.

Vers 1840, il s'est manifesté, surtout dans les classes instruites, un mouvement marqué vers la religion romaine. Connu sous le puséysme, du nom de son auteur le docteur Pusey, le puséysme désigne un sytème moderne de théologie anglicane, soutenu et propagé par une école de savants distingués, presque tous professeurs ou élèves de l'Université d'Oxford.

Dès 1833, on agita dans la presse britannique,

certains projets touchant une réforme de l'Eglise établie et on aspirait à en modifier la liturgie et les livres de prière. Ceux qui parlaient ainsi ne s'entendaient pas sur tous les points. Plusieurs cherchaient de bonne foi la lumière ; à leur tête on distinguait les docteurs Pusey, Vaughan, Thomas, Newmann.

A l'origine donc, les chefs du puséysme semblèrent n'avoir d'autre but que de soutenir et de reconstituer l'anglicanisme. Ils se mirent à l'œuvre avec ardeur et sincérité ; ils étudièrent le Christianisme et la constitution de l'unité catholique, nonseulement dans les auteurs protestants ou falsifiés des trois derniers siècles, mais dans les ouvrages des Pères des premiers siècles. Le résultat de leurs travaux fut publié dans une suite de dissertations intitulées : *Traités pour le temps présent*. L'étude des antiquités ecclésiastiques apporta aux puséystes des découvertes tout à fait inatendues, et ramena plusieurs de ces docteurs au Catholicisme.

En 1843, le Dr Pusey reconnaissait le dogme de la transusbstantiation, dont il avouait la vérité dans un discours prêché devant l'Université d'Oxford qui fit grand bruit et dont il se vendit 300,000 exemplaires. Le Docteur Newmann et plusieurs de ses amis entrèrent dans le sein de l'Eglise catholique.

Bientôt l'Université d'Edimbourg imita celle d'Oxford, s'adonnant aussi à des études approfondies, et fouillant les archives de la tradition, où se trouvent, dit Crétinau-Joly, les titres glorieux et authentiques de nos dogmes et de notre liturgie.

L'école puséyste, avec ses études profondes et consciencieuses, menace l'anglicanisme jusque dans ses fondements : elle explique, dans une certaine mesure, les conversions nombreuses et importantes annoncées chaque jour dans la haute société anglaise et écossaise, et qui causent tant d'étonnement dans les milieux incrédules (1).

(1) On lit à ce sujet dans les *Missions catholiques* :
« L'Anglais du dix-neuvième siècle, comme celui du moyen-âge ne peut vivre longtemps sans religion; il peut étonner le monde par ses écarts, voire même par ses scandales, mais il saura l'étonner aussi par son repentir..

C'est surtout en Grande-Bretagne et en Irlande que l'on voit de nombreux jeunes gens, de jeunes personnes renoncer au protestantisme, braver la colère et trop souvent la malédiction de leurs parents, pour embrasser la vraie foi et entrer courageusement, après Notre-Seigneur, dans la voie douloureuse qui conduit au salut.

Tantôt c'est un fils de famille, à qui son père accordait volontiers avant sa conversion 400 livres sterling (10,000 fr.) par an pour s'amuser à Paris, et plus tard pour entrer au barreau; après un refus respectueux mais formel de renoncer à la religion catholique, cet excellent père lui retire jusqu'à la dernière obole, et le met ainsi dans la nécessité d'accepter dans une petite école catholique, des honoraires qui ne s'élèvent pas à mille francs par an.

Tantôt c'est une fille qui est chassée de la maison paternelle. Elle avait quinze ans à peine lorsque Dieu, sans doute pour récompenser son innocence, la conduisit sur le chemin d'un vénérable prêtre séculier, qui la fit entrer dans la véritable Église.

Son père officier d'un grade assez élevé, était alors aux Indes. La mère quoique vivement contrariée de cette conversion, ne s'était pas senti le courage de rejeter et de maudire sa fille. La noble enfant restait donc dans la maison paternelle, où elle se montrait la plus aimante et la plus tendrement dévouée.

Un jour, la mère reçut une lettre qui lui annonçait le prochain retour de son mari. La jeune convertie n'était pas sans inquiétude, mais la joie de revoir son père l'emportait sur toutes les autres impressions. Un soir son père arriva. A la première nouvelle de la conversion de sa fille,

NICOLAI (baron de)

GÉNÉRAL, AIDE DE CAMP DE L'EMPEREUR DE RUSSIE,
COMMANDANT EN CHEF DE L'ARMÉE DU CAUCASE.

(1821)

> « Il lut, il étudia à fond.
> Il se prit à aimer l'E-
> glise. »   A. B.

Un général russe, jeune encore, disait adieu au monde le 30 août 1869, et prenait le chemin de la Grande-Chartreuse. C'est le baron de *Nicolaï*, né

il entre dans une violente fureur, et sans égards pour les caresses et les larmes de la pauvre enfant, il lui ordonne de sortir de chez lui à l'instant même. Or, il était minuit.

L'infortunée jeune fille dut traverser plusieurs rues avant d'arriver à la demeure du vieux prêtre qui avait reçu son abjuration. Ce ne fut qu'à une heure après minuit qu'elle put se faire ouvrir la porte de son bienfaiteur. Celui-ci la trouva brisée de fatigues et d'émotion, tremblante de froid et à peine en état de se faire comprendre. Il la fit aussitôt conduire chez des religieuses du Bon-Pasteur qui habitaient dans une rue assez éloignée.

Inutile de dire qu'elle fut accueillie à bras ouverts et qu'elle reçût aussitôt les soins que réclamait son état. On l'envoya sur le continent dans l'espoir d'améliorer sa santé. Mais il était trop tard : au bout de quelques mois de souffrances, elle mourut! Elle n'avait que seize ans! Les émotions qu'elle avait éprouvées dans la nuit terrible où son père l'avait repoussée brutalement et l'avait chassée de sa maison au moment où elle allait se jeter avec amour dans ses bras, avaient, comme disent les Anglais, broyé son cœur, et elle est morte de chagrin.

Je pourrais multiplier ces exemples du courage qui distingue ces nouveaux catholiques, à quelque rang de la société qu'ils appartiennent : en Écosse et en Angleterre, ces exemples sont nombreux et admirables, et ils se renouvellent tous les jours.

L'avenir est aux missionnaires, car on peut appliquer à la Grande-Bretagne les paroles que prononçait naguère le héros de Kartoum au sujet du Congo : Vous ne ferez rien de sérieux sans la religion, disait-il. Envoyez des missionnaires... Des catholiques, beaucoup de *roman catholics.* »

en Russie, et qui se rattache à la noblesse de France par les glorieuses alliances de sa famille; il tient en particulier à l'illustre maison des princes de Broglie.

Il fut appelé, par l'empereur Alexandre II, à un poste militaire important. Déjà le czar l'avait attaché à sa personne, en le nommant son aide de camp général. Puis, M. le baron de Nicolaï, par une faveur nouvelle, recevait avec le commandement de l'armée du Caucase, le titre de gouverneur de Tiflis, capitale de la Géorgie, autrefois monarchie chrétienne.

L'âme du général, naturellement sérieuse était bien loin de se trouver satisfaite dans les doctrines du protestantisme où il était né et où il avait été élevé. Le baron de Nicolaï aimait l'étude ; il écrivit, peu après son arrivée à Tiflis, à son parent le prince de Broglie, qui selon son désir, lui fit parvenir de Paris un choix de livres philosophiques, littéraires et religieux.

Or, il arriva que parmi tant d'ouvrages excellents que le baron lut alors, il s'en trouva un qui fit sur lui une impression profonde et surtout plus salutaire : *Le Christianisme présenté aux hommes du monde par Fénelon* (1). C'est là que le baron de Nicolaï rencontra sur le protestantisme des pages éloquentes qui le firent réfléchir. Il les relut, les

---

1) Publié par Mgr Dupanloup et intitulé : *La vraie et solide piété.*

étudia, les examina à fond. Bientôt affranchi de ses derniers préjugés, il se prit à aimer l'Eglise, et à admirer sa constitution et ses œuvres. De là au baptême catholique, il n'y avait pas loin. l'Empereur de Russie, pour ne pas priver son armée d'un officier dont le mérite lui était connu, conserva sa faveur au nouveau catholique et ne lui retira aucun de ses titres, aucune de ses charges.

Le nouveau baptisé se lia bientôt avec un illustre évêque, et, un jour, lui déclara sa résolution de dire adieu au monde pour revêtir la livrée des pauvres de Jésus-Christ, et commencer une vie toute de silence, de prière et d'immolation. Le sage directeur fit attendre deux ans sa décision.

Enfin, le général franchissait de nouveau plusieurs centaines de lieues; puis selon le désir et le conseil de son directeur, il se rendait seul à la Grande-Chartreuse. Pendant un mois entier, seul et inconnu de tous, le général de Nicolaï a vécu dans le monastère, observateur scrupuleux des exercices les plus pénibles de la vie du chartreux. C'était sa dernière épreuve, il en sortit victorieux. Alors l'évêque d'Orléans déclara qu'une telle vocation était vraiment divine.

M. le baron de Nicolaï envoya donc à Saint-Pétersbourg sa démission de général. Comme aide de camp de l'Empereur, il écrivit à Alexandre II pour prendre congé de ce souverain. Et le frère de l'empereur, le grand duc Michel proclama, dans un ordre du jour, que le baron de Nicolaï emportait, avec l'estime de l'Empereur, les regrets de ses chefs et de ses soldats.

A la Grande-Chartreuse, le baron de Nicolaï porte humblement le nom de frère Jean-Louis ; il édifie tout le monde dans le monastère et s'estime le plus heureux des hommes (1).

NIEL

MARÉCHAL DE FRANCE, SÉNATEUR, MINISTRE.

(1802-1869)

> « Je recommande à mes chers enfants, après la crainte et l'amour de Dieu, l'honnêteté et la probité qui furent toujours héréditaires dans notre famille. »
> (Maréchal NIEL.)

Si la patrie réclame ce vaillant soldat comme un de ses braves défenseurs, l'Eglise n'est pas moins fière d'avoir trouvé en lui un croyant sincère, qui n'a pas craint, à l'occasion, de professer sa foi,

---

(1) Parmi les Chartreux qui habitent à la Grande-Chartreuse, dit l'*Union savoisienne*, on remarque, en première ligne, le général baron de Nicolaï, dont le frère est l'une des lumières du Sénat et de la Russie. Le général baron de Nicolaï est Russe, il était au service de la Russie. C'est à lui que Schamil vaincu rendit son épée.
Cette épée a été déposée par lui, dans le diocèse de Bayeux, aux pieds d'une madone célèbre, non loin d'un château de sa sœur. Après avoir pacifié le Caucase, il est

Niel (voir page 78)

et qui s'est montré bon chrétien dans la mort comme dans la vie.

Adolphe *Niel* naquit à Muret, (Haute-Garonne).

Lieutenant de génie en 1827, il s'embarquait en 1832 pour l'Algérie et prenait une part si brillante à la prise de Constantine, qu'il y reçut les félicitations du ministre de la guerre et le grade de chef de bataillon.

Regardé comme l'un des officiers les plus capables, il fut attaché comme chef d'état-major de génie à l'expédition de Rome. Ses services furent si bien appréciés que deux mois après il était nommé général de brigade. A son retour en France il prit part à l'expédition de Crimée, puis à celle d'Italie exposant vingt fois sa vie sur les champs de bataille. A la suite de la victoire de Solférino à laquelle il eut une si grande part, l'Empereur le nomma maréchal de France. En 1867, il était appelé au ministère de la guerre.

Le maréchal avait reçu les premiers principes religieux sur les genoux de sa mère; l'on sait que

venu chercher la paix dans les Alpes. Il a une pension de l'empereur de Russie, et le droit de porter l'uniforme. « Mais, dit-il, je ne pourrais le porter que sous ma robe, le vieil homme ne devant plus reparaître. »
Deux autres officiers, mais Français, l'un ayant à peine dépassé la trentaine et l'autre ne l'ayant pas encore atteinte, et tous deux portant de grands noms sont également à la Grande-Chartreuse : le prince de Broglie Revel de la branche cadette du duc de Broglie, et le comte de Quinsonnas. neveu du marquis de Quinsonnas, et ancien député de l'Isère, en 1871.

même dans les moments les plus agités, il a conservé pour elle la plus tendre vénération : c'étaient deux grands cœurs qui se portaient une estime et une affection réciproques.

« Je puis affirmer, a dit un témoin de sa vie, que tous les jours, dans l'ardeur des affaires comme dans le tumulte des camps, M. Niel a été véritablement fidèle à ses prières du matin et du soir.

On n'a pas oublié à Toulouse avec quelle assiduité et quelle irréprochable tenue il entendait la messe, dans son église paroissiale de Saint-Etienne tous les dimanches, pendant les huit années de son commandement. On sait aussi que, durant le temps des vacances, il avait soin que le service divin fût célébré régulièrement dans la chapelle de son château d'Offréry.

Dans une visite militaire qu'il fit à Périgueux pendant son commandement à Toulouse, il montra son attrait pour les choses de la religion. Dans une réception où ils avaient été admis, les modestes Frères des Écoles chrétiennes se tenaient à l'écart : « Approchez, chers frères, leur dit-il, approchez ; je suis heureux de retrouver en vous l'image des Frères, mes premiers maîtres, qui m'ont appris tant et de si bonnes choses. »

Si nous avions besoin de retracer ici ses gloires militaires, nous raconterions ses campagnes de Rome, de la Baltique, de la Crimée et de l'Italie ; mais, à cet égard, il nous suffit de dire que ses talents, ses faits d'armes et ses hautes qualités morales lui ont valu l'insigne honneur d'être le premier soldat de France, c'est-à-dire ministre de la guerre. »

« Rappelons quelques traits de cette belle vie si chrétienne.

« On venait en 1854 de prendre Bomarsund, ville forte appartenant à la Russie et située sur le côté d'une des îles de l'archipel d'Aland, à l'entrée de la mer Baltique. Les soldats français, avec l'entrain qu'on leur connaît, démolissaient cette ville. M. Niel, alors général, aperçoit tout à coup une croix dominant la flèche d'une église : « Tu ne peux, se dit-il en lui-même, laisser renverser cette croix! Renverser une croix! Ta vieille mère ne te le pardonnerait jamais! »

Il se retourne vers ses soldats et s'écrie : « Deux hommes pour aller chercher cette croix ! »

Il s'en présente cinquante. La croix fut détachée avec soin et apportée en France, le maréchal l'a offerte à l'église de Muret, où il avait reçu le baptême et fait sa première communion.

Le 3 Juillet 1849, le général Oudinot de Reggio, vainqueur des garibaldiens entra à Rome avec son armée. Il s'empressa d'en instruire le pape réfugié à Gaëte, M. Niel, alors colonel du génie, fut chargé de la haute mission d'annoncer au Saint-Père la prise de Rome sur les révolutionnaires et de lui remettre les clefs de la ville.

Pie IX le reçut avec autant de bienveillance que de joie, et à la fin de l'entretien, il lui présenta un superbe chapelet en disant : « Voici pour l'épouse chrétienne ! »

Puis prenant une croix de commandeur de l'ordre de Saint-Grégoire-le-Grand, il la plaça sur la poitrine du colonel : « Voilà pour le vaillant guerrier ! » lui dit-il.

Au respect que notre colonel avait pour le Vicaire de Jésus-Christ vint alors se joindre une vive et profonde sympathie. Ses conseils dans le gouvernement, ses votes au Sénat furent toujours favorables à la cause du Pape.

Ajoutons qu'après avoir eu l'honneur de remettre au Pape les clefs de Rome en 1849, il a su se donner l'honneur de les lui conserver en 1867.

« Ses amis racontent que c'est à lui surtout que l'on doit la victoire de Mentana. On connaît toutes les hésitations par lesquelles l'Empereur est passé avant de laisser partir des troupes pour Rome ; les ordres et les contre-ordres se succédaient à Toulon.

Enfin le maréchal Niel reçoit dans la nuit, à une heure du matin, une dépêche de Toulon lui annonçant qu'il n'y avait plus de temps à perdre.

Prenant sur lui la responsabilité du fait, il envoie

immédiatement par le télégraphe l'ordre de lever l'ancre et de voler au secours du Saint-Siège, et Rome fut sauvée (1). »

Une âme de cette trempe, éclairée et soutenue par la religion ne pouvait envisager la mort avec effroi. Pendant un mois de vives souffrances il ne laissa échapper aucune plainte, et quelques jours avant sa mort, il dit à sa famille éplorée : « Après tant d'alternatives de crainte et d'espérance, il nous faut renoncer à tout espoir, il nous faut prévoir que tout est fini. »

Alors il fit appeler l'archevêque de Paris, se confessa, et reçut, en pleine connaissance par le ministère de M. le curé de Sainte-Clotilde, les derniers sacrements de l'Eglise. Le malade avait recommandé à la sœur qui le veillait, de lui lire des chapitres de l'*Imitation de Jésus-Christ*, des pages de Bossuet et de Bourdaloue, et l'agonie est venue le surprendre au milieu de ces graves pensées.

Voici une phrase de son testament, qui, à elle seule, vaut tout un discours : « Je recommande à mes chers enfants, après la crainte et l'amour de Dieu, l'honnêteté et la probité qui furent toujours héréditaires dans notre famille. »

« Le maréchal Niel pouvait redire cette parole chrétienne : « J'ai achevé ma course et j'ai gardé

(1) La *religion en tunique*, p. le gén. *Ambert*.

ma foi. » La foi, il l'avait gardée, en effet, et elle avait gouverné sa vie... Dans l'état des partis en France, quand autour de nous, l'irréligion est poussée jusqu'à l'outrage, on est heureux de se détourner de ce spectacle pour goûter cet autre spectacle d'un soldat illustre qui se montre à découvert avec la fermeté de sa conscience et de sa foi (1). »

NOÉ, (comte de) CHAM

CARICATURISTE.

(1819-1879)

> « Je ne sais pourquo
> j'ai une si grande con-
> fiance en la miséricorde
> de Dieu. (CHAM)

Le 6 septembre 1879 mourait à Paris Amédée Henri, comte *de Noé*, si connu comme caricaturiste sous le nom de Cham. Son père, le comte de Noé, ancien pair de France, le destinait à l'école polytechnique, mais les goûts du jeune homme le portaient ailleurs. Amédée de Noé se fit le disciple

---

(1) M. *Lacaze*, sénat.

de Charlet, puis de Paul Delaroche. Bien que la peinture fût sérieuse auprès de tels maîtres, c'est auprès de ces artistes que se développa chez Cham le talent pour la charge et le dessin grotesque. Il les abandonna donc bientôt, pour employer presque exclusivement son crayon à la satire des travers et des vices de l'époque en France et en Angleterre.

Voici l'origine vraie du pseudonyme de Cham encore peu connue aujourd'hui.

Philipon éditeur des principaux caricaturistes de notre temps avait encouragé au travail le jeune artiste. En 1840, Amédée de Noé lui apportait *l'Histoire de M. Jobard* premier ouvrage signé du fameux pseudonyme, qui avant de reconnaître ses enfants voulait savoir s'ils lui feraient honneur.

« — Quel nom donnerons-nous au public, maintenant que vous êtes sûr de vous et de lui ? demanda Philipon.

— C'est vrai. Eh bien ! je suis le fils de Noé, mettez Cham ! »

Voilà, dit M. de Beaulieu la très simple origine de la *légende* des malédictions : légende que Cham plaisait à raconter de mille manières aux curieux, aux naïfs et aux badauds.

Pendant quarante ans, il montra une verve inépuisable dans des caricatures pétillantes d'esprit, mais bien que travaillant souvent pour des recueils où l'on ne ménageait ni la morale ni la religion, comme le *Charivari*, il sut toujours respecter ces deux grandes choses (1). Il ne voulut pas même employer le gros sel malpropre où ses confrères de la caricature cherchaient le succès.

En renonçant ainsi à beaucoup de traits d'esprit, Cham s'est constitué, par ce sacrifice même, un talent à part, d'un ordre plus élevé, et dans un genre de travail qui semble tout éphémère, il passera à la postérité.

Aussi Paul Féval a dit de son talent : « Ce n'est pas toujours de la haute comédie, ce n'est jamais du marivaudage faisandé, ni de l'épaisse gaudriole. C'est le rire bon qui déploie bonnement la gorge des bonnes gens. » Et la *Revue littéraire* de *l'Univers* parlant des historiettes racontées dans sa *Vie* par M. Félix Ribeyre ajoute : « Elles font juger de la profonde délicatesse de cet ami de la gaieté qui respecta toujours la religion et mourut en chrétien. »

« Nous nous permîmes, a écrit le *Pelerin*, de lui signaler combien son talent pouvait être utilisé pour le bien et être employé à flétrir directement les attaques contre l'Eglise. Il nous remercia de ces conseils et les utilisa de suite. Toutefois, il serait entré bien plus largement dans cette voie, si les

---

(1) Les impies de son temps, ne lui ont pas pardonné la caricature des enterrements civils, dans une charge devenue célèbre, qui représentait le cadavre d'un chien crevé, emporté par les eaux de la Seine.

ournaux pour lesquels il avait des traités, n'avaient exigé autre chose pour leur public. »

« Cham était chrétien, dit à son tour M. de Beaulieu, sa mort l'a prouvé, le gentilhomme gardait au fond de son âme loyale et généreuse les traditions et les principes religieux de sa famille. Il vint un moment où certains conseils trouvèrent un écho dans cet esprit plein de droiture et de justice . »

M. l'abbé Roussel, directeur de l'orphelinat d'Auteuil, ami de Cham a donné quelques détails sur ce personnage dans la *France Illustrée*. M. Roussel désirait avoir Cham pour collaborateur de sa dpublication, et il alla lui faire une visite.

« Nous nous présentions sans recommandation aucune. L'accueil fut bienveillant et sympathique, mais comme on le devine, le refus ne se fit pas attendre. Engagé avec plusieurs journaux, tiraillé de tous côtés, l'éminent artiste devait naturellement répondre : *non!* Mais le gentilhomme et le chrétien, (car le comte de Noé était resté catholique), disait *oui*. Interrompant bientôt une conversation des plus gaies, Cham se reprenait tout à coup.

« Attendez, Monsieur l'abbé, vous auriez une trop mauvaise idée de moi si je vous laissais partir ainsi. Votre temps est précieux, je ne veux pas vous le faire perdre; venez avec moi dans mon cabinet et je vais vous chercher un croquis. Ce ne fut pas long. Le grand artiste prit son crayon, et tout émerveillé, en quelques minutes nous vîmes sortir la première de nos charges sur les *Réservistes*.

« A partir de cette époque, nos relations furent vraiment fréquentes et intimes. Il aimait à visiter notre orphelinat, et nous l'invitâmes un jour de première communion. Cet homme qui était si sobre de son temps se plut tellement au milieu de nos enfants qu'il resta jusqu'au soir. Ce fut une bonne fortune pour nous et nos amis qu'il sut charmer par ses ravissantes saillies et ses incomparables histoires. Nous regrettons de ne pouvoir, faute de place, en rapporter ici quelques-unes.

«...Nous nous rappelons qu'un vendredi, nous trouvant chez lui à l'heure de son déjeuner, il insistait pour nous le faire partager : « Ne soyez pas étonné, Monsieur l'abbé, si je fais gras ; on dit que je suis malade et les médecins le veulent, mais ma femme fait maigre, et d'ailleurs, quand j'y suis il y a toujours du maigre.

« Cham faisait allusion à sa maigreur.

Peu de temps avant sa mort, il nous écrivait la lettre suivante :

Mon cher abbé,

« Si je ne vous ai pas écrit plus tôt, pour vous témoigner toute ma reconnaissance, la raison est que je viens d'être gravement malade d'un vomissement de sang. Les démagogues ne manqueront pas de dire que c'est le *bon sens* qui me quitte. Excusez ce calembour de la part d'un malade.

« J'ai cru que j'y passais, mais qu'importe, puisque j'aurai un brave ami comme vous pour me faire pardonner bien des peccadilles là-haut.

« Je ferai bien d'y monter avec un N° de la *France Illustrée* sous le bras.

« De nouveau, merci ! et bien affectueusement à vous, mon cher abbé. »

L'illustre défunt avait sans doute raison de compter sur nos affectueuses prières et sur l'accueil que lui vaudrait là-haut sa généreuse collaboration à notre œuvre. Mais ce qui nous rassure et nous console c'est surtout la confession qu'il a demandée lui-même et les sacrements qu'il a reçus en pleine connaissance. Après cela, on comprend que ses dernières paroles aient été :

« *Je ne sais pourquoi j'ai une si grande confiance en la miséricorde divine.* »

« Lui, qui semblait avoir vécu toujours en dehors de lui-même, dit M. de Salies, n'ayant de pensée que pour la répandre, d'intelligence que pour la semer aux quatre vents du ciel, il s'est recueilli ; connaissant la gravité de son état, sans hésitation, il a appelé un prêtre et il a reçu les sacrements avec un véritable esprit de foi. Ses dernières paroles ont été des paroles d'admiration et de gratitude pour la miséricorde de Dieu, et c'est en les achevant qu'il a expiré sans secousse, doucement.

« Nous sommes en ce triste monde pour voir disparaître un à un, tant que nous ne disparaissons pas nous-mêmes, ceux qui nous sont les plus chers : nos parents, nos proches, nos amis. Quelle consolation, du moins, quand, sur le seuil de l'éternité, ils ont reçu le confort de l'âme, le viatique du dernier voyage. »

Autour du lit du malade, on vit tout ce que la presse et les arts comptaient de plus illustre, et surtout M. l'abbé Roussel et le curé de Sainte-Marie-des-Batignolles, qui consola les derniers moments du chrétien et passa en prières, près de sa dépouille, la dernière nuit funèbre. Nous n'ajouterons qu'un mot avec M. de Beaulieu : « Jamais son crayon n'attaqua ce qui touchait à la religion ou aux principes fondamentaux de la société. »

O'CONNELL

AVOCAT, DÉPUTÉ, LIBÉRATEUR DE L'IRLANDE.

(1775-1847)

> « La religion est la base de la liberté... Oui, je suis papiste et m'en glorifie ; je suis papiste, c'est-à-dire que ma foi remonte jusqu'à Jésus-Christ, tandis que la tienne ne va pas au-delà de Luther, de Calvin, d'Henri VIII. »
> *O'Connell.*

Jamais en aucun siècle et en aucun pays, a dit M. de Cormenin, aucun homme ne prit sur sa nation un empire aussi souverain, aussi absolu, aussi complet. L'Irlande se personnifie dans O'Connell. Il est en quelque sorte à lui seul son parlement, son ambassadeur, son prince, son libérateur, son apôtre.

Daniel *O'Connell*, né en Irlande, entra dans la vie publique à 25 ans, au début de ce siècle. Après s'être montré avocat distingué au barreau de Dublin, il voulut reprendre le mouvement d'affranchissement de sa patrie, commencé au siècle dernier. Ce fut une lutte toute pacifique où la parole seule remportait des victoires.

Des comités furent formés, des associations fondées pour unir toutes les forces en un seul faisceau. O'Connell remua ainsi l'Irlande tout entière ; il déployait une prodigieuse activité. Longtemps avant le jour il était au travail dans son cabinet, ou pour tout ornement où voyait un grand crucifix ; puis il se rendait aux quatre cours, passait d'un tribunal à l'autre, plaidant ordinairement plusieurs causes dans la même journée. Le soir, il parlait encore dans les comités, dans les meetings ou dans des dîners publics.

Il attendit plus de vingt-cinq ans un succès important. Il lui fallait lutter contre les divisions intestines des Irlandais et contre le pouvoir. Le concours du clergé ne lui avait pas même été immédiatement acquis. Mais bientôt sa popularité fut si grande dans toute l'Irlande, que ses compatriotes ne l'appelaient que « notre homme ». Souvent au sortir des meetings la foule le portait en triomphe jusqu'à sa demeure.

Un jour, O'Connell se promenant avec un Anglais de ses amis dans la campagne, rencontra un convoi funèbre. Les parents et les amis du défunt reconnaissent le libérateur ; aussitôt ils font retentir les airs d'un formidable *hurrah !* L'Anglais, accoutumé au décorum solennel et lugubre des funérailles de son pays en est scandalisé, et fait quelques observations à l'un des assistants. « Ah ! Monsieur, lui est-il répondu, le mort aurait bien crié *hurrah !* s'il l'avait pu. »

En 1823, O'Connell était véritablement maître de

ses concitoyens qui lui obéissaient comme à leur roi. Le gouvernement d'Angleterre faisait tous ses efforts pour rendre inutile l'agitation suscitée par O'Connell, mais n'y parvenait pas. Quand il poursuivait son adversaire le jury l'acquittait; quand il faisait voter un bill pour dissoudre l'Association, le lendemain elle était rétablie sous une autre forme.

En 1828, O'Connell crut enfin le moment venu de frapper un grand coup. Il s'agissait d'obtenir, pour les catholiques le droit de siéger à la Chambre des Communes. Pour forcer les portes du Parlement O'Connell se présenta lui-même aux électeurs du comté de Clare. L'émotion fut grande en Irlande et en Angleterre quand il fut élu à une majorité écrasante. C'est alors que le libérateur put entonner ce magnifique chant de triomphe :

« Les hommes de Clare savent que la seule base de la liberté est la religion. Ils ont triomphé parce que la voix qui s'élève pour la patrie avait d'abord exhalé sa prière au Seigneur. Maintenant des chants de liberté se font entendre dans nos vastes campagnes; ces sons parcourent les vallées, ils remplissent les collines, ils murmurent dans les ondes de nos fleuves, et nos torrents avec leurs voix de tonnerre, crient aux échos de nos montagnes : « *l'Irlande est libre !* »

*

Il se présente alors à la Chambre des Communes, dit le P. Ventura, un huissier lui en refuse l'entrée :

« Vous êtes catholique, lui dit-il, il n'y a pas de place pour un catholique dans une assemblée protestante. Jurez-vous le trente-neuvième article de la religion anglicane ?

« — Je jure, répond O'Connell, fidélité à mon roi et à toutes les lois justes du Parlement, mais je ne jure pas l'hérésie et le blasphème. Je demande à la Chambre d'être admis à prouver mon droit. »

Cette demande si nouvelle est accordée plutôt par un instinct de curiosité que par un principe de justice.

Il pénètre dans l'assemblée : on respire à peine, tous les yeux sont tournés vers lui, tous les cœurs palpitent, ici d'espérance, là de crainte. O'Connel parle, mais d'un ton si majestueux, d'une voix si ferme, avec une telle élévation de sentiments, une telle force de raison, une telle magnificence de style, une si grande vigueur d'expressions, un feu et une émotion tels, qu'il ébranle et fait frémir tout d'abord l'assemblée, puis il convainct les plus difficiles, dompte les plus rebelles, émeut les plus insensibles, et enfin les laisse tous comme stupéfaits et hors d'eux-mêmes, et ayant l'air de se demander l'un à l'autre dans un éloquent silence : « Jamais homme a-t-il parlé ainsi ? »

Aussi les vieux usages ne sont plus écoutés, l'hérésie se rend ; et voilà qu'en la personne de O'

Connell, le catholicisme prend place dans le Parlement dont depuis trois siècles il était banni... »

Le grand orateur avait raison de chanter victoire; les ministres anglais proposèrent eux-mêmes et firent voter par le Parlement le bill de l'émancipation des catholiques tant de fois refusé. Mais ce n'était pas encore l'affranchissement complet de l'Irlande, et O'Connell voulait l'obtenir, il demanda le rétablissement du Parlement national qui avait existé jusqu'au commencement du siècle. Il organisa dans ce but une nouvelle agitation avec une merveilleuse activité. On dissout l'association à la tête de laquelle il s'est placé, il la rétablit; on la dissout encore, il la rétablit de nouveau. On le poursuit, rien ne l'arrête : il engage les Irlandais à refuser le paiement de la dime inique qu'on leur imposait en faveur de l'Eglise anglicane. Nulle part alors la dime ne peut être perçue, et l'Eglise est bientôt obligée de capituler et de transiger.

Un jour, il invite à ne se servir d'aucun objet venant de l'Angleterre. Tous lui obéissent. Une autre fois encore, d'après ses conseils, tous les catholiques viennent demander le remboursement de *banknotes*, et il s'ensuit une crise qui arrête le commerce pendant quelques jours. Il voulait ainsi intimider l'Angleterre et la contraindre à céder.

Telle était la puissance et l'ascendant prodigieux que cet homme extraordinaire exerçait sur le peuple irlandais. Sans doute, O'Connell avait pour lui avec le prestige de la grande cause qu'il soutenait, toutes les qualités naturelles propres à agir sur les foules : taille athlétique, voix retentissante, éloquence vive, style hardi et plein de saisissantes images, mais il avait surtout une foi ardente, et ce fut là la cause de ses succès.

Le P. Ventura dans l'oraison funèbre de ce grand homme nous fait connaître sa piété.

« Qui eut plus de piété et de dévotion que lui? Au milieu des travaux sans nombre de son apostolat politique, il ne laissa jamais d'assiste chaque jour à la messe, et de s'approcher une et même deux fois la semaine, du tribunal de la pénitence et de la table eucharistique. Qui, plus que lui, avait un saint respect pour le nom de Dieu? Malheur à qui, en sa présence, eût osé le prononcer sans le respect qui lui est dû !

« Mais qui fut surtout plus tendre pour la Reine du ciel et plus zélé pour son culte ? Il en parlait au peuple comme de la mère du peuple. Il est devenu fameux ce jour, qu'emporté par un sentiment extraordinaire de dévotion et de tendresse pour Marie, il en fit l'éloge en présence de plus de cent mille personnes, catholiques et protestants tout ensemble. Cette multitude ravie et comme suspendue à ses lèvres, crut entendre un docteur, un Père de l'Eglise, énumérer les gloires et chanter les louanges de la Mère de Dieu.

« Après sa célèbre harangue qui devait faire

ouvrir aux catholiques les portes du Parlement, pendant que les plus fameux orateurs s'animaient dans ce grand débat, O'Connell se tenait là, retiré dans un angle de la salle, récitant le rosaire...

« ...Quand cette religion sainte n'obtenait que l'indifférence et le mépris comme une malheureuse proscrite, O'Connell, loin d'en rougir, s'en fit toujours un titre de gloire. Jamais il ne se présenta à la cour sans avoir près de lui un prêtre catholique; partout et toujours il le voulait à ses côtés.

* *

« Mais ce qui est au-dessus de toute idée et de toute expression c'est le zèle d'O'Connel pour cette même religion. Il laissait tout, sacrifiait tout, quand il s'agissait de la servir et de se mettre à l'œuvre pour elle. Les pauvres curés, les communes, les villages sans ressources qui avaient besoin d'églises recouraient à lui, et sa prodigieuse activité, et son éloquence trouvaient aussitôt le moyen de leur faire bâtir, comme par enchantement, de beaux et vastes temples.

« Quelqu'un s'avisait-il de lui jeter l'insulte à voix basse et sur le ton sacrilège des anciens jours, en l'appelant papiste, il se retournait aussitôt et lui répliquait hardiment : « Misérable ! tu crois, en m'appelant papiste me faire injure, et tu m'honores; oui, je suis papiste et cela veut dire que ma foi, par une suite non interrompue de papes, remonte jusqu'à Jésus-Christ, tandis que la tienne ne va pas au-delà de Luther, de Calvin, d'Henri VIII et d'Elisabeth. Eh bien, oui, papiste ! Si tu avais une étincelle de bon sens, ne comprendrais-tu pas qu'en matière de religion, il vaut mieux dépendre du pape que du roi, de la crosse que de l'épée, de la soutane que de la jupe, des conciles que des parlements ? »

« O'Connell, fidèle à la maxime de S. Augustin : *Diligite homines, interficite errores*, tout en combattant les erreurs dont les protestants étaient victimes, ne cessait de respecter et d'aimer encore leurs personnes. Il se faisait un devoir de les excuser, de les défendre et de leur rendre tous les bons offices de la charité chrétienne.

« ...O'Connell fut pendant toute sa vie, c'est-à-dire pendant quarante-cinq ans le défenseur gratuit de tous les accusés catholiques. En même temps, il était le soutien de tous les pauvres, l'appui de tous les malheureux, la consolation de tous les affligés...

« Ses marches étaient un continuel triomphe. A peine le bruit se répand-il de l'arrivée du libérateur que des provinces entières s'émeuvent, les populations entières des lieux les plus lointains viennent à sa rencontre, les bannières déployées et en bon ordre. En voyant apparaître dans le lointain le grand homme avec ses formes athlétiques, son air imposant, son front majestueux, son regard plein de bonté et son aimable sourire, les joyeux vivats lancés avec toute l'énergie du cœur font retentir les airs; mais lui, à travers les cris de triomphe, les rues couvertes de tapis et de fleurs, entre les haies épaisses d'une foule immense, impatiente de voir son visage et d'entendre sa voix, il va tout d'abord adorer Dieu dans son temple...

« Après d'innombrables combats et de glorieuses victoires, après surtout une si admirable vie chrétienne, O'Connell, pressentant sa fin prochaine voulut venir déposer aux pieds du grand représentant de Dieu sa dépouille mortelle. La mort vint le surprendre à Gênes, sur le chemin de Rome. Mais non, je me trompe, il ne fut pas surpris par la mort. J'ai vu moi-même, j'ai eu entre les mains le précieux exemplaire de l'ouvrage intitulé : *Préparation à la mort,* dont il a fait usage, annoté de sa propre main, preuve évidente qu'au milieu des plus grandes agitations de sa vie, il se préparait toujours à la mort, et qu'il réglait son action dans le temps à la lumière des grandes maximes de l'éternité.

« Il demanda et reçut les derniers sacrements avec l'humilité d'un enfant et la ferveur d'un saint. Ce fut en répétant souvent le *Memorare, ô piissima Virgo,* en récitant les psaumes, en renouvelant à chaque instant des actes de contritions, en prononçant les noms si doux de Jésus et de Marie, que s'éteignit cette grande voix qui avait ébranlé le monde et que s'envola cette grande âme qui avait éveillé l'admiration de la terre.

« Ses dernières dispositions furent ces mots : *Mon corps est à l'Irlande, mon cœur à Rome, mon âme au ciel.* »

OZANAM

LITTÉRATEUR, HISTORIEN, PROFESSEUR A LA FACULTÉ DES LETTRES DE PARIS.

(1813-1853)

> « Ce modèle de l'homme de lettres, chrétien digne et humble, ardent ami de la science et ferme champion de la foi. (Guizot).

Dans un rapport à l'Académie française en 1856, M. Villemain regrettant qu'Ozanam ne fit pas partie de ce corps d'élite, s'exprimait ainsi : « Un talent célèbre et regretté devait préoccuper notre souvenir et fixer nos suffrages. Ce nom, ce talent, c'est celui de M. Ozanam. » Et M. Guizot ajoutait : « Ce modèle de l'homme de lettres chrétien, digne et humble, ardent ami de la science et ferme champion de la foi, goûtant avec tendresse les joies pures de la vie et soumis avec douceur à la longue attente de la mort, enlevé aux plus saintes affections et aux plus nobles travaux, trop tôt selon le monde, mais déjà mûr pour le ciel et pour la gloire. »

Frédéric *Ozanam* naquit à Milan de parents

français. Son père était un médecin distingué et chrétien.

Ozanam raconte ainsi les souffrances du doute dont sa jeunesse fut victime au milieu d'un siècle de scepticisme:

« Dieu m'avait fait la grâce de naître dans la foi. Enfant, il me prit sur les genoux d'un père chrétien et d'une sainte mère... Plus tard, les bruits d'un monde qui ne croyait pas vint jusqu'à moi. Je connus toutes les horreurs de ces doutes qui rongent le cœur pendant le jour, et qu'on retrouve la nuit sur un chevet mouillé de larmes. L'incertitude de ma destinée ne me laissait pas de repos. Je m'attachais avec désespoir aux dogmes sacrés, et je croyais les sentir se briser sous ma main. C'est alors que l'enseignement d'un prêtre philosophe me sauva. Il mit dans ma pensée l'ordre et la lumière; le crus désormais d'une foi rassurée, et touché d'un bienfait si rare, je promis à Dieu de vouer mes jours au service de *la vérité qui me donnait la paix.* »

C'est à l'époque de cette *crise* de la foi, à l'âge de dix-huit ans, qu'Ozanam un jour rencontra, dans un coin d'une église de Paris, un vieillard qui récitait son chapelet. Il s'approche et reconnaît Ampère, son idéal, la science et le génie vivants. A cette vue il est ému jusqu'au fond de son âme. La foi et l'amour de Dieu reprennent leur empire sur son cœur, et il se plaisait plus tard à dire, en rappelant ce fait : « Le chapelet d'Ampère a plus fait sur moi que tous les livres et même tous les sermons. »

Ozanam dut ainsi à Ampère et à l'abbé Noirot, ce prêtre philosophe dont il parle, professeur de philosophie au collège de Lyon, de sentir la paix dans son âme, après être revenu dans le droit chemin. Il fut fidèle à sa promesse de « vouer ses jours au service de la vérité ».

Il le prouva bientôt.

Son cœur était trop rempli de l'amour de Dieu et du prochain pour laisser cet amour oisif. Il chercha donc le moyen de faire du bien autour de lui, et fut un des fondateurs des conférences de St-Vincent de Paul, aujourd'hui répandues dans le monde entier et destinées à établir la vraie fraternité, en mettant le pauvre en contact avec le riche. Il devint l'âme de cette première conférence : ses talents, sa charité expansive et sa vive piété faisaient le charme de ses compagnons d'apostolat et la joie des pauvres qu'il était appelé à soulager.

Dès l'âge de dix-huit ans, il voulut employer les dons si riches de sa belle intelligence à un travail monumental sur le catholicisme. Il avait conçu son plan, et l'exposait en ces termes à deux anciens camarades de collège :

« Ebranlé quelque temps par le doute, je sentais le besoin invincible de m'attacher de toutes mes forces à la colonne du temple, dût-elle m'écraser dans sa chute, et voilà qu'aujourdhui, je la retrouve, cette colonne, appuyée sur la science, lumineuse des rayons de la sagesse, de la gloire et de la beauté ; je la retrouve, je l'embrasse avec enthousiasme, avec amour. Je demeurerai près d'elle, et de là j'étendrai mon bras ; je la montrerai comme un phare de délivrance à ceux qui flottent sur la mer de la vie. Heureux si quelques amis viennent se grouper autour de moi ! alors nous joindrons nos efforts ; nous créerions une œuvre ensemble, d'autres se réuniraient à nous, et peut-être un jour la société se rassemblera-t-elle tout entière sous cette ombre protectrice ; le catholicisme, plein de jeunesse et de force, s'éleverait tout à coup sur le monde, il se mettrait à la tête du siècle renaissant pour le conduire à la civilisation, au bonheur. »

*
*   *

Vers cette époque, Ozanam était porteur d'une lettre d'un de ses protecteurs pour M. de Chateaubriand. Timide par caractère, il garda plusieurs mois cette lettre. Enfin il se décida à la porter à son destinataire. « Au premier jour de l'an 1832, dit le P. Lacordaire, il sonne en tremblant à la porte d'une *puissance de ce monde*, comme Charles X à Prague désignait M. de Chateaubriand. Celui-ci rentrait d'entendre la messe ; il reçut l'étudiant d'une manière aimable et paternelle, et après bien des questions sur ses projets, ses études, ses goûts, il lui demanda, en le regardant d'un œil plus attentif, s'il se proposait d'aller au spectacle.

« Ozanam, surpris, hésitait entre la vérité, qui était la promesse faite à sa mère de ne pas mettre le pied au théâtre, et la crainte de paraître puéril à son noble interlocuteur. Il se tut quelque temps par suite de la lutte qui se passait dans son âme. M. de Chateaubriand le regardait toujours. A la fin la vérité l'emporta, et l'auteur du *Génie du Christianisme* se penchant vers Ozanam pour l'embrasser, lui dit affectueusement : « Je vous conjure de suivre le conseil de votre mère ; vous ne gagneriez rien au théâtre, et vous pourriez y perdre beaucoup. »

« Cette parole demeura comme un éclair dans la pensée d'Ozanam, et lorsque quelques-uns de ses camarades, moins scrupuleux que lui, l'engageaient à l'accompagner au spectacle, il s'en défendait par cette phrase décisive : « M. de Chateaubriand m'a dit qu'il n'était pas bon d'y aller. »

D'abord avocat, puis professeur de droit à Lyon, Ozanam fut appelé à 27 ans, à succéder à Fauvel dans la chaire de littérature étrangère à la Faculté des lettres de Paris, où il s'acquit promptement une brillante renommée par l'éclat de son talent et de son éloquence. Ses cours furent très brillants et il en sortit de sérieux travaux : *La civilisation du Ve siècle, Etudes germaniques Les Poètes Fran-*

ciscains, *Dante et la philosophie au XIIIe siècle*.

Dans toutes ses œuvres, Ozanam unissait une foi sincère et éclairée à l'amour de la science, des convictions très arrêtées sur les choses à une grande modération envers les personnes. Son érudition, puisée aux sources les plus variées se revêtait d'une parole entraînante et colorée, où respirait le double enthousiasme de la religion et de la poésie.

Cependant une cruelle et longue maladie le conduisait lentement au tombeau. Ce fut une occasion pour lui de manifester une pieuse et admirable résignation : « Une nuit, raconte Mgr Ozanam, son frère, l'un de ses frères le veillait, et l'aperçut dans l'ombre versant des larmes.

« Pourquoi es-tu si triste? demanda-t-il.

« — Ah! cher frère, répondit-il d'une voix pleine de pleurs, quand je songe à la passion de Notre-Seigneur, quand je songe que ce sont nos péchés qui lui ont causé tant de souffrances, je ne puis retenir mes larmes! »

Sur le point de franchir le seuil d'une maison qu'il avait habitée, il jeta un dernier regard sur la chambre qu'il aimait parce qu'il y avait souffert: « Mon Dieu, s'écria-t-il, je vous remercie des souffrances et des afflictions que vous m'avez données dans cette maison; acceptez-les en expiation de mes péchés. »

Puis se tournant vers sa femme : « Je veux qu'avec moi tu bénisses Dieu de mes douleurs ; » et il ajoutait : « Je le bénis aussi des consolations qu'il m'a données. »

C'est à Marseille qu'il rendit le dernier soupir, le 8 septembre 1853 : « Mon Dieu ! mon Dieu ! ayez pitié de moi ! » Ce furent ses dernières paroles.

.*.

Ozanam a fait ce magnifique acte de foi à la sainte Eucharistie :

« L'expérience de chaque jour me fait trouver dans la foi de mon enfance toute la lumière de mon âge mûr, toute la sanctification de mes joies domestiques, toute la consolation de mes peines. Quand toute la terre aurait abjuré le Christ, il y a dans l'inexprimable douceur d'une communion, et dans les larmes qu'elle fait répandre, une puissance de conviction qui me ferait encore embrasser la croix et défier l'incrédulité de toute la terre. Mais combien le Sauveur du monde est encore aimé, combien il suscite de vertus et de dévouement qui égalent les premiers âges de l'Eglise ! »

Il écrivait encore : « La philosophie a des clartés; elle connait Dieu, mais elle ne l'aime pas, mais elle n'a jamais fait couler ces larmes d'amour qu'un catholique trouve dans la communion, et dont l'incomparable douceur vaudrait à elle seule le sacrifice de toute la vie. Vous trouverez là l'évidence intérieure devant laquelle s'évanouissent tous les doutes. Il faut donner son âme à Dieu et

alors Dieu donne la plénitude de la lumière. Ah!
si quelque jour, daus une ville d'Amérique, vous
étiez malade, sans un ami à votre chevet, souvenez-
vous qu'il n'est pas un lieu de quelque importance
aux Etats-Uuis, où l'amour de Jésus-Christ n'ait
conduit un prêtre pour y consoler le voyageur catholique. »

En 1833, il avait écrit à sa mère le récit suivant
d'une démonstration de sa foi et de sa piété :

« Vous savez qu'à Paris comme à Lyon, (en 1833)
mais pour des motifs beaucoup plus plausibles, les
processions sont interdites; mais parce qu'il plaît
à quelques perturbateurs de parquer le catholicisme dans ses temples au sein des grandes villes,
ce n'est pas une raison pour de jeunes chrétiens, à
qui Dieu a donné une âme virile, de se priver des
plus touchantes cérémonies de leur religion. Aussi
s'en est-il trouvé quelques-uns qui avaient songé
à prendre part à la procession de Nanterre, paisible
village, patrie de la bonne sainte Geneviève.

« Le rendez-vous est donné un peu plus tard, il est
vrai, et seulement dans un petit cercle d'amis. Le
dimanche se lève serein et sans nuage comme si
le ciel eût voulu le fêter de ses pompes. Je pars de
bon matin, avec deux amis, nous nous arrêtons
pour déjeuner à la barrière de l'Etoile, nous arri-
vous des premiers à l'humble rendez-vous. Peu à
peu, la petite troupe se grossit, et bientôt nous nous
trouvons trente. D'abord toute l'aristocratie intel-

lectuelle de la Conférence : Lallier, Lamache dont je vous montrerai d'excellents travaux historiques; Chernel, saint-simonien converti; De La Noue, fils de l'ancien président de la cour royale de Tours et qui fait de si beaux vers; puis M. Lejouteux, des Languedociens, des Francs-Comtois, des Normands et des Lyonnais surtout; et votre serviteur très humble, la plupart portant moustache, cinq ou six comptant cinq pieds et huit pouces. Nous nous mêlons parmi les paysans qui suivent le dais : c'est plaisir pour nous de coudoyer ces braves gens, de chanter avec eux et de les voir s'émerveiller de notre bonne tournure et s'édifier de notre religion.

« La procession était nombreuse et pleine d'une élégante simplicité, toutes les maisons tendues, les chemins jonchés de fleurs; il y avait une foi, une piété difficile à décrire! La cérémonie dura près de deux heures; ensuite nous assistâmes à la grand'messe, où la foule affluait jusqu'au dehors des portes de l'église.

« Nous repartîmes à la fraîcheur du soir; la lune ne tarda pas à nous éclairer à travers les arbres, c'était un délicieux moment. Nous avions rempli nos devoirs envers Dieu en lui rendant l'hommage qui lui était dû, envers nos frères en leur donnant un bon exemple, envers nous-mêmes en nous procurant un plaisir pur, en nous donnant un témoignage de réciproque amitié. »

PAQUERON

COLONEL, DIRECTEUR D'ARTILLERIE.

(1791-1863)

> « Le savant sans religion est un animal perfectionné, espèce fort dangereuse; le chrétien même ignorant, est un homme civilisé, agréable à Dieu, utile à ses frères, et fort commode aux gouvernements. »
> (Paqueron)

Pour les hommes de bon sens et de bonne foi, l'heure des illusions en fait de doctrines sociales et religieuses est passée : une épreuve décisive, qui se poursuit depuis un siècle, nous a démontré qu'il ne peut exister ni liberté, ni ordre, ni sécurité pour les individus et les sociétés en dehors de la foi chrétienne et catholique.

Quelques esprits ignorants ou aveuglés par les préjugés continuent de soutenir que la discipline catholique, supportable aux temps de croyance comme le moyen-âge, n'est plus tolérable à notre époque de science et de liberté, que les pratiques de la religion répugnent aux esprits larges et généreux, et que la raison émancipée rejette le joug de la foi. Eh bien! s'il faut un témoignage ajouté à tant d'autres, que nous offrent ces pages, voici un homme d'un cœur ardent et d'un esprit résolu, qui a traversé dans sa jeunesse la société la plus dissolue de Paris, un homme qui a subi l'enseignement d'une école où l'irréligion était à l'ordre du jour, qui a suivi avec éclat la carrière militaire, qui a cultivé les sciences physiques et chimiques pour en tirer les plus ingénieuses applications, un homme qui par un travail de soixante années a mérité toutes les récompenses et tous les honneurs que le monde peut donner, et cet homme a été, en même temps, le catholique le plus fervent, cet homme n'a jamais négligé une seule des pratiques dont l'ignorance et la lâcheté sont effrayées. Rien ne prouve mieux que la vie du colonel Pâqueron combien la fidélité absolue au dogme catholique est en harmonie avec la science, le progrès.

Nicolas *Pâqueron* naquit en Lorraine, le 5 décembre 1891, d'une famille dont la fortune avait été compromise, par les événements politiques. En 1808, il entrait à l'école polytechnique.

Il se trouvait alors bien seul et bien abandonné dans cette société corrompue et corruptrice, mais il eut l'inestimable bonheur de rencontrer un saint prêtre, l'abbé Quinet, dont il fit l'ami de son cœur et le confident de sa conscience ; cette amitié fut la force de sa jeunesse et l'affermissement de sa foi. Mais aussi comme il sut correspondre aux grâces du ciel !

La religion, en effet, sait admirablement s'allier avec les devoirs du soldat. On voit bien, il est vra sous l'uniforme, des hommes héroïques sans la foi, des hommes intrépides sans convictions religieuses, mais ces qualités sont rares, elles ne sont que naturelles et fragiles. Allons au fond de ces âmes, et nous n'y trouverons pas les vertus qui fleurirent dans celle du brave Pâqueron, et pour n'en citer qu'une seule, y trouverons-nous l'humilité, jointe à de grands talents et à de grands services rendus ? Ce serait une erreur de le croire.

A la fin de 1810, le colonel entra à l'Ecole d'artillerie de Metz. Il en sortit le cinquième. Lieutenant d'artillerie à vingt ans, il était considéré comme appelé au plus bel avenir par ses camarades, que charmait une heureuse union des qualités sérieuses de l'esprit avec l'entrain de la gaieté.

Bientôt la fortune des armes le conduisit à Dantzig, pour y subir toutes les horreurs d'un long blocus, où la famine était si cruelle que les soldats se disputaient, comme nourriture, les chevaux de leurs officiers. Cependant, sous l'action du froid, il fut paralysé d'un œil qui ne guérit jamais, et une attaque de typhus faillit l'enlever.

A son retour de cette triste campagne, en 1815, le jeune capitaine fut envoyé au Havre pour travailler à l'armement de la place. L'ère des batailles était close, une phase moins brillante allait s'ouvrir, il dut rester pendant trente-cinq ans occupé à des travaux ingrats dans l'artillerie et le service des poudres.

Il disait, dans cette circonstance : « Me voici rendu à mes ouvriers et à mes poudres... Je mets Dieu dans mes travaux; que me fait le reste du monde? Notre-Seigneur colore et poétise jusqu'à mes labeurs vulgaires. Que Dieu est bon! »

Bientôt il fut appelé à l'inspection des poudres dans plusieurs villes de France, puis envoyé en Algérie, d'où il écrivait à propos des Arabes : « Il y a chez ces fanatiques de quoi faire rougir notre société chrétienne : ils ont gardé l'idée religieuse et le caractère, deux trésors que la France moderne a perdus. Où sont les hommes de cœur qui sauront nous les rendre? »

Dans ces différentes situations, il édifia toujours par la vivacité de sa foi, la fidélité à ses pratiques religieuses et la résignation chrétienne.

Cette dernière disposition lui fut bien nécessaire; car Dieu l'éprouva cruellement par la perte de tous ceux qu'il aimait. En peu d'années il vit mourir sa mère, son épouse, après six années de mariage, puis son père et bientôt un enfant. Alors, à l'âge de trente-huit ans, commence pour lui une existence nouvelle au sujet de laquelle il écrit : « O mon Dieu, prenez dans ma vie la place de mes chers absents, prenez le temps, prenez les forces que je leur aurais consacrés. Plus vous m'avez ôté, plus e veux vous donner, afin de retrouver en vous tout ce que j'ai perdu. »

En 1839, Charles, le seul garçon qui lui restait, fut reçu à l'École polytechnique, où les sentiments religieux étaient assez mal vus. Pâqueron écrivit à son enfant : « Arbore ton drapeau tout de suite afin que l'on sache qui tu es. Il faut qu'après quarante-huit heures, aucun de tes camarades n'ait un doute à ton sujet. C'est l'unique moyen d'éviter les positions fausses et les engagements équivoques. Sois chrétien simplement, mais franchement. Parler comme on croit et agir comme on parle, voilà la meilleure logique du monde et celle qui produit toujours grand effet. Pas de faiblesse surtout! Quand on a l'honneur d'être chrétien, il ne s'agit pas de se faire pardonner ou tolérer, mais bien de se faire respecter. N'aie pas peur de passer pour singulier. Voici plus de quarante ans que, pour ma part, je suis très singulier, et ni Dieu ni les hommes ne m'en ont encore point puni. »

.*.

Après le mariage de sa fille, Pâqueron, promu au grade de lieutenant-colonel, fut appelé en 1846 à la direction de la capsulerie de guerre à Paris. Rien ne fut changé en sa vie, où la religion occupait toujours la première place. Voici comment il usait des plaisirs de la capitale.

Un officier général de ses amis le priant de l'accompagner au théâtre : « Volontiers, dit le colonel, mais ayez seulement la complaisance de venir avec moi dans une maison où j'ai affaire quelques minutes. » Et il conduisit son ami dans un misérable réduit de la rue du Pot-de-Fer-Saint-Sulpice, où une mère et cinq enfants pleuraient près du lit d'un père malade depuis longtemps. La scène était navrante. « Si nous laissions ici l'argent du spectacle? dit Páqueron à l'oreille de son ami. »

« — Allons, dit celui-ci, allons! c'est un traquenard de votre façon ; inutile d'essayer d'en retirer la patte. »

Et il lui remit trois pièces d'or dans la main.

Des plaisirs de cette sorte étaient ordinaires pour le pieux colonel.

Peu de temps après survenait la révolution de 1848. Il la jugeait ainsi : « La houle est enfin tombée, mais dans la rue seulement; nous avons de l'orage pour longtemps dans les âmes... La révolution, cette fois, n'a rien profané, c'est vrai; elle n'a peut-être pas cassé les vitres d'un seul presbytère de village, mais il ne faudrait pas s'y méprendre pourtant, elle n'en est pas moins l'antichristianisme vivant. Elle ne met pas la main sur les prêtres, mais elle menace de renverser de fond en comble l'ordre religieux. C'est peut-être la plus large attaque doctrinale contre l'Eglise qu'il y ait eu depuis Notre-Seigneur. Quelle est la question cachée dans les vapeurs de cet orage? Si je ne me trompe, c'est celle-ci. « Ne pouvons-nous pas, ne devons-nous pas faire notre bonheur sur terre, en dehors des solutions chrétiennes et des formes sociales inspirées jusqu'à présent par elles? » Ce n'est point une question politique, c'est tout simplement une question théologique, et cette question jetée dans les débats publics de ce temps, c'est du fulminate de mercure disséminé dans l'air. J'ai bien peur pour l'avenir. »

J'ai bien peur pour l'avenir, voilà des paroles prophétiques dont nous voyons de nos jours la réalisation.

Ce fut le colonel Pâqueron qui remit à Mgr Affre le rameau qu'il portait quand cet héroïque prélat fut tué sur les barricades. L'archevêque de Paris voulut conférer avec Pâqueron avant de tenter une mission de pacification. Le colonel se jeta aux pieds du *Bon Pasteur*, admirant son courage, mais ne lui cachant pas ses terreurs.

« Ils sont ivres, Monseigneur, disait-il.

« — Eh bien! s'ils me tuent, ils seront moins coupables. Allons! »

M. Pâqueron demanda à embrasser le martyr, et coupant dans son jardin un grand rameau vert :

« Dieu vous donne, Monseigneur, de me le rapporter bientôt. »

Vingt minutes après le sacrifice était consommé : le bon pasteur avait donné sa vie pour son troupeau.

Quelques jours après, le colonel était envoyé à la Rochelle avec le titre de directeur d'artillerie. Là, les protestants recherchaient sa société : « Ah ! disaient-ils, si tous les catholiques étaient comme lui, demain nous serions tous catholiques. »

Aussi l'évêque de la Rochelle disait-il de son cher colonel :

« Il a autre chose à son service qu'une artillerie de bronze ; il vous braque de tous côtés des vertus capables de confondre nos plus mortels adversaires. » En effet, le colonel répétait : « Ne discutons pas ; mais vivons bien. La lumière des œuvres éclaire tout le monde et ne froisse personne. »

Quand l'heure de la retraite eut sonné pour lui, malgré ses soixante ans, on le voit reprendre une nouvelle activité. On le trouve partout dans l'intérêt du bien, à la préfecture ou à la municipalité, dans les comités diocésains, dans les œuvres de charité, dans les cérémonies religieuses, dans les salons, dans les quartiers perdus, chez les malades et les pauvres. C'est au point que Mgr Cousseau s'écrie avec admiration : « Je ne me figure pas Angoulême sans lui. Le colonel est un type du bon citoyen. »

Ce fut au milieu de ces nobles occupations, toujours dévoué à tous, qu'il mourut, le 27 décembre 1863, d'une fluxion de poitrine gagnée dans la mansarde du pauvre. Ses derniers mots furent « Jésus !.. Marie !.. les voir ! »

Quelques jours auparavant il disait : « Tenons-nous prêts, c'est peut-être le moment où Dieu va nous frapper. » Il disait vrai.

*
* *

Recueillons en terminant quelques pensées remarquables du pieux colonel, trouvées dans le journal de sa vie.

Sur l'emploi de la vie : « L'essentiel, ici-bas, n'est pas d'avoir une existence agréable, mais de rendre son existence utile. Celui qui ne sait pas mettre à profit son temps et ses forces pour se rendre meilleur et faire du bien à ceux qui l'entourent est complètement indigne de vivre. Un admirable moyen de se rendre chaque jour meilleur, c'est de scruter avec soin sa conscience et de juger impitoyablement ses actions quotidiennes. Rien n'est plus efficace que cette pratique. »

« Bien vivre fait infailliblement bien penser et noblement sentir : soyons fermes sur les pratiques. »

Sur le travail : « Il faudrait faire entrer mille ans dans chaque année pour utiliser vraiment la vie et réaliser quelque chose qui demeure : *laboremus, laboremus*... Ce n'est point l'augmentation de la fortune qu'il faut chercher dans le travail, cela le rabaisserait singulièrement. Ce qu'il faut y chercher avant tout, c'est l'accomplissement d'une loi positive, c'est surtout l'expiation de nos fautes. Quiconque ne voit pas l'activité humaine de ce point de vue est incapable de la comprendre et incapable de l'honorer... Dieu ne demande pas le succès, mais le travail, le vrai travail plein d'ardeur et d'opiniâtreté... Je me suis toujours dit : Si je travaille bien, avec des intentions droites, Dieu me bénira. Il ne pourra pas s'y refuser... Mets simplement le bon Dieu en mesure de s'exécuter et tu verras. »

Sur le devoir. Nul moraliste n'a mieux senti et mieux rendu l'harmonie profonde qui unit le bonheur au devoir :

« Quel est l'attrait qui manque au devoir ? cherchons-nous le bonheur ? il y est ; le progrès de l'âme ? il y est, la vraie gloire ? on l'y trouve ; Dieu lui-même enfin ? il y est aussi, et il nous y attend comme caché au fond, car tout devoir accompli mène à Dieu... Qui ne sait pas être esclave de son devoir ne sera jamais maître de ses passions : on ne règne d'un côté qu'en servant de l'autre. »

Sur la nécessité d'un règlement de vie : « Rien ne peut me défendre comme la puissance des règles. Il faut que j'attache ma nature par des liens de fer, et que je l'enferme dans d'invincibles pratiques ; si les idées et les principes agissent singulièrement sur la condnite des hommes, il est également vrai que la conduite réagit à son tour très puissamment sur leurs idées et leurs sentiments; c'est ce que nous ne savons pas assez. »

Sur l'alliance de la science et de la foi. « La science abstraite ne répond qu'à quelques-uns des besoins intellectuels de l'homme, la religion répond à toutes ses aspirations. Le savant sans religion n'est qu'un animal perfectionné, espèce fort dangereuse; le chrétien même ignorant est un homme civilisé, agréable à Dieu, utile à ses frères et fort commode aux gouvernements. On vante beaucoup la foi du charbonnier, et elle a sa valeur, mais je ne dédaigne pas du tout la foi des gens d'esprit. Le meilleur moyen de devenir savant, c'est de devenir pieux. C'est ce que [ne comprennent point les savants du monde, et c'est pour eux que le Seigneur a dit : « La vérité est cachée aux superbes, mais elle est révélée aux petits. »

Sur les dangers de l'enseignement officiel : « Les tendances de l'enseignement public me jettent dans l'épouvante. On rit niaisement des doctrines modernes; autant vaudrait rire de la foudre quand elle gronde et qu'elle est prête à écraser le navire. Ces leçons de philosophie tout émaillées de traits d'esprit décochés contre les catholiques sont des sacs de poudre placés en plein jour sous les murs de l'Europe. On n'y prend pas garde aujourd'hui, on sautera en l'air demain. » Quelle vérité dans ces paroles !

Et encore : « Des sciences, des arts, de l'industrie;

une grande civilisation au dehors, et pas de principes, pas de bon sens au dedans. De la littérature et point de vérités, des bijoux et pas de pain. Que de fripiers qui jouent au millionnaire avec de vieilles loques! Triste, triste! De la science, oui; de l'art, oui; du commerce, oui; je veux bien de tout cela, mais avant tout cela, j'ai faim, et je veux le pain de vie. »

Sur les modérés en morale et en religion : « Soyons logiques toujours, et allons bravement jusqu'au bout. Pas d'à peu près, surtout en fait de dogme et de morale.. Les demi-vérités, les demi-croyances, les demi-dévouements, bagages des âmes médiocres, qui appellent modération ce qui n'est que lâcheté ou impuissance. »

ur l'enfance; ces belles paroles que les instituteurs devraient méditer : « Dieu a mis deux perles dans l'âme des enfants : l'obéissance et la pureté. Malheur à qui leur fait perdre l'une ou l'autre! il tue l'homme dans l'enfant. Qui veut élever des enfants doit d'abord devenir un saint. Comment faire passer en eux des vertus qu'on n'a pas soi-même? Devenons des saints, sans cela nous ne serons jamais que de mauvais pères. »

Et de nouveau : « Dieu a mis dans l'âme des enfants l'obéissance et la pureté, malheur à qui leur fait perdre l'une ou l'autre! il tue sans remède l'homme dans l'enfant. Il me semble que mes devoirs de père se réduisent tous à un seul : défendre les intérêts de Dieu dans le cœur de mon fils et mes propres droits de père : tout est en harmonie dans le bien. »

A son fils : « Sois bon camarade, de relations faciles, d'esprit large, et travaille en conscience pour remplir les vues de Dieu, préparer ton avenir, et servir utilement ton pays. De la science, de la gaieté, de l'amitié franche, mais pas de politique ; l'art de déraisonner ne passera pas de sitôt... Dans tes luttes, il n'y a pas à hésiter ; prends toujours le parti de Dieu contre toi-même aussi bien que contre les autres. C'est le seul parti de l'honneur et de la victoire... Tu me trouveras toujours de ce côté. »

PARDESSUS

JURISCONSULTE, HISTORIEN, DÉPUTÉ,
MEMBRE DE L'ACADÉMIE
DES INSCRIPTIONS ET BELLES-LETTRES.

(1772-1853)

> « Le chrstianisme a été prêché par des ignorants, et cru par des savants, c'est en quoi, il ne ressemble à rien de connu. *J. de Maistre.*

Ce célèbre jurisconsulte, ce savant commentateur de nos codes, Jean-Marie *Pardessus*, né à Blois était fils d'un avocat et élève de Potier. Il débuta ort jeune au barreau de sa ville natale, et fut obligé par la mort de sa mère et l'emprisonnement de son père sous la Terreur, de prendre en main, de soutenir et de reconstituer la clientèle paternelle. Adjoint au maire de Blois, maire, député au Corps législatif en 1807, il obtint au concours en 1810 la chaire de droit commercial qui venait d'être créée à la Faculté de Paris. Elu plusieurs fois député, conseiller à la Cour de cassation, il donna sa démission en 1830 par dévouement aux Bourbons et ne s'occupa plus que de la science. L'Académie des Inscriptions l'avait admis dans son sein en 1829.

On a de lui divers ouvrages importants et savants sur la jurisprudence commerciale, le droit commercial, *les Lois maritimes, la Loi salique, les Ordonnances des rois de France,* et *Essais historiques sur l'organisation judiciaire et l'administration* depuis Hugues Capet. M. Naudet fit son éloge à l'Académie en 1855.

Ce savant jurisconsulte fut un chrétien fervent, qui a retracé à notre génération l'antique alliance de la science et de la foi dans la magistrature française. Il allait tous les jours à la messe, et tous les jours, comme un simple moine il récitait l'offfce divin, auquel il consacrait près de deux heures. Le soir, il donnait plus d'une heure à la lecture des livres de piété. Tous les ans, il relisait suivant l'ordre de l'année ecclésiastique les sermons de Bourdaloue qu'il admirait, et dont la gravité convenait si bien à sa forte intelligence.

Sa piété ne s'est pas démentie, et en face de la mort, il s'est montré ce qu'il avait été toute sa vie, un ferme et courageux chrétien, fidèle jusqu'à la fin à son Dieu comme il l'avait été à son roi.

PARIS (Paulin)

DE L'ACADÉMIE DES INSCRIPTIONS ET BELLES-LETTRES, PROFESSEUR DE LITTÉRATURE AU COLLÈGE DE FRANCE.

(1800-1881)

> « J'ai craint la mort, mais si ce que j'éprouve est l'approche de la mort, je vous assure que c'est bien peu de chose.
> *Paulin Paris.*

Le 16 Novembre 1882, M. Wallon, secrétaire perpétuel de l'Académie des Inscriptions et Belles-Lettres, lisait à l'Institut une notice sur la vie et les travaux d'un homme éminent, M. *Paulin Paris*, membre de l'Institut, né à Avenay (Marne) le 25 mars 1800, décédé au mois de février 1881. M. Paulin Pâris était un littérateur distingué et un érudit. Il vint de bonne heure à Paris cultiver les belles-lettres et fut rédacteur de divers journaux et recueils littéraires.

On sait quelle part ce savant a prise à l'étude de

la littérature du moyen âge, qu'il a puissamment contribué à faire connaître, en publiant ces vieux romans qui sont de véritables épopées, tels que *Berte aux grands piés, Garin le Loherain*, etc.

Nous regrettons de ne pouvoir suivre M. Wallon dans sa belle notice, et de suivre avec lui Paulin Paris dans ses travaux sur l'*Histoire littéraire de la France*, même à une époque plus moderne, dans la chaire de langue et de littérature du moyen âge, créée pour lui en 1853, enfin dans toute cette longue vie de labeur dont pas un instant n'était perdu.

Aussi bien, tel n'est pas notre but. Ce but est de constater l'esprit chrétien qui a animé notre savant pendant sa vie et à l'heure de sa mort.

La meilleure preuve de ces sentiments de foi, c'est qu'il n'a presque jamais collaboré qu'à des journaux et des revues légitimistes et religieux, tels que l'*Universel, la Vieille France, la Quotidienne*, etc.

Ses relations d'études, dit Wallon, et un amour semblable pour les livres l'avaient lié avec M. l'abbé Bossuet, curé de Saint-Louis-en-l'Ile, membre comme lui de la Société des bibliophiles.

« Ce fut ce vénérable pasteur qu'il appela auprès de lui et qui lui apporta les secours de la religion. Désormais il avait fait son sacrifice.

Il dit à sa famille qui l'entourait : « Je ne regrette rien que mes enfants et mes livres, mais je suis bien résigné » ; et bénissant de sa longue vie devant la mort : « Je ne puis qu'être reconnaissant, ajoutait-il, qu'elle m'eût fait attendre autant. »

« Ce calme d'une bonne conscience, cette sénérité de la foi, il en jouit jusqu'à la fin.

« Un peu plus tard, il disait encore : « J'ai craint la mort, mes enfants, pour la douleur et l'angoisse dont je me la figurais entourée; mais si ce que j'éprouve est l'approche de la mort, je vous assure que c'est bien peu de chose. »

« Il mourut peu après, le dimanche, 13 février 1881. »

La foi seule et une foi bien vive, accompagnée d'une grande pureté de cœur, est seule capable de donner une telle confiance et d'inspirer une de semblables paroles au moment de l'agonie.

C'est le cas de répéter avec J. B. Dumas dans son éloge de Faraday : « La science ne tue point la foi. »

PARRINI

LITTÉRATEUR, PROFESSEUR A L'UNIVERSITÉ DE TURIN.

(1827-1884)

> « On voit les choses d'une façon quand on est en vie, et d'une autre façon en face de la mort, et celle-ci est la rvaie.
> *César Parrini.*

César *Parrini*, professeur à Turin, homme de talent, de bon cœur, d'une culture peu commune, occupait un grade élevé dans la Franc-Maçonnerie en 1884 à Florence ; il avait la rédaction du *Fieramosca,* journal maçonnique de la cité toscane.

Sectaire, il l'était à ce point qu'en 1882, il avait fait un testament par lequel il éloignait d'avance tout prêtre de son lit de mort et tout personnel religieux de sa dépouille.

Le matin de son fameux duel, dont les journaux firent grand bruit, il en fit un nouveau, mais sans y insérer de clauses restrictives de ses volontés précédentes. Après le combat, dans lequel il reçut seize blessures, il demanda un médecin, puis il recommanda à un ami d'enfance qu'on l'avertit quand il serait en danger de mort. Quand on l'en prévint, il réclama un prêtre avec une insistance et une résolution marquées.

Don Luigi Miccinesi, vicaire de la paroisse, vint en toute hâte. Après avoir écouté le professeur

Parrini, ce prêtre demanda deux témoins (1); en leur présence, le vicaire lut une formule de rétractation, qui embrassait tout ce qui était nécessaire pour un homme qui s'était attiré les censures ecclésiastiques, en ayant adhéré à la secte maçonnique, s'étant battu en duel, et ayant écrit contre l'Eglise et la foi catholique.

Après la lecture de cette formule, Parrini, tenant le crucifix sur sa poitrine, déclara faire cette rétractation et ajouta : Je pardonne à tous, comme je désire que Dieu me pardonne.

L'acte, signé par les deux témoins, est conservé à l'évêché. Cela ayant été fait, Parrini se confessa et l'on fit les préparatifs nécessaires pour lui administrer le saint viatique. Entre temps, le pauvre malade, devenu très calme ne faisait autre chose qu'embrasser et baiser le crucifix qu'il tenait serré entre ses mains, et priait en se recommandant avec une vive émotion à ce Jésus qu'il reconnaissait comme son unique consolateur et son unique espérance.

On lui demanda :

« César, d'où vient-il que toi, qui as été ce que nous savons tous, tu pries avec tant de repentir le bon Jésus?

« — Cher ami, répondit-il, on voit les choses d'une façon quand on est en vie, et d'une autre

(1) Un ami d'enfance et un domestique d'hôpital.

façon en face de la mort, et *celle-ci est la seule bonne.* »

Il avait à peine expiré, au mois d'octobre 1884, qu'un des chefs de la Maçonnerie entra dans sa chambre et lui donna un soufflet. Une personne présente interpella vivement l'insulteur, qui s'excusa en disant que c'était la forme rituelle dans la Maçonnerie de faire des adieux aux frères morts.

L'interprétation vraie est celle-ci : les maçons se vengent ainsi sur les cadavres de ceux qui se sont réconciliés avec l'Eglise.

On s'est demandé ce qui a pu amener cette conversion de Parrini. En voici, ce semble, l'explication. César Parrini avait reçu une éducation très chrétienne, et il n'a jamais négligé pendant sa vie de dire, chaque jour, le *De profondis* pour les âmes du purgatoire ; et en outre, il gardait au fond de son cœur un amour et un respect très vifs pour la sainte Vierge, dont il conservait même une image dans son pupitre de travail.

Marie, la consolatrice des pécheurs, s'est ressouvenue de lui : que son saint nom soit une fois de plus béni par tous, partout et toujours!

PAS (de)

SOLDAT DU PAPE.

(1834-1861)

> « Je suis venu pour la gloire de Dieu, je mourrai pour sa gloire.
> *de Pas.*

Mizaël *de Pas* fut le premier qui eut la pensée d'aller s'offrir au pape Pie IX pour le défendre, le premier parmi les volontaires français qui versa son sang pour la cause de l'Eglise. Le général de Lamoricière touché de la force d'âme de cette frêle et candide nature, l'aima et le regretta d'une façon singulière.

Né de parents attachés par le fond des entrailles à Dieu et à son Eglise, Mizaël fut toujours chrétien et toujours pieux. Sa physionomie était aimable e douce, son apparence modeste et virginale ; son extérieur était l'expression de la pureté de son âme. il ne connut jamais les horreurs de l'indifférence o du doute.

Passionné pour la vie militaire sans la connaître il voulut entrer, dans ce but, dans une des écoles préparatoires. Sa mère qui craignait pour la religion de son cher Mizaël, s'y opposa d'abord, enfin elle céda.

La révolution de 48 interrompit ses études que sa santé empêcha de reprendre plus tard. Il demeurait dans sa famille, cherchant dans la pratique de la charité à l'égard des pauvres un aliment à l'activité de son cœur si dévoué, lorsque les évènements d'Italie vinrent ouvrir à son âme ardente les horizons qu'il désirait. Toujours il avait aspiré à cette noble profession des armes : « La carrière militaire, c'est mon attrait, écrivait-il, j'aime la discipline, les manières franches et loyales. *Servir de tout son cœur son Dieu et son pays*, être bon camarade et remplir ses devoirs de chrétien sans respect humain ; ne pas craindre le coup de feu, saluer la Madone, dire noblement et simplement son chapelet, être brave sur le champ de bataille, c'est ce qui me va !... Après avoir servi mon pays, revenir dans mes provinces à notre douce vie de famille..., alors, oui, ma moustache grise inspirera confiance..., alors, avec la grâce du bon Dieu, m'associer aux bonnes œuvres, les encourager ; faire ce qu'a fait mon père, faire du bien à nos bons fermiers, relever à leurs propres yeux les pauvres habitants de nos campagnes accablés par le travail et la misère, leur rappeler que le Fils de Dieu, notre bon Sauveur, s'est fait pauvre comme eux, et pour eux, et que le bonheur du ciel les attend ; exercer sur eux une influence morale et bienfaisante, s'occuper de ses enfants, former soi-même leur esprit et leur cœur ; voilà comment je comprends la vie, voilà mon rêve à moi. Le bon Dieu ne m'aurait-il donné ces goûts que pour que j'y renonce?... Mais le repos avant le travail, non, non ! »

Mizaël devait réaliser la première partie de ce programme. Il disait, peu auparavant, avec regret à la vue de sa triste santé : « Il ne me reste donc que la vie de gentilhomme campagnard. On me dit sans cesse de me distraire, de me créer des intérêts : qu'entend-on par là? Est-ce de me marier? de cultiver ou d'embellir une terre, de me promener à cheval, de chasser? — Chasser, oui, c'est amusant quelquefois, mais après une journée de chasse, que reste-t-il? J'ai couru après mon chien, qui courait après un lièvre ou une perdrix. Qu'ai-je fait de plus que lui? Sans lui je n'aurais rien pris ; lui, sans moi, sait fort bien arrêter le gibier. *Non, non, je suis créé pour autre chose.* »

* * *

Avant de prendre une grave résolution, il voulut consulter sa sœur.

C'était au mois de janvier, 1850, quelque temps avant l'arrivée à Rome du général Lamoricière. Il demanda surtout conseil à Dieu par la prière et la pratique des bonnes œuvres, il multiplia ses aumônes, demanda des prières dans plusieurs communautés religieuses, il fit prier les petits ramoneurs et les pauvres nombreux qu'il assistait en secret avec tant de zèle, que la sœur de charité du quartier l'avait surnommé *le saint caché.*

Le moment solennel de la détermination arriva enfin. A la nouvelle du départ de Lamoricière il s'en va trouver Notre-Dame des Victoires, lui demandant d'incliner vers sa volonté la volonté de sa mère et de sa sœur, puis il dit à sa vertueuse mère.

« Maman, qu'eût fait mon père, que feriez-vous à ma place ? »

Les yeux maternels se remplirent de larmes, mais le cœur ne chercha pas à disputer son fils à à Dieu. Cependant elle était veuve, ses autres enfants étaient mariés loin d'elle, et ce dernier fils restait seul, comme la suprême consolation de sa vieillesse, elle n'hésita pas néanmoins. Elle se souvint de ces paroles de son pieux époux : « Que mes enfants aiment et servent Dieu, c'est tout ce que je demande au ciel pour eux. »

Avant son départ, Mizaël avait distribué aux pauvres tout son argent, malgré les observations de sa sœur.

« Non, non, lui répondait-il, laisse-moi faire. *Le bien ne se fait pas sans argent, et de l'argent qui vaut des âmes ne doit pas se compter...* Et puis, on priera davantage pour l'Eglise. . La fortune n'est pas notre bien, mais un dépôt que le bon Dieu nous a confié. Plus tard... oh non, je ne le regretterai pas, le bon Dieu saura bien y pourvoir. »

Tels étaient ses sentiments vraiment admirables. Comme beaucoup de ses compagnons de dévouement et de gloire, il ne se faisait pas d'illusion sur la portée de son sacrifice.

.*.

De Pas arriva à Rome au commencement de mai, il fut reçu avec joie et émotion par le cardinal de Villecourt et avec une grande bonté du général de Lamoricière qui l'employa aussitôt à sa correspondance. Il ne demeura par longtemps occupé à ce travail de bureau qui était une grande gêne pour lui, puis, Dieu le voulait pour première victime du grand sacrifice des soldats du Pape.

C'était le dimanche 16 septembre, deux jours avant la bataille de Castelfidardo, vers huit heures du soir, le capitaine de bersagliers avait reçu l'ordre de diriger une reconnaissance du côté des Piémontais sur la route d'Osimo. Il prit avec lui deux carabiniers et demanda parmi les guides de l'armée pontificale un homme de bonne volonté.

Mizaël épuisé de fatigue et de faim arrivait de Lorette, en marche depuis le matin. Il n'hésite pas, et s'offre avec joie, heureux d'exposer sa vie pour son Dieu et son père spirituel.

La petite escorte avait à peine franchi le pont de Musone que deux coups de canon sont tirés sur elle tout à coup. Un carabinier tombe, et Mizaël, atteint par un éclat de mitraille, a le bras fracassé et son cheval tué sous lui. Echappé à grand'peine à ses ennemis, il fut transporté dans un hôpital desservi par des sœurs françaises de S. Vincent de Paul, et quand sur son lit de douleur, il apprend que l'armée pontificale est écrasée, détruite, il s'écrie : « Quel malheur, quel malheur ! » Ce désastre l'occupe plus que ses propres souffrances : « Que je suis heureux, répétait-il sans cesse, d'avoir été le premier à verser mon sang pour le Saint-Siège ! »

L'aumônier des Franco-Belges disait de lui, le jour où il fut blessé : « Mon bon monsieur de Pas, c'est la fleur de mes anges et de mes braves. » Et le malade disait à tous ceux qui l'approchaient : « Priez le bon Dieu pour moi. » Il se confessa et communia le 18, et vécut six jours encore dans la souffrance et la résignation : « Si je meurs, tant mieux, s'écriait-il, je suis venu pour la gloire de Dieu, je mourrai pour sa gloire. »

Le 24, il sentit sa vue se troubler et expira doucement.

Il fut pleuré du Saint-Père qui en souvenir de son dévouement donna à son frère pour lui et ses descendants le titre de comte romain.

Le Pape-Roi comptait dans son armée un soldat de moins, et le ciel, un saint de plus.

Pélissier (voir page 135)

PÉLISSIER

MARÉCHAL DE FRANCE DUC DE MALAKOFF, GOUVERNEUR D'ALGÉRIE.

(1792-1864)

> « Ma date dévote es bien et dûment choisie l'assaut de Sébastopol, aura lieu le jour de la Nativité de la sainte Vierge. » Et Sébastopol fut pris le 8 septembre.
> *Maréchal Pélissier)*

Ce brillant homme de guerre, J. J. Amable *Pélissier*, né à Maromme, (Seine-Inférieure), entra en 1814 au Prytanée de la Flèche, puis à Saint-Cyr, d'où il sortit sous-lieutenant dans l'artillerie de la maison du roi. Après avoir fait avec distinction les campagnes d'Espagne en 1823, d'Algérie en 1830, il passa presque toute sa vie militaire en Afrique où il prit part ou commanda aux expéditions les plus glorieuses et les plus difficiles, jusques et y compris la bataille d'Isly sous le général Bugeaud.

Lors de la guerre de Crimée en 1855, appelé devant Sébastopol, il y succéda au maréchal Canrobert. Le 8 septembre, il prit d'assaut cette place forte qui fit une savante et terrible défense. Cette victoire lui valut le bâton de maréchal et le titre de duc de Malakoff. Rentré en France, il devint ambassadeur à Londres, et après la guerre d'Italie fut général nommé gouverneur de l'Algérie, où il mourut le 22 Mai 1864.

« Animé durant sa vie de sentiments religieux, a dit de lui le général de Martimprey, *comme le sont toutes les grandes intelligences unies à un grand cœur*, le maréchal à son lit de mort s'était entouré des secours spirituels. »

C'est qu'aussi, à la tribune française, le maréchal Pélissier n'avait pas craint de se poser en défenseur des aumôniers militaires en disant :

« La liberté individuelle étant garantie, je ne vois pas d'inconvénients à ce que les pensées soient ostensibles.... et pourquoi serait-on forcé de mettre sa conscience dans sa poche,.. Enfin nos pauvres soldats n'ont-ils pas besoin de confidents intimes, alors qu'ils viennent à peine de quitter leurs familles, pour apprendre que la discipline est autre chose que l'inflexible-niveau de l'esclavage ? »

Ce sont là de nobles paroles qui prouvent bien les sentiments religieux de ce grand soldat. Nous savons aussi que pendant qu'il était à la tête du gouvernement de l Algérie, le maréchal se plaisait à faire réciter le catéchisme et les prières à son enfant.

Mais il est, dans sa carrière militaire un fait important qui montre la foi qui l'animait et sa dévotion à la sainte Vierge.

« C'était en Crimée en 1855 : dans un dernier

conseil de guerre, le général en chef avait décidé qu'un assaut suprême serait livré à Sébastopol, le huit septembre.

« Après le conseil, un des généraux français, plus vaillant en face des Russes que contre le respect humain, vint trouver le futur duc de Malakoff, et lui adressa de discrètes mais pressantes observations sur le choix de l'époque de l'assaut. Peut-être les Anglais, frénétiques adversaires du papisme, verraient-ils dans la désignation du huit septembre, jour de la Nativité de la Mère de Dieu, une coïncidence préméditée frisant la dévotion. Peut-être serait-il bon de ne pas exposer l'armée française au reproche de bigoterie.

« — Laissez-moi donc tranquille, répliqua avec sa vivacité naturelle le général Pélissier. Si les Anglais n'aiment pas la sainte Vierge, ce sont des imbéciles : voilà tout. Un roi de France a consacré la monarchie à Marie ; je veux vouer spécialement l'armée française que je commande à cette bonne Madone. Ma date dévote est bien et dûment choisie : l'assaut de Sébastopol aura lieu le jour de la Nativité de la sainte Vierge ! » Et Sébastopol fut pris le 8 septembre.

Nous devons la connaissance de ce fait à Mgr Pavy, évêque d'Alger, qui le tenait du maréchal même.

8.

PIERRE

CONTRE-AMIRAL,
COMMANDEUR DE LA LÉGION D'HONNEUR.

(1825-1883)

> é« C'tait un chrétien sincère et loyal, croyant et pratiquant. »
> *Son biographe.*

C'est encore dans la marine française qu'on retrouve, au degré le plus élevé, les sentiments de patriotisme et de foi. Ces sentiments distinguaient entre tous le contre-amiral *Pierre*, commandant de l'expédition de Madagascar, mort en quarantaine au Frioul, en rade de Marseille en 1883.

Après avoir brillamment dirigé cette expédition il revenait en France malade, rappelé et désavoué, assure-t-on, pour avoir conduit l'affaire un peu trop à la française, c'est-à-dire avec bravoure et fierté.

Maladie ou chagrin, la mort eut promptement raison de la constitution de fer de l'amiral. La France entière fut attristée de la perte de cet excellent officier qui après avoir si bien fait respecter notre pavillon venait mourir aux portes de la France sans avoir pu en toucher le sol : la religion aussi a beaucoup regretté la mort de ce grand chrétien, car déjà il avait fait beaucoup de bien autour de lui, et il allait se trouver à même d'en faire plus encore. A Madagascar, il combattait de tout son pouvoir l'influence protestante. Ses funérailles furent solennelles et touchantes. L'escadre avait mis ses pavillons en berne et ses vergues en croix. Douze cents hommes des équipages de l'escadre suivirent le convoi : l'état-major était en grande tenue, l'infanterie et la cavalerie commandées par des officiers supérieurs y représentaient l'armée.

L'amiral Pierre était un chef dans toute l'acception du mot. « Je m'appelle Pierre, disait-il un jour à ses matelots, et souvenez-vous que je suis plus dur encore que mon nom : rompez. » Il exigeait beaucoup des autres et plus encore de lui-même. Mais sous cet aspect terrible, ni officiers ni matelots ne se méprenaient sur la bonté et la grandeur de son caractère. On le savait juste jusqu'au scrupule, car *c'était un chrétien sincère et loyal, croyant et pratiquant.*

L'amiral né à Dijon était entré à l'école navale en 1841 : il était contre-amiral en 1880.

Mis à l'ordre du jour, comme aspirant, pour sa belle conduite aux combats de Mogador et de Tanger, il a successivement commandé *la Fauvette*, *la Néréide*, *l'Infernet*, la division navale de la Nouvelle-Calédonie.

Pendant la guerre de 1870, il commanda les batteries de la marine devant Orléans. Après la retraite, il prit le commandement en second des lignes de Carentan.

A sa mort, le contre-amiral avait 42 ans de services et il était commandeur de la Légion d'honneur.

PIMODAN (de)
GÉNÉRAL.
(1822-1860)

> « On peut inscrire sur son tombeau : *Plutôt mourir que de laisser triompher l'iniquité.* »
> A. de *Ségur*.

Soldat de Dieu, Georges *de Pimodan* combattait à Castelfidardo, à la tête de cette phalange de héros, et comme il fut le premier au combat, il fut aussi le premier qui mourut ce jour-là pour la cause du Pape et de Jésus-Christ.

Le marquis Pimodan vit flotter au-dessus de son berceau cette belle devise de sa race : *Potius mori quam fœdari*, plutôt mourir qu'être souillé. C'est la devise de l'honneur. Il fit plus que d'y être fidèle, dit M. A. de Ségur, et l'on pourrait inscrire sur son tombeau : « plutôt mourir que de laisser triompher l'iniquité » c'est la devise du dévouement.

Ce fut au service de l'Autriche qu'il fit ses premières armes et qu'il put donner libre carrière à ces instincts militaires, à ces ardeurs généreuses

Le Général de Pimodan (voir page 140)

qui bouillonnaient dans son âme. Il était né soldat, il devait mourir en soldat.

Chargé à Véronne de dépêches importantes pour e général qui commandait à Trieste, il revenait de cette dernière ville quand il fut arrêté par les insurgés à Venise, et conduit en présence de Manin. Le dictateur le considéra d'abord d'un air étonné, puis ouvrant un tiroir rempli d'or, il regarda fixement le jeune homme, et lui dit en montrant cet or : « Vous voulez être des nôtres, n'est-ce-pas, et vous venez combattre pour la liberté de Venise? »

Un éclair d'indignation passa dans les yeux de Georges de Pimodan : « — Monsieur, s'écrie-t-il, je suis d'une noble famille et officier de l'Empereur, *je ne connais que mon devoir.* »

Il parvint à s'échapper et regagna Vérone, où le maréchal Radetzky le nomma capitaine d'état-major et l'envoya porter à Vienne les drapeaux pris sur l'ennemi.

Après la campagne d'Italie, il fit celle de Hongrie où il se distingua comme dans la première. Fait prisonnier de guerre, il avait tenté de s'évader et de livrer la forteresse aux soldats de l'Empereur. Traduit pour ce fait devant un conseil de guerre, il fut condamné à mort. Il crut son heure suprême arrivée, et se prépara à mourir en soldat et en chrétien. Sur un des carreaux de sa prison, il écrivit avec une bague en brillant ces paroles simples et fortes où se révélait sa belle âme :

« Adieu, chers parents, je vais être fusillé ; je suis tranquille et résigné : je meurs plein de foi et d'espérance. Chère mère, mon seul chagrin est le vôtre. »

Dieu n'accepta pas son sacrifice, il le réservait à de plus grandes choses. Il fut sauvé à l'arrivée triomphante du général Hagnau.

.*.

En 1855, le marquis de Pimodan, alors lieutenant-colonel, pouvait arriver à un grade plus élevé, à la condition d'être naturalisé autrichien : il refusa de renoncer à la qualité de Français.

Il dut donc quitter le service de l'Autriche et revint en France, où il trouva dans le mariage une épouse digne de lui, et bientôt deux enfants qui devaient perpétuer l'honneur de son nom.

C'est au milieu des joies et des douceurs de la famille que la voix du Chef de l'Eglise se fit entendre à lui.

Bien vite son parti fut pris, et sa noble compagne ne chercha point à le retenir. Pie IX demandait du secours, Georges de Pimodan se rendit à Rome, où le brave Lamoricière le nomma son chef d'état-major.

Il ne tarda pas à se signaler.

Son premier exploit fut de tuer et de disperser, à la tête de soixante soldats armés à la hâte, quatre cents bandits garibaldiens, premiers avant-coureurs de l'armée qui devait bientôt envahir les Etats-Pontificaux au mépris de la justice, de l'honneur et de la religion. Du mois de juin au mois de septembre, le général de Pimodan aida le général de Lamoricière à organiser son armée et ses moyens de défense, et quand arriva le jour de la lutte suprême, il était là, à côté de son chef, prêt à combattre et à mourir pour la cause sainte à laquelle il s'était dévoué.

A Lorette, la veille même de la grande bataille où il devait succomber, le général de Pimodan, confondu dans la foule des soldats et des officiers, se confessa humblement et se prépara au combat, dit M. A. de Ségur, selon la grande méthode catholique et française des Condé, des Turenne et des croisés, ses ancêtres. Si quelqu'un passant par là eût demandé ce que c'était que cette foule en uniforme qui se pressait aux portes d'une église, on eût pu lui répondre : « C'est une armée qui se confesse avant de se faire égorger pour la foi. »

« Le lendemain, continue son panégyriste, à quatre heures du matin, à genoux dans le sanctuaire de Lorette, à côté du général de Lamoricière, à l'ombre de ces murs sacrés, qui abritèrent jadis la mère de Dieu et Dieu lui-même fait homme, le général de Pimodan reçut le corps divin du Seigneur. Il pria, il médita longtemps. Quand il se releva, le sacrifice de sa vie était fait et accepté de

Dieu : le héros, le martyr était achevé, il ne lu manquait plus que la palme et la couronne que la bataille allait lui donner.

⁂

« Quelques heures plus tard, dit M. de Ségur, il s'élançait sur les Piémontais à la tête de sa colonne, se battait comme un lion, électrisait ses soldats et étonnait ses ennemis par sa bravoure. Tant qu'il fut debout, ils tinrent bon, malgré l'infériorité du nombre, et quand il tomba, la dernière espérance de succès tomba avec lui. Sa seule harangue au bataillon franco-belge avant le combat avait été cette phrase : « Pour vous, souvenez-vous que vous êtes catholiques et Français. »

Il fut atteint presque simultanément de trois blessures, l'une au visage, l'autre au pied, la troisième et la plus terrible en pleine poitrine. Celle-là était mortelle.

En recevant la première, il s'écria : « Courage, mes enfants, Dieu est avec nous ! »

« Dieu est avec nous, répéta-t-il, en se sentant frappé pour la seconde fois. Et le coup suprême le trouva répétant encore cette grande parole. Il s'affaissa sur lui-même, et fut transporté dans une chaumière où il reçut les premiers soins. Au milieu de ses cruelles souffrances, le héros s'oubliait pour ne penser qu'au succès de la cause à laquelle il achevait de donner sa vie : « Mes amis, disait-il, laissez-moi mourir ici, et retournez à votre poste pour faire votre devoir. »

Une balle était entrée dans la région du sein droit et sortie à gauche. Il souffrait horriblement, et endurait ses douleurs avec le calme et la patience d'un martyr. Il reçut les sacrements sur le champ de bataille et expira enfin vers minuit : c'était dans la nuit du 18 au 19 septembre.

Ainsi mourut, à trente-huit ans, Georges de-Pimodan, général dans l'armée pontificale, laissant un nom immortel dans l'histoire de l'Eglise. Il fut pleuré, béni, glorifié par des millions de chrétiens de toutes nations, qui trois mois auparavant ignoraient son existence.

Quelques jours après, la marquise de Pimodan écrivait à son mari qu'elle croyait vivant. Une amie lui dit : « N'écrivez pas, la lettre ne lui parviendrait pas, il est prisonnier ».

« — Prisonnier! s'écrie la noble femme, c'est impossible; il est mort! allons à l'église prier pour lui. »

Puis, prenant son jeune fils, elle le couvre de baisers et de larmes, et lui dit en l'embrassant : « Toi aussi, tu seras soldat. »

Voilà ce que sont les soldats du Pape, voilà ce que sont leurs veuves, et, avec la grâce de Dieu, ce que seront leurs enfants.

Georges de Pimodan fut enterré à Rome, dans l'église de Saint-Louis-des-Français, selon le désir de Pie IX, qui voulut faire à ses frais de splendides funérailles au brave général.

PLANCY (Colin de)

LITTÉRATEUR.
(1796-1881)

> « Je me suis mis à la recherche sérieuse de la vérité. Livré à moi-même, cette recherche a été longue. La vérité est uniquement dans la religion catholique. COLIN DE PLANCY.

Colin de Plancy, né le 8 janvier, 1796, fit à Troyes de bonnes études. Plusieurs ecclésiastiques de ses parents voulurent le diriger dans la carrière qu'ils avaient embrassée, mais il déclara qu'il renonçait à l'état ecclésiastique lui préférant celui d'homme de lettres.

Il vint à Paris en 1814, et dès lors, égaré par la philosophie incrédule, il publia successivement le *Dictionnaire infernal* ou *Recherches d'anecdotes sur tout ce qui tient aux sciences secrètes, aux superstitions diverses, aux choses mystérieuses et surnaturelles*, etc., le *Diable peint par lui-même*, le *Dictionnaire féodal*, etc... Il est juste d'ajouter que dans les *Jésuites remis en cause*, ou *Entretiens des vivants et des morts*, M. Colin de Plancy montra en plusieurs endroits une sagesse et une équité qui contrastèrent avec les tristes doctrines qu'il professait. Cet auteur, si malheureusement fécond, faisait en outre le commerce de la librairie, et en 1831, ses spéculations aboutirent à sa ruine. Dieu le conduisit ainsi dans la voie des épreuves pour le ramener à lui.

Ses préventions contre le Catholicisme se dissipèrent peu à peu : il se convertit entièrement et devint un des enfants les plus soumis de l'Eglise.

Voici la rétractation aussi noble que touchante de cet écrivain ; elle est datée du 9 août 1841.

« Ceux de mes amis qui liront ces lignes éprouveront sans doute quelque surprise, s'ils se rappellent surtout les ouvrages que j'ai publiés depuis 1818. Ils m'ont vu marcher si violemment dans les sentiers de la philosophie anti-catholique, qu'ils n'ont pas dû prévoir de ma part un retour complet à d'autres idées. Dans ces jours de vertige, je ne le prévoyais pas moi-même ; il a fallu pour m'arrêter des leçons fortes et multipliées. Ces leçons, grâce à Dieu, n'ont pas été perdues.

« En 1833, je me suis mis à la recherche sérieuse de la vérité. Livré à moi-même, cette recherche a été longue. Il m'a fallu *huit ans* d'hésitations pénibles et de luttes intérieures, pour renaître aux convictions que l'esprit du mal avait étouffées.

« Enfin Dieu, dont la bonté est sans mesure, a fait tomber ces écailles qui chargeaient encore mes yeux. Il m'a fait voir, parlant à mon esprit et à mon cœur, que les systèmes et les raisonnements de la philosophie menteuse à laquelle j'avais si longtemps prodigué mes hommages ne sont qu'erreur, déception, fausseté grossière et mauvaise foi; que ce systèmes ne sont soutenus que par l'orgueil dans l'intérêt du vice, que la sagesse humaine n'est que du vent si elle ne s'appuie sur la révélation, hors de laquelle aucun philosophe n'a jamais pu expliquer l'homme, et que la vérité est uniquement dans la religion catholique, où elle se trouve complète, solide, inaltérable.

« Quand je me sentis relevé par ces convictions sans avoir encore consulté personne, redevenu catholique par la seule recherche droite et sincère de la vérité, et surtout par une grâce immense de la bonté de Dieu, je retournai complètement à lui honteux et brisé de regrets, je rentrai dans l'Eglise qui m'a reçu comme le bon père de famille reçoit l'enfant prodigue, en me comblant d'allégresse et de joie.

« Je crois devoir annoncer publiquement cette nouvelle, si heureuse pour moi, à tous ceux qui m'ont vu tant d'années incrédule, impie, vivant dans l'oubli de Dieu, égaré moi-même en égarant les autres. Cette révolution qui s'est opérée en moi, je dois surtout l'annoncer à ceux qui ont les livres coupables dont je suis l'auteur.

*

« Donc, je condamne et foule aux pieds ce que

j'ai écrit contre la foi et les mœurs. Je déplore avec amertume les funestes leçons qu'on a puisées dans ces livres maudits. Je demande pardon à Dieu des désordres qu'ils ont causés et qu'ils pourront causer encore. Je le supplie de toucher les consciences que j'ai empoisonnées, comme il a daigné toucher la mienne. Je prie ceux qui possèdent quelques-uns de ces mauvais écrits de les repousser loin d'eux, de me pardonner le mal que j'ai pu leur faire, et d'être convaincus que, s'ils relisent ces ouvrages que je renie aujourd'hui, ils se préparent les durs regrets qui me pressent depuis longtemps moi-même.

« Je le répète devant Dieu et devant les hommes, devant vous qui lisez ceci : comme le Sicambre à qui saint Remi fit courber la tête, j'adore ce que j'a brûlé, je brûle ce que j'ai adoré. Je déclare que je me soumets en tout et sans réserve à la sainte Eglise catholique, au Saint-Siège, approuvant tout ce qu'il appprouve, condamnant tout ce qu'il condamne, détestant tout ce que j'ai dit et écrit, fait, publié de condamnable, soit que le Souverain-Pontife l'ait déjà réprouvé, soit qu'il ne l'ait pas fait encore.

« Et je demande à Dieu, de tout mon cœur, la grâce de vivre et de mourir en digne chrétien, dans la foi de la sainte Eglise catholique, apostolique et romaine, me proposant avec l'aide de Dieu, d'employer désormais tous mes efforts, à réparer autant que je le pourrai, dans mes nouveaux écrits, le mal que j'ai fait durant les longues et folles années de mes égarements.

« COLIN DE PLANCY. »

A Kulenburg, le 9 août, 1841. »

A cette généreuse et énergique profession de foi, le pape Grégoire XVI répondit par un bref, envoyé à M. Colin de Plancy, dans lequel il le louait de ces belles dispositions et le comptait au nombre des enfants de la sainte Eglise.

Depuis l'époque à laquelle il écrivait cette rétractation, l'auteur de tant de mauvais livres s'est montré animé de la plus fervente orthodoxie. Il a corrigé et donné de nouvelles éditions de tous ses ouvrages; il en a publié d'autres qui ont été répandues spécialement par la *Société pour la publication des bons livres*, essayant ainsi de réparer le mal dont il avait été cause par ses premiers écrits.

La mort le trouva occupé à ce travail de réparation et d'édification le 13 janvier 1881, à Paris.

POTHUAU
AMIRAL, MINISTRE, DÉPUTÉ.
(1810-1882)

« Un marin peut-il être athée ? »
FÉLIX JULIEN.

Dans une brochure intitulée : *Sur les plages romaines*, M. Félix Julien, officier de marine, nous fait admirer la noblesse de caractère et les sentiments chrétiens de ce vaillant amiral, qu'il a vu de près pendant la croisière, qui avait pour but de de surveiller *l'ermite de Caprera*, le trop célèbre Garibaldi.

« Après Aspromonte, notre tâche était finie. La croisière n'avait plus de but. Toutefois, avant d'amener sa corvette, le commandant en chef demanda une audience au Souverain Pontife. Il désirait prendre congé de Sa Sainteté, entouré de ses capitaines.

Dans tous les actes de sa vie, l'amiral conservait les allures d'un parfait gentleman; c'était un type de chevalier français. Aussi, ne fûmes-nous poin surpris de le voir se jeter aux pieds du Saint-Père, dans un élan spontané, et dans une attitude pleine de respect et de dignité. Pie IX était un saint fascinateur.

L'amiral n'était pas homme à résister à son ascendant. Il sortit de cette audience plein d'admiration pour le Pape. Mgr de Mérode nous avait servi d'introducteur. L'amiral ne comprenait pas qu'un brillant officier de légion étrangère, blessé et décoré en Afrique, pût devenir protonotaire des armes, sous la manteletta du prélat romain. Il ne comprenait pas, non plus, les Zouaves pontificaux, ces glorieux vaincus de la veille, qui devaient à Patay et au Mans, sauver de notre honneur militaire tout ce qui pouvait être sauvé.

L'amiral n'était point *clérical*.

Il subissait l'influence du temps, de l'ambassade, du gouvernement, peut-être même et à son insu, des sociétés secrètes.

Comme militaire, il avait fait ses preuves à Sébastopol. Pour enlever ses hommes dans la tranchée, il poussait le courage jusqu'à une folle témérité. Il ne se démentit point dans les forts de Paris.

Sous un gouvernement régulier, l'amiral Pothuau pouvait devenir un vaillant chef d'escadre. Sous la République, il fut deux fois ministre. C'est la partie la moins brillante de sa carrière.

Nous n'ignorons pas sa fin chrétienne. Un marin peut-il être athée? Dans ses longues souffrances sa bravoure devint de la résignation, le dernier et le plus difficile de tous les courages.

C'est avec un sentiment de sincère respect que nous nous inclinons devant sa tombe fraichemen fermée.

Et nous aussi, nous saluons ce brave marin que l'impiété n'a pu corrompre, que la religion a touché de sa main divine pour le ressusciter à la vie de la grâce et lui faire reconnaître sa véracité.

Randon (voir page 153)

RANDON

MINISTRE, SÉNATEUR, MARÉCHAL DE FRANCE, GOUVERNEUR D'ALGÉRIE
(1795-1871)

> « Le maréchal sentit la lumière se faire dans son esprit, tous ses doutes se dissiper et un mystérieux attrait le pousser vers le catholicisme. »
> P. Clair.

Le comte *Randon*, né à Grenoble en 1795, s'engagea de bonne heure, sous les ordres de son oncle, le général Marchand, fit dans la grande armée les campagnes de Russie, de Saxe et de France.

A dater de 1838, pendant dix ans, son nom est mêlé à toutes les expéditions contre les Arabes. Nommé gouverneur d'Algérie en 48 et en 51, il le fut jusqu'en 1858. Il eut la gloire de diriger contre les Kabyles la dernière expédition qui assura la conquête de leur pays. Puis il fut nommé ministre de la guerre en 1859.

Mais son plus beau titre de gloire pour nous est sa conversion au catholicisme, œuvre longue et difficile, due surtout au zèle du R. P. Olivaint, massacré sous la Commune.

Le P. Clair, dans sa vie du vénérable martyr, a raconté ainsi l'histoire de cette conversion du maréchal :

« Issu d'une famille protestante, le maréchal

Randon vécut longtemps dans la religion de ses pères, sans que rien troublât sa bonne foi. Nature droite et loyale, esprit élevé, cœur généreux et vaillant, il allait à Dieu simplement et cherchait la vérité sans arrière-pensée. Loin de nourrir aucune prévention contre le catholicisme, il pencha peu à peu et comme à son insu vers lui.

Gouverneur général de l'Algérie, il s'était intimement lié avec le P. Brumauld, de la compagnie de Jésus, dont il favorisait de tout son pouvoir les fondations charitables et les essais de colonisation chrétienne. En retour, le zélé religieux faisait violence au ciel pour obtenir la conversion du maréchal; il s'était même concerté avec quelques autres missionnaires, pour que, chaque jour, le saint sacrifice fût offert par l'un d'eux à cette intention.

On peut dire que l'âme qu'il s'agissait de sauver était naturellement catholique. Le maréchal saisissait en effet, toutes les occasions de témoigner son estime et sa vénération pour l'Eglise, son culte, ses ministres. Ainsi, il exigeait que l'aumônier des colonnes expéditionnaires occupât toujours, à la table de l'état-major, la place d'honneur, « comme représentant la première autorité, celle de Dieu. » A Alger, il se faisait un devoir d'assister aux splendides processions de la Fête-Dieu, et d'y donner à tous l'exemple d'un religieux respect.

Après la mort du P. Brumauld, le P. Olivaint,

par ses prières et son action discrète, continua l'œuvre de cette conversion.

Longtemps il demeura invisible, comme l'ange gardien, mais inspirant et dirigeant tout ce qui se faisait en faveur du « cher séparé »; c'est ainsi qu'il se plaisait à nommer le maréchal.

On le tenait au courant des moindres progrès; et quelle était sa joie, quand il apprenait par exemple, que le ministre de la guerre, encore protestant avait pris noblement la défense du Saint-Père dans les conseils du gouvernement; qu'il avait, par une touchante délicatesse, confié à Mme la comtesse de Randon le soin de veiller à l'entretien des chapelles dans les forts de Paris; qu'il marquait pour la véritable Eglise un attrait d'autant plus vif qu'elle était plus violemment attaquée.

Au moment où le livre de M. Renan faisait scandale, le maréchal formulait ainsi son jugement sur cet odieux pamphlet : « En résumé, ce livre aura eu pour résultat de rapprocher dans une commune indignation deux religions, qui au fond (pensait-il) sont divisées par si peu... Il faudrait, de ces deux religions n'en faire qu'une, prendre à l'Eglise catholique son esprit de gouvernement et son unité; au protestantisme... quoi? Je ne sais trop, car après tout c'est moins une religion qu'une négation. »

Il se montrait fatigué et comme honteux des dissensions qui déchiraient la prétendue Réforme, et des contradictions doctrinales de ses ministres :

« Un pasteur prêchant en habit noir et cravate blanche, disait-il, me fait l'effet d'un colonel commandant son régiment en habit bourgeois. »

Ces succès partiels présageaient dans un avenir prochain la pleine victoire, et le P. Olivaint s'écriait : « Oh! il faut que nous obtenions cette conversion! Il n'y a pas d'exemple qu'un souverain, un prince ou même un simple particulier ait servi l'Eglise sans recevoir de Dieu la récompense. Et le maréchal qui a si bien défendu le Saint-Père n'en serait pas récompensé par le don de la foi! »

C'était une allusion aux soins donnés par le maréchal Randon à la formation de la légion d'Antibes, dont il avait voulu choisir lui-même, un à un, tous les officiers et la plupart des soldats.

. .
.

Enfin, un jour vint où le P. Olivaint put dire : « La conversion du cher séparé est un fruit qui tient encore à l'arbre et mûrit doucement, mais nous le cueillerons demain ou après-demain... Il ne faut plus qu'une circonstance providentielle pour amener le résultat définitif. »

Cette circonstance providentielle fut, comme il arrive le plus souvent, une cruelle épreuve. Le fidèle et loyal serviteur de la France se vit tout à coup en butte à d'injustes accusations et à d'indignes calomnies.

Au mois de janvier 1867, le maréchal disgracié quittait le ministère de la guerre.

« Je ne puis m'empêcher de déplorer cette retraite, écrivit aussitôt le P. Olivaint. Le maréchal a si noblement rempli sa mission, il a si généreusement défendu les intérêts de l'Eglise ! il sera bien difficile de trouver un successeur aussi dévoué que lui à tout bien ; les hommes qui lui ressemblent deviennent si rares ! Cependant, tout en déplorant cette retraite, je ne puis m'empêcher de me réjouir. J'éprouve en ce moment une douce espérance. Il me semble que l'heure approche où vous aurez la consolation d'offrir à Notre-Seigneur cette chère âme tout à fait conquise à la vérité par l'esprit, comme elle l'est déjà par le cœur, ou plutôt conquise à la vérité par la pratique de la foi, comme elle l'est déjà par le cœur et l'esprit. Vous savez si je prie avec vous, et si tout mon dévouement vous est assuré au besoin dans cette œuvre. »

Retiré dans ses montagnes du Dauphiné, le maréchal consacra au recueillement et à la prière les loisirs que lui faisait l'ingratitude des hommes.

Il surveilla lui-même la construction d'une chapelle bâtie auprès de son château de Saint-Ismier, et au sommet de laquelle se dressa, par son ordre, une grande croix. Le Dieu de l'Eucharistie vint y faire sa demeure et remplir de ses bénédictions la maison de son hôte : *Salus domui huic hodie facta est.*

Le maréchal se prêtait volontiers aux pieuses industries qu'on imaginait pour l'acheminer insensiblement vers le Catholicisme. Tantôt, c'était une petite médaille de la sainte Vierge qu'il consentait à porter sur lui; tantôt, la prière du soir qu'il faisait en famille ou à la messe à laquelle il assistait volontiers. Le P. Olivaint répondait au message qui lui apportait ces touchantes nouvelles : « Demain, jour de l'Exaltation de la Sainte-Croix, je dirai la messe pour le cher séparé, qui, le matin, j'en suis sûr, se sera simplement, chrétiennement, pieusesement uni à nous pour entendre la messe dans la petite chapelle, et adorer avec vous le bon Maître. Quelles influences vont s'échapper de ce tabernacle pour avancer la conversion de cette chère âme !.. Oui, recourez plus que jamais à l'influence directe de Notre-Seigneur : il s'approchera de lui par vous. »

Tant de prières ferventes touchèrent le cœur de Dieu. Le vieux maréchal sentit la lumière se faire dans son esprit, tous ses doutes se dissiper, et un mystérieux attrait le pousser dans le sein du Catholicisme. Il s'en ouvrit avec sa franchise habituelle à celle qui n'avait vécu que pour lui obtenir ce bonheur.

La mort, disait-il, approchait : ceux que réunirait la même tombe devaient avoir une même foi ici-bas, afin de se retrouver ensemble dans une autre vie.

« *Magnificat!.. Te Deum!..* s'écria le P. Olivaint avec transport. Voyez-vous que la sainte

Eucharistie a exercé sur lui sa toute-puissante influence? Je ne saurais vous dire à quel point je partage votre joie. »

Peu de jours après eut lieu la première entrevue du maréchal avec celui qui depuis si longtemps s'intéressait à son âme. L'entente s'établit aussitôt.

« Le bon maréchal, écrivait son nouveau guide, a une droiture et un mouvement du cœur qui me touchent profondément. »

Enfin, après que le noble vieillard eut été suffisamment instruit du dogme catholique, le jour fut fixé pour la réconciliation avec la sainte Eglise.

Le 22 décembre 1867, dans l'humble chapelle d'un orphelinat, en présence du P. Olivaint et de deux témoins, le maréchal déclara reconnaitre l'Eglise catholique pour la seule et véritable Eglise, faire profession de la religion catholique, apostolique et romaine, et renoncer à l'hérésie de Calvin. »

Depuis lors, il apporta au service de Dieu une fidélité que le P. Olivaint appelait militaire.

« J'admire vraiment, écrivait-il, la grâce de Dieu dans cette âme si droite; comme il prend simplement les choses ! »

Une particulière amitié unit jusqu'à la fin le prêtre et le soldat. Le 22 juillet 1870, le P. Olivaint adressait au maréchal la lettre suivante :

« Laissez-moi, monsieur le maréchal, vous témoigner le bonheur que j'ai ressenti d'être auprès de vous l'instrument de la grâce de Dieu. Je vous ai voué un attachement sincère et profond. Je vous suivrai de cœur sur cette terre d'Afrique, où, par votre esprit chrétien, vous avez fait tant de bien autrefois, où vous ferez bientôt, maintenant que vous êtes plus près de Dieu, plus de bien encore. »

De son côté, le maréchal exprimait avec bonheur sa reconnaissance au P. Olivaint, pour tous les secours spirituels qu'il lui avait prodigués. « Je vous prie de croire, ajoutait-il, que je n'oublierai jamais ce que je vous dois à ce sujet, car j'y trouverai une consolation et un soutien dans les adversités dont la vie est ici-bas parsemée, et une confiance bien grande pour cette vie qui nous est réservée dans le ciel. »

Le maréchal entrevoyait le terme; il l'atteignit bientôt. « Oh! la patrie, ses souffrances me tuent! » Ce furent ses dernières paroles. Il mourut en 1871.

« Atteint d'une cruelle maladie, sa vigoureuse organisation résistait au mal; mais il en survint un contre lequel elle fut impuissante, ce fut le mal qui frappa la France, et dont nous souffrons encore. Lorsqu'il vit les gloires de la patrie s'éclipser, la vie l'abandonna, et il rendit son âme à Dieu. Il est mort avec le courage du soldat, avec la foi et la soumission du chrétien. Il est mort après avoir reçu les sacrements qui aident à faire le voyage de l'éternité. Il est mort après s'être courbé avec amour et reconnaissance sous la main du pontife suprême qui lui donna sa bénédiction apostolique.»

RATISBONNE (Alphonse de)

ISRAÉLITE CONVERTI.

(1820-1884)

> « Dieu se sert d'une rencontre fortuite pour opérer son œuvre. Nous sommes ses instruments à notre insu. »
> R... *capitaine de vaisseau.*

Il y a des événements qu'il est bon de rappeler pour ranimer la confiance en Dieu, et montrer que c'est bien lui qui tient entre ses mains les événements et les cœurs, qu'il « se sert d'une rencontre fortuite pour opérer son œuvre ».

Vers la fin de l'automne de 1841, un jeune homme appartenant à une famille distinguée de Strasbourg, vint à Rome se proposant de poursuivre jusqu'en Orient un voyage de plaisir.

Zélé israélite, instruit, intelligent, voyant s'ouvrir devant lui une carrière brillante, il avait résolu de consacrer tous ses efforts à régénérer ses coreligionnaires, car il souffrait beaucoup de les voir tombés dans le mépris public.

Camarade d'enfance avec Gustave de Bussières, protestant de la secte des piétistes, il avait eu parfois avec lui des discussions sur la religion, et leurs causeries se terminaient ordinairement par deux mots qui rendaient assez bien leur situation morale : *Protestant enragé*, disait l'un ; *Juif encroûté*, répondait l'autre. C'était souvent les mots d'adieux.

Le baron de Bussières, père de Gustave, mais converti au catholicisme, voulait à son tour faire partager ses croyances religieuses à Ratisbonne, mais celui-ci riant de ses efforts, lui répondit, avec une bienveillante pitié pour ce qu'il appelait *sa superstition, qu'il était né juif et qu'il mourrait juif.*

Alors, dit M. de Bussières, il me vint l'idée la plus extraordinaire, une idée du ciel, car les sages du monde l'auraient appelée folie.

« Puisque vous êtes un esprit si fort, lui dit-il, et si sûr de vous-même, promettez-moi de porter sur vous ce que je vais vous donner.

« — Voyons, de quoi s'agit-il?

— Simplement de cette médaille. » Et il lui montra une médaille miraculeuse de la Vierge. Ratisbonne se rejette vivement en arrière, avec un mélange d'indignation et de surprise.

« — Mais, ajoute froidement le baron, d'après votre manière de voir, cela doit vous être parfaitement indifférent ; et c'est me faire, à moi, un très grand plaisir. »

« — Oh! qu'à cela ne tienne, s'écria-t-il alors, en éclatant de rire ; je veux au moins vous prouver qu'on fait tort aux Juifs en les accusant d'obstination et d'un formidable entêtement. D'ailleurs vous me fournissez là un très joli chapitre pour mes notes et impressions de voyage. »

Il se laisse donc passer au cou un ruban, auquel était attachée une médaille bénite.

Quelques jours s'écoulèrent sans que Ratisbonne fît un seul pas vers la vérité ; sa volonté restait la même, son esprit toujours railleur, ses pensées toujours aux choses de la terre.

Or un jour, les deux amis entrèrent dans l'église de Saint-André *delle fratte*, à Rome, et tandis que M. de Bussières allait trouver les religieux, Ratisbonne, en attendant, se promenait dans la nef, son regard indifférent semblait dire : « Cette église est bien laide! »

Après quelques instants, le baron arrive, et quelle n'est pas sa surprise! il aperçoit Ratisbonne *agenouillé* devant la chapelle de Saint-Michel. Il s'approche de lui, le pousse trois ou quatre fois avant qu'il s'aperçoive de sa présence. Enfin le Juif tourne vers lui son visage baigné de larmes et s'écrie :

« Oh! comme ce monsieur a prié pour moi! Ah! que je suis heureux! que Dieu est bon! que ceux qui ne le savent pas sont à plaindre!... Je l'ai vue! Je l'ai vue. »

Et il tirait sa médaille qu'il couvrait de baisers.

Il demande aussitôt un confesseur. On le conduit au P. de Villefort.

Quelque temps après, Alphonse de Ratisbonne recevait le baptême, et de retour en France, il entre dans la Compagnie de Jésus. Il s'est consacré depuis, avec un zèle tout apostolique, à la conversion des Israélites, qu'il avait autrefois rêvé de convertir dans un autre sens.

*
* *

Il y a une vingtaine d'années, il fonda, à Jérusalem, un couvent de religieuses et s'occupa de diverses œuvres saintes en faveur de ses coreligionnaires. Il y est mort le 6 mai 1884, au milieu d'un désert, transformé par lui en une charmante oasis. Il s'est éteint doucement après une courte et foudroyante maladie, le regard tourné vers l'éternelle patrie, où quelques mois auparavant l'avait devancé son frère aîné, le R. P. Théodore de Ratisbonne.

M. Victor Guérin, qui fut son ami, dans un rapport au Ministre de l'Instruction publique du 4 juin 1884, ajoute au sujet de sa mort :

« Rien ne saurait dépeindre la douleur et la désolation qui éclatèrent à Jérusalem, lorsque retentit soudain dans cette ville la terrible nouvelle de cette perte inattendue. C'était, en effet, une calamité publique que la disparition d'un tel homme de bien. Père de tous ceux qui souffraient, des petits, des orphelins, des déshérités de la fortune, il est mort pauvre, après avoir recueilli des millions pour la fondation des grandes œuvres qu'il a entreprises.

« Ami depuis de longues années de ce digne prêtre, témoin de tout ce qu'il a fait et créé, je ne puis m'empêcher de saluer ici avec le plus profond respect, la sympathie la plus vive et les regrets les plus amers, la mémoire de ce missionnaire incomparable, qui juif converti, s'était épris d'un saint amour pour ses frères égarés, et aspirait à leur communiquer la lumière de l'Evangile qui l'éclairait lui-même, dans la ville où le Christ avait été condamné à mort par leurs pères et par les siens. »

Voilà ce qu'a pu faire de ce jeune mondain le saint amour de Dieu, secondé par une volonté ferme et docile aux enseignements que la foi catholique lui avait révélés.

RÉCAMIER

PROFESSEUR A LA FACULTÉ DE MÉDECINE ET AU COLLÈGE DE FRANCE.

1774-1852.

> Fervent chrétien, il est une preuve évidente et magnifique de l'union de la science et de la foi.
> SAILLARD

Joseph *Récamier* fut le plus célèbre médecin de son temps.

Né à Rochefort, (Ain) il commença la médecine avec Bichat, à l'hôpital de Bourg. Après avoir été attaché au service de l'armée de terre, puis à celui de la marine, il fut nommé médecin ordinaire de l'hôtel-Dieu, où il exerça pendant 40 ans, et plus tard professeur à la Faculté de médecine de Paris et au Collège de France.

Récamier était un praticien fécond en ressources, étonnant par l'élévation de ses théories et l'audace heureuse de sa médication. Aussi sa réputation fut-elle universelle. « Il termina par une mort précieuse devant Dieu une vie remplie de bonnes œuvres, qui avait été marquée par une foi vive et la pratique la plus fidèle des devoirs religieux. Fervent chrétien, il est une évidente et magnifique preuve de l'union de la science et de la foi (1). »

Quelques épisodes de la vie de l'éminent docteur nous le feront mieux connaître. Nous empruntons la première au docteur Macé.

Récamier était allé voir un de ses malades, M. le comte de Malet, ancien officier supérieur de cavalerie qui etait devenu prêtre. Le D\` Macé, présent à cette visite, rapporte ce qui suit.

« Récamier se levait déjà pour le salut d'adieu, lorsque faisant un geste de ressouvenance, il remit son chapeau sur la table, replaça sa canne à côté,

---

(1) *Hommes célèbres*, par l'abbé Saillard.

et plongeant la main dans une des poches de son pantalon :

« Peste! s'écria-t-il, j'allais oublier une affaire très sérieuse !

« — Quoi donc? demanda l'ecclésiastique.

« — Il m'est arrivé un malheur, monsieur l'abbé.

« — Ah bah !

« — Un malheur que vous seul pouvez réparer.

« — Voyons!

« — Il s'agit d'une fracture que vous saurez parfaitement remettre, d'une petite opération que je vous prie de pratiquer.

« Et ce disant, l'illustre professeur retirant la main de sa poche, montrait triomphalement devinez quoi? Un chapelet.

J'avoue que j'en restais tout ébahi. Lui, le grand Récamier, l'illustre professeur, chargé d'enseigner non seulement à l'Ecole de médecine, mais au Collège de France; lui, le médecin des grands, des seigneurs, des princes, des rois mêmes, lui dont la réputation était européenne, disait son chapelet comme un communiant, comme un séminariste, comme une femme! Car il n'y avait aucune forfanterie chez ce digne homme; il pratiquait dévotement, saintement même, et s'il le racontait, c'était avec une charmante bonhomie et avec une exquise simplicité,

« — Dame! je dis mon chapelet, fit-il en se retournant vers nous, le sourire au visage. Quand je suis inquiet d'un malade, quand je suis à bout de ressource, quand je trouve la médecine impuissante et la thérapeutique inefficace, je m'adresse à Celui qui sait tout guérir. Seulement j'y mets de la diplomatie, et comme, emporté par mes occupations, je n'ai pas le temps d'intercéder bien longtemps, je prends la sainte Vierge pour mon intermédiaire : en me rendant chez mes malades, je lui dis une ou deux dizaines de chapelet. Rien de plus facile, vous comprenez? Je suis bien tranquille dans ma voiture, je glisse la main dans ma poche, et puis... j'entre en conversation. »

* * *

« Le chapelet est mon interprète. Or, comme j'ai recours assez souvent à cet interprète, il est fatigué, il est malade, et c'est pourquoi je prie M. l'abbé de l'examiner, de lui donner une consultation, de l'opérer si besoin est, en un mot de le guérir.

Mon père approuva par deux ou trois mots, j'applaudis par de simples saluts; le comte de Malet prit le chapelet mutilé, promit de le remettre promptement en bon état, et M. Récamier nous quitta.

Le soir, en me couchant, j'avais la tête et le cœur pleins de la visite faite : je ne pus m'empêcher de sourire aux sottes plaisanteries d'un grand nombre de gens, qui trouvent le chapelet bon, tout au plus, pour les dévotes, et qui croiraient déroger à leur dignité en récitant plusieurs fois de suite un certain nombre d'*Ave Maria!* »

« — Mon ami, me disait plus tard Récamier dans ce langage imagé, pittoresque, excentrique, qui lui était familier, le chapelet est une sonnette, chaque *Ave Maria* est une sommation, ou si vous l'aimez mieux, une pétition bien apostillée.

Vous voyez arriver tous les jours à Paris un tas de gobe-mouches qui y viennent pour intercéder auprès des autorités, pour implorer les puissants et les riches. Or, pour être admis aux Tuileries, il faut des protections, des demandes d'audience, des amis très haut placés ; pour pénétrer dans un ministère il faut de nombreuses démarches et la bienveillance (difficile à obtenir) des employés, de l'entourage, quelquefois même des concierges et de messieurs les garçons de bureau.

Pour parler à la sainte Vierge, rien de plus simple, on tire la sonnette, c'est-à-dire que l'on prend son chapelet; vite la porte est ouverte, on présente sa pétition, et la sainte Vierge est si bonne, qu'à moins de raisons particulières, la prière est aussitôt exaucée. »

« Du courage, Mesdames, du courage, disait une autre fois le pieux docteur en faisant prier pour un malade désespéré, du courage, et rappelez-vous avec confiance tout ce qu'elle a déjà fait pour vous. Oh! Priez la sainte Vierge, priez-la bien, et soyez sûres qu'elle vous donnera la force dont vous avez besoin dans un aussi cruel moment. »

Telle était sa dévotion envers Marie et sa confiance dans la puissance de l'*Ave Maria*.

.*.

Un élève du savant professeur a raconté le trait suivant :

« Nous montions un jour ensemble les escaliers d'une maison sale et haute, une de ces antiques masures que l'on cherche avec raison à faire disparaître de Paris. Les escaliers en pierre, humides, boueux, glissants, étaient usés et rapides ; heureusement, il y avait une rampe d'un côté, une corde de l'autre ; nous fîmes notre ascension. Il ne s'agissait rien moins que d'arriver au cinquième étage.

« Ouf ! nous y voilà », fit en reprenant haleine et en s'appuyant sur sa canne, l'illustre praticien.....

Nous sonnons, nous sommes introduits dans une chambre assez propre, mais où tout décelait une existence besoigneuse et révélait une aisance perdue. Quelques tableaux et de vrais tableaux ; un piano recouvert d'assiettes fêlées et d'une poussière caractéristique ; un restant de tapis, du linge usé, mais vraiment fin ; enfin trois ou quatre portraits de famille, miniatures charmantes, qui par leurs costumes, leurs uniformes, révélaient un rang, un rôle, une position.

La personne malade était une femme âgée, qui,

malgré ses soixante-douze ans, gardait un reste de beauté et de distinction.

Récamier l'interrogea, la rassura, me dicta une petite prescription, et comme nous nous en allions :

« Merci, monsieur le docteur, lui dit la vieille. Combien je suis fâchée de vous avoir dérangée ; me voilà rassurée maintenant ; mais je demeure si haut ! soyez assez bon pour me dire ce que je vous dois.

« — Le fait est, dit Récamier, que vous demeurez bien haut, bien haut ; tenez, voilà mon secrétaire qui ne pouvait pas me suivre et qui s'étouffait.

« — Combien vous dois-je ? réitéra la malade.

« — Ma foi, répondit Récamier, c'est une visite qui vaut bien un louis, et comme je n'aime pas avoir de dettes, voilà !

Et il mit sur la cheminée quatre pièces de cent sous.

« — Mais, docteur ! mais, docteur !

« — Pas d'observations, chère dame, et pas de susceptibilité : vous n'êtes pas très heureuse ; la personne qui vous a recommandée à moi, me l'a conté, de plus, vous êtes malade et vous avez besoin d'une foule de petites choses. Acceptez ma visite comme celle d'un ami, et le peu d'argent que je viens de mettre là comme un prêt que vons me rendrez en prières.

Voilà un trait de la charité qu'il savait exercer souvent en secret.

⁎

Ce qu'il y avait d'admirable surtout dans ce grand chrétien, c'était son esprit de foi qui se mêlait à toutes ses actions, de telle sorte que jamais il ne décidait rien d'important sans avoir fait prier et prié lui-même.

Une circonstance de la vie du vénérable évêque de Dijon, Mgr Rivet, qui vient de mourir, nous en offre une preuve bien édifiante.

Ce prélat avait une santé délicate et chancelante, lorsque, en 1838, il fut appelé à l'épiscopat, de là dans l'âme du saint prêtre des inquiétudes et des scrupules, en présence du fardeau qu'il craignait de ne pouvoir porter utilement.

Il demanda donc et obtint d'ajourner le oui final jusqu'à ce que, dans la mesure très limitée où la science humaine peut pénétrer l'avenir, une décision autorisée fût venue mettre un terme à ses hésitations.

Il part pour Paris et va frapper à la porte d'un médecin illustre qui était en même temps un grand chrétien.

Introduit près du docteur Récamier, le curé de Notre-Dame de Versailles lui expose en quelques mots l'objet de sa visite, et pour être sûr d'avoir une réponse précise, demande s'il peut compter sur six ans de vie.

« Il s'agit d'un cas de conscience ? » répond e

docteur de sa voix brusque, mauvais interprète d'un cœur d'or et d'une âme pleine de tendresse pour Dieu et pour les pauvres : « A genoux, *Veni Creator.* » Aussitôt le médecin et son client de s'agenouiller.

La prière faite, l'abbé Rivet s'asseoit; le docteur l'ausculte avec le plus grand soin, puis toujours du même ton raide et saccadé : « Vous pouvez accepter l'épiscopat, je vous garantis six ans d'existence. »

Dieu cependant fut plus généreux que le docteur : aux six années promises, il en surajouta libéralement quarante autres. Rassuré par cette décision prise sous l'inspiration et le regard de Dieu, l'abbé Rivet se soumit et reçut la consécration épiscopale le 21 octobre 1838.

Quant au bon docteur, fidèle à ses principes religieux, il continua d'édifier tous ceux qui l'ont approché jusqu'à sa mort arrivée en 1852.

Il s'était efforcé surtout d'inculquer à ses élèves les principes spiritualistes qu'on perd si facilement en se livrant aux études médicales.

RÉMUSAT (comte de)

MEMBRE DE L'ACADÉMIE, DÉPUTÉ, MINISTRE.

(1797-1875)

> « Son scepticisme élégant doit être considéré moins comme une force que comme une faiblesse d'esprit. Il l'a, grâce à Dieu, répudié à temps.
> POLYBIBLION.
>
> J'ai toujours été accoutumé de lire l'Evangile en latin.
> DE RÉMUSAT.

Charles *de Rémusat*, fils d'un préfet du premier empire, se rangea dès son entrée dans la vie politique et littéraire sous la Restauration, parmi les disciples de l'école dite libérale, qui faisait opposition à la royauté française. Il collabora à plusieurs journaux et revues. En 1830, le triomphe de son parti le fit entrer comme député, puis comme sous-secrétaire d'Etat dans la conduite des affaires. Ministre sous Thiers en 1840, il tomba du pouvoir avec lui la même année. Jusqu'en 1848, il battit en brèche la monarchie de juillet et se livra à des travaux qui le conduisirent à l'Académie des sciences morales et à l'Académie française, où il remplaça Royer-Collard.

Après s'être tenu à l'écart de la politique sous le second empire, il y rentra comme ministre des affaires étrangères sous Thiers après 1870, et prit une part honorable aux négociations pour la délivrance du territoire.

Enfin il tomba en 1873 pour la dernière fois, avec son chef et son vieil ami, du pouvoir dans l'opposition : il y termina, ou peu s'en faut, sa carrière comme il l'avait commencée.

Le comte de Rémusat qui a vécu trop longtemps en libre penseur, s'est honoré par une mort très chrétienne. « Quant à sa renommée de philosophe, son scepticisme élégant, dit le Polybiblion, doit être considéré moins comme une force que comme une faiblesse d'esprit. Il l'a, grâce à Dieu, répudié à temps. »

Pendant sa dernière maladie, lisons-nous dans l'*Univers*, il reçut la visite de plusieurs prêtres distingués, avec lesquels il s'entretint plusieurs fois de religion, sujet pour lequel il avait toujours manifesté un grand intérêt.

On dit qu'il passa des nuits entières à discuter avec Mme de Lasteyrie, mère du député, dont la réputation de savoir en matière religieuse était grande. Comme il n'avait jamais été opposé complètement à la religion, ces conversations ne lui causèrent aucun trouble dans sa maladie.

Un jour, fatigué de parler, il pria un prêtre de lui faire une lecture pieuse : celui-ci prit l'Evangile, et le malade choisit la parabole du semeur.

Comme le prêtre commençait en français, M. de Rémusat lui demanda de lire en latin : « J'ai toujours été accoutumé à lire l'Evangile en latin. »

Il n'avait pas d'abord compris la gravité de sa situation, et il avait dit à M. Thiers qui venait le voir tous les jours : « Ça durera longtemps peut-être, je ne suis pas aussi malade qu'on le croit.»

Quand il apprit qu'il n'y avait plus d'espoir, ses pensées se tournèrent toutes vers la religion, car il avait compris que c'est la seule espérance du chrétien pour l'éternité. Il mit donc sa conscience en règle avec Dieu, puis sans angoisse, ni agitation, il expira. C'était au mois de juin 1875.

RENAULT

GÉNÉRAL, SÉNATEUR.
(1807-1871)

« Priez pour moi, priez pour la France.
...Je meurs pour la France.
Ses dernières paroles.

A sa sortie de Saint-Cyr, Pierre-Hippolyte *Renault* fut nommé capitaine dans la Légion étrangère. En 1848, il était général de brigade, à l'armée des Alpes. Il exerça plusieurs fois de hautes fonctions, spécialement en Algérie, où à diverses reprises il fut gouverneur par intérim.

Il a fait avec distinction la plupart des campagnes d'Afrique et celle d'Italie. Mais ses plus beaux titres de gloire militaire, il les conquit au siège de Paris. C'est là qu'il donna surtout l'exemple du dévouement et de la bravoure en même temps que celui de l'intelligence et de la prudence dans le combat.

Le général Renault, blessé mortellemeut à la tête de ses troupes à Champigny, fut amputé et mourut deux jours après.

« Les nouvelles générations, a écrit le général Ambert (1), ne sauront jamais quelle singulière physionomie était celle de cet homme. Sa jeunesse et son âge mûr s'étaient écoulés en Afrique, où il avait la spécialité de commander les postes les plus dangereux, ce qui lui avait valu le surnom de *Renault de l'arrière-garde*. On sait que les Arabes suivant constamment les colonnes en marche, l'arrière-garde combattait toujours.

Pendant de longues années, Renault était sans cesse aux prises avec l'ennemi. A ce métier, il avait contracté des habitudes de corps et d'esprit qui rappelaient les chefs d'aventuriers du moyen âge. Il en avait la langue verte, les attitudes presque menaçantes entremêlées de bontés enfantines.

L'Empire lui avait donné un siège au Sénat, et dans les salons de Paris, où il semblait qu'il allait

---

(1) *Récits militaires.*

jeter le cri : *En avant !* Un peu frotté de littérature militaire, il composait des discours qui avaient un parfum de poudre à canon et bravaient les règles académiques. On ne pouvait pas dire que le général Renault était brave, mais qu'il personnifiait la bravoure. Il a répété plus d'une fois, en sortant du Sénat :

« Comment ! je mourrai dans mon lit comme un notaire ! »

Ce soldat avait bien mérité de tomber sur le champ de bataille et d'aller en terre tout mutilé par l'ennemi.

Sa mort fut celle d'un religieux.

Relevé par les frères des Ecoles chrétiennes, il fut transporté à l'hôpital Lariboisière. En arrivant, le blessé demanda une religieuse, l'aumônier ne tarda pas à venir.

En le voyant, le général lui tendit la main, et son regard exprima le contentement. Puis, sans attendre une parole du prêtre, le blessé dit à haute voix :

« Je crois en Dieu le Père, le Fils et le Saint-Esprit... J'ai confiance dans les prières de ma sœur qui est religieuse à Tours. Oh! oui, elle prie pour moi. »

La mort était prochaine, le général intrépide au feu, brillant au combat, brave entre les braves, demanda le crucifix.

« Son regard, toujours ardent, ajoute le général Ambert, se tournait vers le ciel, et sa main pressait la croix aussi fortement qu'elle avait pressé l'épée.

Autour de son lit, les assistants priaient et les religieuses disaient le chapelet. Le général interrompit le silence et dit : « Oui, priez pour moi, priez pour la France. »

Quelques instants après, il expirait dans les sentiments de religieuse ferveur.

Quelques vieillards, anciens officiers, conservent pieusement le souvenir de la jeunesse de Renault.

C'était le temps des actions d'éclat, des prouesses et des intrépides. Les soldats, fiers de leur titre d'Africains, s'élançaient joyeusement sur les Arabes; mais quelle que fut leur ardeur, ils ne pouvaient dépasser leurs officiers, qui se nommaient Lamoricière, Changarnier, Bedeau, Canrobert, Mac-Mahon, Maissiat, Bosquet, Saint-Arnaud et tant d'autres, dont les noms méritaient d'être conservés. La statue du maréchal Bugeaud est comme le monument élevé à tous.

L'armée d'Afrique n'a eu ni son Austerlitz, ni son Wagram ; mais la génération de *Renault de l'arrière-garde* a tracé de belles pages, dont l'histoire de France a le droit d'être fière. »

RESSAYRE

GÉNÉRAL DE CAVALERIE.

(1816-1879)

> «Je n'ai pas peur de la mort.
> J'ai le regret d'abandonner ma
> famille, mais je sais que je la
> retrouverai au ciel.»
> *Gén. Ressayre.*

Le 16 novembre 1879, une belle et glorieuse existence s'éteignait, et la mort jetait dans un deuil profond une des plus honorables familles de la ville d'Agen : le général *Ressayre* rendait son âme à Dieu.

Il est mort en brave et vaillant chrétien, comme il avait été brave et vaillant soldat. Honneur et vertu étaient sa devise, elle répondait si bien au cri de son cœur : Dieu et patrie !

Il était né à Castelsarrasin (Tarn-et-Garonne).

Jeune, plein de courage et d'ardeur, il part simple soldat. Admis peu après à l'école de Saumur, où son nom est inscrit en lettres d'or sur les tables de marbre, il en sort quelques années après sous-lieutenant. Bientôt il vole vers cette terre d'Afrique, où se forment les grands capitaines. Et là, ses aptitudes, ses qualités distinguées lui gagnent l'estime et l'affection de ses chefs.

Un instant sa carrière est menacée d'être brisée.

Sous les murs de Sétif une balle blesse au bras le jeune officier ; le médecin ordonne l'amputation :

« Non, répond le valeureux soldat, mourir plutôt que de ne plus combattre pour ma patrie. »

Renvoyé en France pour soigner sa blessure, il a le bonheur inespéré de guérir. Il regagne sa terre adoptive, et bientôt ses efforts sont couronnés de succès.

La Crimée le voit lieutenant-colonel, six mois après colonel au 6ᵉ dragons, ce régiment dont il était si fier. Sa belle conduite lui mérita une plus haute récompense : après cette glorieuse campagne, il est nommé général de brigade et appelé à commander les subdivisions d'Auch et d'Agen, où il laisse les meilleurs souvenirs Surviennent les jours malheureux de 1870, le général reprend son épée. Ni la vue de deux jeunes enfants, ni les pleurs d'une épouse ne peuvent amollir son courage et le retenir. Il court aux abords de la Loire. marche à la délivrance de Paris, et après le brillant fait d'armes de Coulomiers, il est nommé général de division et grand officier de la Légion d'Honneur.

Mais il était dit que notre patrie boirait la honte jusqu'à la lie et serait privée de ses plus braves défenseurs : le brave Ressayre est blessé d'un éclat d'obus, et obligé de quitter le champ de bataille. Il se retire dans la chère solitude qu'il s'était choisie. Il commençait à goûter ce repos auquel aspire toute âme généreuse après de longues fatigues, de pénibles travaux. Une douloureuse maladie est venue l'y chercher, mais elle l'a trouvé toujours courageux et résigné. Depuis longtemps le général demandait cette force à la pratique des devoirs religieux. Il avait eu le bonheur, disait-il lui-même, d'avoir une pieuse et sainte mère, dont le souvenir l'avait suivi au milieu des plus graves dangers, et il n'avait pas oublié les sages conseils qu'elle lui avait donnés. Heureuse influence d'une pieuse mère !

Aussi a-t-il désiré *qu'une dernière fois* le Dieu de l'Eucharistie vînt le visiter à son lit de mort. Et quand Mgr l'évêque d'Agen s'est présenté pour le bénir et lui a dit : général, soyez courageux dans vos souffrances comme vous l'avez été devant l'ennemi, le vaillant soldat a pu répondre :

« Monseigneur, je n'ai pas peur de la mort. J'ai le regret sans doute d'abandonner ma famille, mais je sais que je la retrouverai au ciel. »

Cette haute et consolante pensée a adouci sa dernière heure. Le général Ressayre s'est ensuite reposé dans la paix du Seigneur.

RIGAULT DE GENOUILLY

AMIRAL, SÉNATEUR, MINISTRE.
(1807-1873)

> « L'amiral avait une âme trop droite et un esprit trop élevé pour n'être point religieux. »
> *L'Univers.*

Brillant élève de l'Ecole polytechnique, Charles *Rigault de Genouilly* entra dans la marine, et fut nommé enseigne de vaisseau en 1830. En 1841, il commandait la *Victorieuse* dans les mers de Chine. Jugé par un conseil de guerre, au sujet de la perte de ce navire, sa conduite fut justifiée, et il fut acquitté, puis nommé capitaine de vaisseau en 1848.

Après avoir siégé en 1853 au conseil des travaux de la marine, Rigault de Genouilly fut nommé contre-amiral et fit la campagne de Crimée.

« Ce n'est pas le lieu et le moment de raconter dit *l'Univers*, une vie si remplie et employée tout entière au service de la France. Des murs de Sébastopol aux rives de la Cochinchine et de Saïgon conquises par lui, il a porté partout haut et ferme le drapeau de la patrie. Plus qu'aucun il a souffert de ses désastres.

Ministre pendant plus de trois ans, il n'a pu

occuper ce poste sans rencontrer des adversaires, mais nul parmi eux n'a jamais contesté sa capacité rare, sa loyauté supérieure. Habitué au commandement et l'exerçant avec empire, il savait joindre à une autorité indiscutable, une bonté qui de ses subordonnés lui faisait des amis.

L'amiral avait une âme trop droite et un esprit trop élevé pour n'être pas religieux : les missionnaires de l'Extrême-Orient et le Saint-Père à Rome le savaient. Au Sénat en 1861, il avait voté pour le maintien du pouvoir temporel. Aussi la fin la plus chrétienne a-t-elle couronné sa belle carrière, mais jusqu'au bout, il a voulu que ce fût un aumônier de la flotte qui consolât ses derniers moments.

Il a reçu avec la foi la plus simple les secours de religion, disant hautement à tous sa joie d'avoir accompli son devoir. — La perte est grande pour la marine dont il était la tête, et pour la France qui voit disparaître en lui un de ses serviteurs les plus intègres et les plus généreux.

RIPON (lord)
H MME D'ETAT, VICE-ROI DES INDES.
(1827)

> « Il signa sur le registre des baptisés. On fut surpris de lire nom du grand ennemi de l'Eglise : « Oui, c'est moi, dit-il, et désormais je la servirai.
> A. B.

La conversion de lord Ripon, grand-maître de la franc-maçonnerie anglaise, préoccupa vivement la presse et l'opinion anglaise au mois d'août 1874.

Le *Times* était déconcerté, les autres feuilles protestantes montraient une fureur significative, et comme toutes ont plus ou moins d'accointances avec la franc-maçonnerie, on comprend à quel point elles durent être affligées de la perte de cet ancien ministre de la reine d'Angleterre et l'un des plus riches lords de ce pays.

Georges Samuel *Ripon*, né en 1827, secrétaire d'Etat et membre du conseil privé de la reine, a succédé à son père Frédéric John Ripon, premier pair d'Angleterre, mort en 1859.

Vers 1874 les loges maçonniques, qui le considéraient avec raison comme leur plus intelligent interprète l'avaient chargé d'un travail pour démontrer la fausseté du catholicisme. Le marquis Ripon fouilla les bibliothèques, travailla avec ardeur et sincérité, mais, au lieu d'écrire le livre attendu, après tant de recherches, il se présenta un matin dans la chapelle des Oratoriens, en disant : « *Je veux être catholique*, je demande le baptême. »

On l'interrogea, on fut étonné de la science du catéchumène et on lui conféra le baptême sur l'heure, comme on est autorisé à le faire en Angleterre. Quand il signa sur le régistre des baptisés, les Oratoriens furent surpris de lire le nom du grand ennemi de l'Eglise catholique :

« Oui, c'est moi, dit-il, et désormais je la servirai. »

Un des principaux journaux d'Angleterre, qui s'est distingué par sa violence à attaquer le nouveau converti, raconte comme il suit, comment le marquis de Ripon est arrivé à répudier la religion anglicane. C'est un aveu précieux, et les motifs de cette conversion ne sont pas favorables à l'Eglise établie par l'Etat en Angleterre.

« C'est seulement depuis six mois, dit le *Hour*, que le noble marquis s'est occupé des controverses entre catholiques et anglicans. L'occasion de sa conversion a été une brochure qu'il se proposait d'écrire en faveur de la franc-maçonnerie et contre les prétentions de l'Eglise de Rome. A la suite de lectures et d'études prolongées, il se convertit aux idées qu'il avait d'abord combattues. Il ne se mit en communication d'aucune sorte avec aucun ecclésiastique romain, avant de s'être décidé lui-même à la démarche qu'il vient de faire. C'est alors qu'il vint à Londres et faisant appeler un des Pères de l'Oratoire où il s'était rendu, se fit examiner, baptiser et recevoir au sein de l'Eglise. Ce n'est que lorsqu'il écrivit son nom dans les registres de l'Oratoire que les Pères surent quelle était la qualité de leur nouveau prosélyte. On peut juger de leur surprise lorsque, le dimanche suivant, deux jours après avoir envoyé sa démission de grandmaitre, il assista à la messe et reçut la communion pour la première fois. »

On voit qu'il n'y a ici ni captation, ni séduction; c'est de lui-même que le noble lord a reconnu où était la vérité, et l'on ne peut se rejeter ni sur l'affaiblissement des facultés intellectuelles ni sur le déclin de l'âge ; le marquis de Ripon n'a pas cinquante ans; il est dans toute la force de l'âge mûr et en pleine possession de ses facultés comme l'avenir l'a prouvé.

A toutes les réclamations et les criailleries de la presse, le nouveau converti n'a répondu que par ces simples paroles, qui expliquaient son changement : « *On ne résiste pas à des persuasions personnelles.* »

.•.

Le ministère présidé par Lord Gladstone a bien montré, depuis, le cas qu'il faisait de lord Ripon, lorsque, peu de temps après, il n'a pas trouvé d'homme plus capable et plus intelligent pour gouverner le vaste empire des Indes, et l'a nommé vice-roi de ces possessions anglaises qui renferment plus d'habitants païens, hérétiques ou catholiques que la France ne compte d'habitants.

Le chef du ministère anglais, dont lord Ripon était le collègue quelques années auparavant, a ait paraître en 1874, sur le ritualisme, un travail qui révèle les préoccupations qu'a fait naître cette célèbre conversion.

Aussi le *Morning Post*, organe de M. Gladstone, dit-il à ce sujet : « Quand nous nous rappelons qu'un de ses plus éminents et de ses plus estimés collègues est entré récemment dans le sein de l'Eglise catholique, il est particulièrement satisfaisant pour le pays de voir l'ex-premier ministre affirmer catégoriquement l'impossibilité de romaniser l'Eglise anglicane. »

L'irritation fut grande chez les anglicans. Aussi le chapelain de l'église de Ripon, fort ennuyé d'une conversion qui menaçait de lui arracher toutes ses ouailles, crut devoir calomnier l'Eglise catholique en adressant à ses paroissiens les paroles suivantes :

« Mes frères, l'abandon de l'Eglise d'Angleterre pour celle de Rome est un grand événement. Beaucoup d'entre vous ne se rendent pas compte de l'étendue d'un pareil changement. Vous ne savez pas combien de dogmes étrangers il faut embrasser, combien de miracles sans preuves il faut croire, quelle liberté d'action et de pensées il faut abandonner, quel renversement social il faut accepter pour devenir sujet du Pape. »

Voilà qui n'est pas flatteur pour les catholiques : fort heureusement, nous savons à quoi nous en tenir au sujet de cet enchaînement de notre liberté de croyances et de pratiques religieuses. Ces paroles montrent seulement le désarroi du clergé anglican, qui voit sa haute situation menacée chaque jour davantage par ces conversions qui deviennent de plus en plus nombreuses et importantes.

Le *Times* s'est fait l'organe de cette crainte quand il a dit qu'un bon Anglais ne peut être catholique, ce qui montrerait, si cela était vrai, dit M. Chantrel, que le nombre des bons Anglais diminue sensiblement. Voici, en effet, des chiffres qui sont éloquents :

« En 1765, il n'y avait en Angleterre et en Ecosse que 60.000 catholiques; en 1821, ce nombre s'élevait à 500.000; en 1842, à deux millions et demi; en 1845, à plus de trois millions, et à cette époque, la moyenne annuelle des conversions d'adultes était de 600. Il y a en ce moment en Angleterre 1893 prêtres catholiques, 1453 églises et chapelles, 21 collèges catholiques et 1249 écoles. Les diocèses sont au nombre de 20; on compte 33 lords catholiques, 77 baronets, 6 membres du conseil privé de la Reine, 37 membres de la Chambre des communes. »

« On voit, disent les *Annales catholiques*, auxquelles nous empruntons ces détails, que si l'Eglise romaine est aujourd'hui en guerre avec les puissances du siècle, elle supporte glorieusement cette lutte et déploie une vitalité capable de déconcerter ses ennemis. »

ROSSINI

MUSICIEN, COMPOSITEUR.

(1792-1868)

> « On a cru que j'étais élevé dans les idées de Machiavel, on s'est trompé. Croyez-vous que j'aurais pu faire mon *Stabat* si je n'avais pas eu la foi ? »
> *Rossini.*

Il n'est aucun amateur de musique qui ne connaisse le fameux maëstro Rossini, et ne l'ait en grande estime pour son talent musical.

Gioachino *Rossini*, le « *Cygne de Pesaro* » comme on l'a appelé, naquit dans cette ville des Etats de l'Eglise en 1792. Son père et sa mère étaient de simples musiciens ambulants que le jeune maëstro suivit de foire en foire. Ses parents lui ayant fait donner plus tard une instruction musicale soignée, il remplit en plusieurs villes l'emploi de maître des choristes. Il eut pour maître de composition l'abbé Mattei, qui lui apprit juste assez d'harmonie pour écrire des opéras.

A partir de l'âge de 16 ans, sa réputation grandit. Il parcourt l'Europe cueillant partout de nouveaux triomphes. Ses opéras surtout lui valurent sa renommée : le *Barbier de Séville* (qu'il avait composé en treize jours), *Guillame Tell* et son *Stabat* ont rendu son nom immortel.

Ce grand artiste ne prouva pas toujours qu'il eût de la foi, aussi lui a-t-on attribué souvent des sentiments peu chrétiens, et ses amis plus croyants ont regretté la nuance de scepticisme qui entachait cette riche nature. Toutefois il a pris soin de les détromper à ce sujet dans les derniers moments de sa vie.

Au prêtre vicaire de Saint-Roch, qui venait le voir alors et avec lequel il s'entretenait de sujets édifiants, il dit un jour : « *On a cru que j'étais élevé dans ses idées de Machiavel; on s'est trompé. Pensez-vous que l'homme qui écrivit le* STABAT *ne soit pas un* CROYANT? » — Nous nous réjouissons de cette profession de foi, et nous ne nous étonnons plus que ce *croyant* ait fait une mort très chrétienne.

ROSTOPCHINE (comtesse)

PHILOSOPHE, LITTÉRATEUR.

(1775-1859)

> « Elle sacrifia ses préjugés, ses erreurs, ses chances de bonheur humain pour rendre hommage à la vérité. »
> *Marquis de Ségur.*

« Si la vertu chrétienne, a écrit M. le marquis de Ségur, dans ce qu'elle a de plus élevé et de plus fort, était toujours récompensée en ce monde par cette grande et petite chose qu'on appelle la gloire, la comtesse Catherine *Rostopchine* eût contribué autant et plus peut-être que son mari à l'illustration de son nom. Le gouverneur de Moscou fut sans doute un grand citoyen, mais sa femme fut une grande catholique. S'il brûla la vieille capitale pour sauver la Russie, sa femme sacrifia ses préjugés, ses erreurs, ses chances de bonheur humain pour sauver son âme et rendre hommage à la vérité. »

La Comtesse Catherine *Rostopchine*, née en 1775, épousa vers 1795 le comte Théodore Rostopchine, qui mourut en 1826, et auquel elle survécut pendant plus de trente ans. Elle était née comtesse Catherine Protassow. Quand le comte Théodore épousa la jeune comtesse Catherine, il trouva en elle une femme aussi sage que belle, d'une intelligence et d'une instruction hors ligne, d'une innocence de cœur et de conduite rares dans la cour corrompue de Russie, et à la hauteur de tous les devoirs de la vie. Il était digne d'elle par toutes les qualités de l'esprit et du cœur, et devint successivement directeur général des postes, lieutenant général, ministre des affaires étrangères, etc...

Parmi toutes ces grandeurs, la comtesse Rostopchine ne paraissait à la cour que pour y remplir ses devoirs d'état et se consacrait à l'éducation de ses enfants et à l'étude qui avait pour elle un attrait tout particulier.

Dès cette époque, elle se préoccupait de la question morale, de la vérité religieuse. Elevée dans le respect et la pratique officielle de la religion grecque, elle n'y avait pas trouvé un aliment suffisant à son besoin de croire et d'aimer ; et ne connaissant point encore les beautés de la foi et du culte catholiques, persuadée que l'Eglise grecque et le Christianisme étaient une seule et même chose, elle avait cessé de croire à l'un en même temps qu'à l'autre.

Mais une âme comme la sienne ne pouvait demeurer longtemps dans ce vide mortel de l'indifférence religieuse. L'influence de la maternité, la nécessité de former le cœur et l'intelligence de ses enfants, ses vastes et sérieuses lectures la poussaient de plus en plus à l'étude des origines chrétiennes, et modifiaient sensiblement ses idées. Sans doute aussi elle subit, à son insu, l'ascendant des Pères Jésuites, accueillis à Saint-Pétersbourg par l'impératrice Catherine avec une grande déférence, ainsi que par l'empereur Paul qui les traita avec plus de faveur encore.

Après la mort de ce prince, la comtesse et son mari, éloignés de la cour et des dignités de l'Etat, se retirèrent dans leurs terres de Voronovo. Une existence nouvelle commançait pour Catherine; elle allait continuer dans le calme et la solitude le travail intérieur qui devait la mener enfin à la vérité.

Là, elle se livra plus que jamais à l'éducation de ses enfants et aux études philosophiques et religieuses. A mesure que les grandeurs et les beautés du Christianisme lui apparaissaient plus vivement, les défaillances de la religion grecque, l'insuffisance de son clergé, sa dépendance absolue, même au point de vue spirituel du chef de l'Etat, la choquaient davantage, et de nouveaux problèmes se posaient devant son esprit. Pour sortir de ses doutes, elle se mit à l'étude du latin et de l'hébreu pour lire les Pères de l'Eglise et se rendre compte de la foi chrétienne. A ces immenses travaux de l'intelligence, elle ajoutait les efforts de la volonté pour pratiquer les vertus et les devoirs de son état; elle employait surtout la prière sans laquelle on n'obtient rien du ciel. C'est ainsi qu'elle arriva, après plusieurs années de travail et d'inquiétudes, à la possession de la vérité qu'elle cherchait.

***

C'est en l'année 1806 qu'arriva le moment béni, qui, de cette épouse, de cette mère exemplaire fit une si admirable catholique. Les détails qui suivent ont été racontés par elle-même à son petit-fils, Mgr de Ségur.

Déjà chrétienne de désir et d'espérance, elle s'était mise, en 1805, en rapport avec le curé catholique de Moscou. Celui-ci lui donna à lire un ouvrage apologétique qui triompha de ses derniers doutes et acheva de la convaincre. Alors la vérité du Christianisme lui apparut dans sa lumineuse évidence, et son esprit, droit et ferme, allant d'un seul bond au terme de cette vérité, elle comprit que la seule manière complète et sûre d'être chrétien, c'est d'être catholique.

Elle acheva donc de s'instruire dans la doctrine, la morale, le culte de l'Eglise romaine, abjura la religion grecque et fit sa profession de foi catholique entre les mains du curé de Moscou. Mais, sur le conseil et l'ordre du prudent ecclésiastique, elle accomplit ce grand acte en secret, et n'en laissa même rien paraître d'abord aux yeux de son mari.

La comtesse avait à ménager les sentiments de celui-ci qu'elle savait très attaché à la religion de son pays, et la simple tolérance de l'Empereur

Alexandre pour le catholicisme ne permettait pas à la néophyte de manifester ses convictions.

Il fallait pourtant révéler au comte de Rostopchine le secret de cette conversion. Un matin après avoir communié, comme elle le faisait chaque jour, elle lui avoua qu'elle était catholique. Le comte ne lui adressa pas la parole pendant huit jours ; enfin elle le vit entrer chez elle et entendit avec bonheur ces paroles : « Tu m'as déchiré le cœur, mais puisque ta conscience t'ordonnait de te faire catholique, tu as eu raison de lui obéir. C'est la volonté de Dieu, n'en parlons plus. »

Rostopchine tint parole, et jamais il ne lui reprocha sa conversion au catholicisme, ni le mystère qu'elle lui en avait fait. Il la laissa pratiquer sa religion, et il s'en trouvait heureux, car dans sa correspondance depuis cette époque, il parle des bonnes œuvres de sa femme, de ses vertus, de sa foi sincère et de la vénération qu'elle lui inspirait, avec un accent doux et profond qui les honore l'un et l'autre.

Mais ce qui causa une joie immense à la comtesse Rostopchine ce fut l'entrevue dans laquelle, en 1808, elle révéla le bonheur de sa foi nouvelle à ses trois sœurs réunies à Saint-Pétersbourg, la princesse Galitzine, la comtesse Tolstoï et la comtesse Barbe Protassow.

Elle s'attendait d'abord à des récriminations et à des larmes. Il y eut des larmes en effet, mais des larmes de joie. Au premier mot qu'elle prononça, la princesse Galitzine se jeta dans ses bras en disant : « Et moi aussi je suis catholique ! » — Moi de même, » s'écria la comtesse Barbe. Des quatre sœurs, la comtesse Tolstoï seule n'avait point abjuré, mais en ce moment elle ne put s'empêcher d'envier leur bonheur.

*
* *

De 1808 à 1812 la comtesse Rostopchine poursuivit sa vie laborieuse et chrétienne, s'occupant plus que jamais de former ses enfants à la vertu, et préparant les ouvrages de polémique ou plutôt d'apologétique qu'elle laissa après elle et dont elle publia quelques uns pour l'édification de ses proches.

Nous arrivons à une époque bien douloureuse pour le comte et la comtesse Rostopchine, mais nous la passerons sous silence parce que celle-ci n'y joua qu'un rôle tout à fait effacé. Nous voulons parler de la campagne de Russie, de l'incendie de Moscou (1), préparé depuis longtemps et exécuté par le comte, gouverneur de Moscou, qui sauva à

---

(1) Avant ces graves événements, le comte fit partir pour le Nord sa femme et ses enfants, il s'agenouilla devant la comtesse en leur présence et dit : « Mes enfants, j'ai voulu, avant de vous dire adieu, vous bénir et demander pardon devant vous à votre mère des peines que j'ai pu lui causer. *C'est une sainte* et j'aurais dû suivre ses conseils. Souvenez-vous de ce moment, et obéissez-lui comme à moi-même, si je meurs. »

ce prix sa patrie. Personne au reste ne lui sut gré de cet acte énergique de désespoir, ni les habitants, ni l'Empereur Alexandre qui le laissa encore pendant deux ans en possession de son gouvernement, mais ne dissimula pas sa malveillance à son égard.

Rostopchine se jugeant en disgrâce donna sa démission. Il avait compris qu'il était de trop dans cet empire qu'il avait sauvé, et il résolut de quitter la Russie. Après un voyage en Allemagne, il rejoignit en France ses enfants et sa femme en 1817.

Dans cet intervalle de 1815 à 1817, les lettres du comte à la comtesse Catherine sont du plus haut intérêt, non seulement par la peinture des pays et des personnages célèbres qu'il rencontrait, mais par l'expression de ses sentiments intimes, de la bonté de son cœur et de sa tendre vénération pour sa noble épouse. « Chose étrange, dit M. de Ségur, et qui témoigne éloquemment de la vérité de notre sainte religion! Ce Russe, si attaché à son culte national, si désolé de la conversion de sa femme, semblait trouver dans cette conversion même le principal motif de son respect pour elle. »

Il y revenait avec une singulière insistance et lui parlait presque comme s'il avait partagé toutes ses croyances.

« Dimanche, lui écrivait-il en 1815, j'ai assisté à la messe avec ton livre, et je puis t'assurer que j'ai prié Dieu avec ferveur, non pour moi, car je me suis abandonné à sa miséricorde, mais pour toi qui es l'âme de la famille. J'ai éprouvé un sentiment bien doux en entrant en Bohême et en me trouvant au milieu d'un peuple religieux, qui suit les préceptes d'une religion qui a fait des prosélytes par conviction. — Je ne saurais t'exprimer, lui dit-il encore, combien je suis content de lire dans ta lettre le plaisir que te causent mes prières. Je puis t'assurer que je prie Dieu avec ferveur, espérance et repentir. Je le prie de me raffermir dans la foi et de m'aplanir le chemin du salut. La Providence a été généreuse envers moi; elle m'a donné toi, deux amis et une conscience nette. » — Et un peu plus tard, de Carlsbadt : « Je te rends bien justice, et je serais un monstre d'ingratitude si je ne savais apprécier ton amour, ton amitié et tes vertus. Tu m'as fait de la peine deux fois en vingt-deux ans; encore, était-ce la volonté de Dieu... Adieu! je te baise les mains bienfaisantes, je t'embrasse de toute mon âme qui n'est pas aussi belle que la tienne. »

*
* *

En 1817, arrivée à Paris avec ses enfants, la comtesse Rostopchine y trouva son mari et mena pendant six ans la vie d'une chrétienne des premiers âges. Elle n'y connut aucune des fêtes mondaines, ne mit pas le pied dans un théâtre, et de plus en plus austère dans ses habitudes, elle vivait pour la prière, le service des pauvres et l'étude des auteurs chrétiens. Elle édifiait par ses éminentes vertus, et étonnait, par sa vaste érudition et ses connaissances théologiques, les ecclésiastiques qui la connaissaient.

En 1819, la comtesse maria deux de ses filles. Elle connut à Paris Mme Swetchine, mais, dit M. de Ségur, « malgré leur commune nationalité et leur commune conversion, Mme Swetchine et la comtesse Rostopchine ne se virent pas beaucoup. Eminentes toutes deux par l'esprit et la piété, elles différaient absolument par leurs habitudes intellectuelles et leurs manières de vivre. Quoique femmes de prière et d'oraison l'une et l'autre, la première s'adonnait au monde, non par amour du monde, mais comme moyen d'action sur les âmes ; l'autre tenait davantage de sainte Paule, l'illustre amie de saint Jérôme, et passait son temps dans la solitude, l'étude et l'apostolat de la pénitence et du travail... »

Le comte Rostopchine atteint dans sa santé retourna bientôt à Moscou avec toute sa famille. C'est là que sa dernière fille, Lise, mourut d'une maladie de poitrine. Avant d'expirer, sur la demande de la comtesse sa mère qu'elle accueilli avec joie, la jeune malade eut le bonheur de se faire catholique, avouant qu'elle eût fait plutôt son abjuration si elle n'avait craint de déplaire à son père. A cette occasion la pieuse mère écrivit à sa sœur la princesse Galitzine : « Ma sœur, félicitez-moi ! Lise est morte, mais elle est morte catholique. » Le comte mourut le 30 janvier 1862.

La comtesse Catherine avait alors cinquante ans. Elle en vécut encore vingt-quatre retirée dans sa terre de Voronovo, composée de dix-huit villages, de vastes forêts au milieu desquelles était son château, et de plusieurs milliers d'habitants. Sa vie continuait d'être ce qu'elle avait toujours été, une vie d'étude, de prière et de bonnes œuvres. Pendant les quelques mois qu'elle passait chaque année à Moscou, elle allait tous les matins en voiture à l'église catholique. Un jour, elle reçut défense de montrer ainsi ses convictions religieuses, et comme elle dit au gouverneur qu'elle n'en tiendrait pas compte, celui-ci la menaça de la dénoncer à l'empereur Nicolas.

« Monsieur, répondit elle, allez dire au gouverneur qu'il ne se donne pas la peine d'écrire à l'empereur. Je vais le faire moi-même, et dès aujourd'hui. » Voici sa lettre, qui donne la mesure de l'énergie de son caractère et de sa foi.

« Sire, le gouverneur de Moscou me menace de prévenir Votre Majesté que je vais tous les jours ostensiblement à l'église catholique en voiture. En agissant ainsi, j'use d'un droit que me donnent et le bon sens et la loi. Je continuerai donc comme par le passé. Votre Majesté peut, si elle le veut, me faire arrêter comme coupable d'être et de me montrer catholique; elle peut confisquer mes biens et me faire conduire en Sibérie. Ce qu'elle ne pourra jamais faire c'est de m'empêcher de suivre ma conscience, de me faire abandonner ma foi et de me détourner du service de mon Dieu.

« Sire, je vous conjure, réfléchissez-y bien ! Dans quelques années, vous mourrez comme tout le monde, vous serez jugé, et si le souverain Maître vous trouve hors de son Eglise et la persécutant, il vous condamnera, et votre puissance actuelle ne pourra vous sauver. »

A dater de ce jour, on la laissa tranquille. Elle en profita pour travailler à ses ouvrages de doctrine et de morale catholiques. Ses écrits sont remarquables par la force de la pensée et la fermeté du style, jointes à une vigueur de raisonnement extraordinaire chez une femme.

La comtesse Rostopchine s'éteignit presque sans souffrances, le 29 septembre 1859, munie des sacrements de la religion à laquelle elle était si fortement attachée.

ROUGÉ (de)

ARCHÉOLOGUE, CONSEILLER D'ÉTAT, DE L'ACADÉMIE
DES INSCRIPTIONS.

(1811-1873)

> « N'oublions jamais que la foi agrandit encore la carrière de nos pensées, et qu'elle ouvre à nos contemplations tout le domaine de Dieu. »
> *de Rougé* »

« L'œuvre de M. de Rougé, a dit M. Miller à l'Institut, est considérable et lui a, depuis longtemps, assigné le premier rang parmi les égyptologues européens. Il fut le plus illustre disciple de Champollion, et sous son impulsion, l'Ecole française d'égyptologie a gardé jusqu'ici la place d'honneur qu'elle devait à sa qualité d'initiatrice. »

Ollivier Emmanuel, vicomte *de Rougé*, né à Paris d'une vieille famille bretonne, étudia l'hébreu et l'arabe en faisant son droit. Il se tourna vers l'archéologie égyptienne et les hiéroglyphes, et y travailla huit ans sans rien publier. En 1849, il devint conservateur du musée égyptien à la place du célèbre Champollion. « M. de Rougé, a dit M. Wallon, en se montrant le digne continuateur

(1) Séance du 3 janvier 1873.

de Champollion, était tout désigné pour veiller à son tour sur ce précieux dépôt. »

Quelques années plus tard, il entrait à l'Académie des inscriptions et au conseil d'Etat.

En 1860, on créa pour lui au Collège de France, une chaire nouvelle d'archéologie égyptienne. Depuis 1846, il a commencé d'insérer quelques études savantes dans les *Annales de la philosophie chrétienne* de M. Bonnetti, puis a publié une foule de mémoires et d'ouvrages sur les précieuses découvertes que son érudition et ses travaux l'avaient amené à faire sur les anciens rois d'Egypte ; enfin, il a fait paraître le *Livre des morts* et le *Rituel funéraire des anciens Egytiens*, diverses études sur le calendrier, la chronologie historique et monumentale des Egyptiens.

Chargé d'une mission scientifique en Egypte, en 1864, il rapportait de son exploration un véritable trésor épigraphique, qu'il communiqua avec empressement, et dont il faisait la substance journalière de ses leçons au Collège de France. Il a fouillé les pyramides d'Egypte, et présenté à l'admiration des hommes de science, les précieuses découvertes qu'il y fit et que les savants des âges passés n'avaient pas même soupçonnées.

* * *

Les catholiques surtout se réjouissent des services que ce savant chrétien a rendus à l'histoire sacrée.

« M. de Rougé, a dit M. Wallon dans la notice qu'il a lue à l'Académie des inscriptions, en 1877, laissait après lui plus que de bons livres et de savants travaux, il laissait de grands exemples. Jamais on ne vit un amour plus désintéressé de la science. Né pour une vie de loisir, invité par tout ce qui l'entourait au plaisir du monde, il se donne tout entier à des études dont les difficultés étaient de nature à rebuter des hommes voués au travail par état... Il ne voulait pas deviner, mais savoir ; il ne voulait pas arriver vite, mais sûrement. C'est ce qu'il révéla dès ses débuts, dans sa critique de 'ouvrage *du chevalier Bunsen*.

« Chrétien sincère, il se montrait assez assuré de la vérité du Christianisme, pour ne pas craindre que la science, qui cherche la vérité, pût jamais l'ébranler de ses fondements. Cette histoire de l'Egypte, dont la haute antiquité avait fourni des arguments contre la Bible, il l'aborda sans crainte comme sans parti pris. Il remontait d'un pas ferme la succession des temps, sans rien céder à l'exagération, comme sans rien refuser aux prétentions légitimes, jusqu'à ces pyramides que le général Bonaparte rabaissait de mille ans et plus, peut-être, quand il y prenait quarante siècles à témoin. Il voyait l'histoire de l'Egypte d'accord avec la Bible toutes les fois que ses monuments pouvaient servir de contrôle à l'histoire sacrée.

« Il ne voyait point pourquoi la Bible serait mise en contradiction avec l'histoire de l'Egypte, là où la chronologie sacrée commence à faire défaut. Il avait le droit de sourire des objections faites autrefois aux Livres saints : la loi gravée sur des tables de pierre au Sinaï, le Pentateuque écrit au désert !

« Le Sinaï ! mais la presqu'île du Sinaï contient des inscriptions gravées sur le rocher plusieurs siècles avant Moïse. Le Pentateuque écrit au désert ! Et pourquoi pas ? quand Moïse avait été élevé dans toutes les sciences des Egyptiens; quand il sortait d'Egypte où le papyrus n'était pas rare sans doute, ni le moyen de s'en servir inconnu; quand on a encore aujourd'hui, quand on peut voir aux musées de Paris, de Londres et de Berlin, des manuscrits antérieurs à l'époque où Moïse, selon son témoignage, écrivit le Pentateuque ! Il ne s'émouvait donc pas de ces prétendues difficultés, et travaillait à étendre la science, n'en sentant que mieux comme chrétien, tout le prix des lumières que la foi nous donne sur les questions où la science est forcée de s'arrêter. Il aspirait à la pleine possession de ces lumières dans une autre vie, et je ne puis mieux terminer cette notice d'un savant chrétien, dont le plus haut mérite fut toujours la sincérité, qu'en transcrivant une pensée qu'il consignait en

1863 au milieu de ses travaux et que son fils a recueillie de ses papiers. »

* *

« Les lumières de la science, dit M. de Rougé, rayonnant de toutes parts, pénètrent les intelligences et transforment, pour ainsi dire, l'homme en un être nouveau, et de jour en jour plus complet. Cependant les mystères de la fin et du commencement de toutes choses, toujours inaccessibles à ses investigations, le rappellent invinciblement aux bornes de sa nature et à la dépendance qu'elle lui impose vis-à-vis de son Auteur. *Les plus grands côtés de l'être humain seront toujours obscurs pour notre seule raison.* Si notre raison nous livre de plus en plus le domaine de l'homme, n'oublions jamais que la foi agrandit encore la carrière de nos pensées et qu'elle ouvre à nos contemplations tout le domaine de Dieu. »

Voilà bien la science comprise comme elle doit l'être ; nous remercions M. Wallon d'avoir ainsi rappelé les travaux et les sentiments de M. de Rougé. En société de savants d'un tel poids, nous n'avons pas à rougir et à craindre pour notre foi les objections de ces folliculaires, qui, selon la parole d'un orateur, « parce qu'ils ont aperçu un oiseau bleu sur le lac de Génésareth se croient de taille à peser l'Homme-Dieu » dans les balances de leur demi-science.

ROYER-COLLARD

DOYEN DE LA FACULTÉ DES LETTRES, DÉPUTÉ, DE L'ACADÉMIE FRANÇAISE.

(1763-1845)

> « Soyez chrétien, ce n'est pas assez, soyez catholique. Il n'y a de solide dans le monde que les idées religieuses; ne les abandonnez jamais, ou si vous les abandonnez, rentrez-y. »
> *Royer-Collard*

On lira avec édification les détails contenus dans ces quelques pages sur les dernières années de Royer-Collard, qui exerça une si grande influence parmi ses contemporains, et n'attendit pas l'heure suprême pour recevoir les sacrements, sans ostentation et sans respect humain.

Pierre Paul Royer-*Collard*, dit le P. Huguet, né en 1763 près de Vitry-le-Français, était avocat au parlement de Paris quand éclata la grande Révolution. En 1792 il fut secrétaire de la Commune de Paris, et en 1793 député au conseil des Cinq-Cents, d'où on l'expulsa parce qu'il voulait une révolution sans violence. Il agit secrètement en faveur de la royauté, puis se retira pour se renfermer dans une studieuse retraite. En 1811, il était nommé professeur d'histoire et de philosophie moderne à la Faculté des lettres de Paris dont il devint doyen.

Il siégea à la Chambre des députés de 1815 jusqu'en 1842. Il était entré en 1827 à l'Académie française et mourut en 1845.

Tout le monde, continue son biographe, sait comment M. Royer-Collard a vécu ; on ne sait pas assez comment il a fini. On connaît le métaphysicien et le plubliciste, on ne connaît pas assez le chrétien qui s'endort dans la croyance de ses pères, et qui veut être enterré dans un cimetière de village au milieu des pauvres, au pied même de la croix. Il n'est donc pas sans intérêt d'apprendre qu'un homme dont le nom a fait longtemps autorité, qui a pris une part si grande aux affaires de son temps, qui a eu même le malheur de prêter quelquefois des arguments aux ennemis de l'Eglise, a voulu, plusieurs années avant sa mort, se réconcilier entièrement avec elle et se montrer un ferme croyant.

Voici les pages consacrées à son ami par M. de Barante dans sa *Vie politique de Royer-Collard* :

« Pendant les dernières années de la vie de M. Royer-Collard, d'autres pensées avaient pris une plus grande place dans ses méditations et fermentaient dans son âme. Il avait toujours eu plus que du respect pour la religion où il avait été élevé au milieu des traditions et des exemples d'une famille pieuse et fervente. Il avait voulu que ses filles fussent élevées dans la connaissance la plus profonde et la pratique la plus austère des devoirs religieux. Il était exact aux offices de l'église, mais il semblait que sa religion consistât seulement dans l'accomplissement des devoirs moraux, dans la rectitude de ses intentions, dans l'instinct d'une bonne conscience... De ce moment un travail intérieur se fit dans son âme et le rapprocha de jour en jour davantage d'une obéissance complète aux commandements les plus essentiels de la religion. Ne manquant pas de foi, il ne voulut pas manquer d'obéissance.

« M. Royer-Collard ne parlait de ce qui se passait dans son âme à aucun de ses amis; ce n'était point pour lui un sujet de conversation, mais de méditations intérieures. Il était plus expansif dans ses communications avec le plus ancien compagnon de sa vie, M. Becquey, qui, avec un autre caractère, une autre disposition d'esprit, se sentait aussi disposé à passer les dernières années de sa vie dans le calme et la résignation qui rassurent contre les approches de la mort. »

.*.

« Une lettre qu'il lui écrivait quatre ans avant sa mort, témoigne de ce qui se passait alors dans sa conscience. Il faut savoir que M. Royer-Collard et M. Becquey avaient tous deux choisi pour confesseur le vénérable abbé de Barante, de S^t.-Sulpice.

« Quand j'ai reçu votre lettre, je descendais mon

« escalier pour aller rue Cassette. Vous savez com-
« ment on y est reçu. J'y suis retourné avant hier,
« et dans ce second entretien, tout s'est accompli
« de part et d'autre. J'ai été sincère, je n'ai rien
« retenu, rien déguisé, rien accommodé à ma vani-
« té. Je ne triomphe pas, je n'en ai pas sujet : mais
« j'en éprouve une véritable satisfaction. J'ai fait
« tout ce qui dépend de moi ; je suis rentré dans
« l'ordre, et je suis résolu à n'en plus sortir. »

« Deux mois après, le 29 septembre, M. Royer-Collard écrivait, en réponse à une lettre de M. Becquey : »

« Je comprends bien, mon cher ami, que vous ne
« soyez pas content de vous, car je ne suis pas con-
« tent de moi. Nous avons été trop loin et trop long-
« temps dans la mauvaise voie pour rentrer amou-
« reusement dans la bonne. Toutefois, je prends
« confiance dans la résolution que nous avons
« prise, et dans laquelle nous persisterons de vivre
« dans l'ordre, soumis, repentants, reconnaissants,
« et renvoyant l'irréparable à la miséricorde. »

« En 1844, il fut très malade ; l'année suivante, le mal devint plus grave. Prévoyant sa fin prochaine, il s'y prépara, et voulut mourir sans trouble, sans bruit dans la retraite. Avant de partir pour Châteauvieux, il se confessa une dernière fois. Les habitants du village et les voisins, prévenus de son arrivée, l'attendaient en foule : « Je veux mourir au milieu de vous, » leur dit-il. Puis il demanda à

rester seul avec le curé: « Je viens mourir ici, lui
« disait-il, j'ai pris mes précautions avant de partir,
« mis ma conscience en bon ordre. J'aime mieux
« être enterré dans le cimetière de Châteauvieux que
« dans un cimetière de Paris, où je serais conduit
« avec un convoi pompeux. D'ailleurs, ce n'est pas
« mon affaire de me faire enterrer; mon affaire est
« de bien mourir, et je compte sur vous pour m'y
« aider. » Dès le lendemain, des symptômes alarmants se manifestèrent.

M. Andral monta dans la chambre du malade :
« Monsieur, lui dit M. Royer-Collard, je vais mou-
« rir et je tâche de m'y préparer. Je veux être ad-
« ministré et recevoir le saint Viatique, pendant
« que Dieu me laisse encore la liberté de ma pensée
« et la complète disposition de moi-même. Les
« traditions de ma famille m'ont appris que l'esprit
« de la religion est de ne pas attendre la dernière
« heure, mais de s'y préparer aussitôt que le danger
« se montre. Que la volonté de Dieu s'accomplisse ! »

« Le surlendemain, Royer-Collard reçut les sacrements, son petit-fils, Paul Andral assistait à cette cérémonie. Il accomplit ce dernier devoir avec un grand sentiment de piété, répondant lui-même à toutes les prières, ainsi que son petit-fils, à qui il donna sa bénédiction : « Soyez chrétien, lui dit-il;
« ce n'est pas assez, soyez catholique. Il n'y a de
« solide dans ce monde que les idées religieuses; ne

« les abandonnez jamais, ou si vous en sortez, ren-
« trez-y. »

« Il demanda au curé de réciter les prières des agonisants : « Il ne faut pas, dit-il, attendre trop tard pour méditer ces belles prières. Je veux les repasser sans cesse en moi-même et m'en pénétrer. »

« Cependant les forces déclinaient avec rapidité. Le malade gardait toujours la pleine possession de lui-même... Ses souffrances étaient affreuses; il les supportait avec une patience admirable, sans laisser échapper une plainte. Et comme le curé demandait à Dieu le soulagement de ses douleurs, il lui dit : « Monsieur le curé, priez Dieu de m'accorder la for-
« ce de supporter mes souffrances avec patience. »
Le curé lui demanda de donner une bénédiction à tous les gens de la maison agenouillés : « Ce n'est
« pas à moi de donner une bénédiction; c'est moi
« qui demande la bénédiction de Dieu. »

« Un crucifix qui avait appartenu à sa mère lui fut présenté par le curé qui le posa sur ses lèvres; peu de moments après, la respiration s'éteignit paisiblement : les douleurs et la vie avaient cessé. »

.·.

Nous ne nous chargeons pas, dit le P. Huguet, de justifier toutes les idées politiques de M. Royer-Collard, elles se ressentent de l'époque et du milieu où il a vécu. Malgré cela, ses discours sont remplis de belles pensées, dignes de ce génie grave et élevé.

Un jour, à un médecin qui annonçait des idées matérialistes, il dit : « Prenez garde de n'être qu'un *vétérinaire.* »

Ce mot était juste. Dans la théorie des positivistes, la Faculté de médecine n'est qu'une annexe de l'école vétérinaire d'Alfort.

A propos de la Révoluton de 93 :

« Les crimes de la Révolution n'étaient pas nécessaires. Ils ont été l'obstacle, non le moyen. »

Royer-Collard avait bien compris le caractère de ce XIXe siècle, lorsqu'il disait : « Notre siècle a perdu deux choses : il a perdu dans l'ordre intellectuel l'attention, dans l'ordre moral le respect. »

« Les sociétés humaines naissent, vivent, meurent sur la terre. Mais elles ne contiennent pas l'homme tout entier. Il lui reste la plus noble partie de lui-même, ces hautes facultés par lesquelles il s'élève à Dieu, à une vie future, à des biens inconnus dans un monde invisible. Ce sont les croyances religieuses, grandeur de l'homme, charne de la faiblesse et du malheur, recours inviolable contre les tyrannies d'ici-bas. »

Sur la religion : « La religion *est* en elle-même et par elle-même. Elle est la vérité sur laquelle les lois ne décident point. La religion n'a d'humain que ses ministres, faibles hommes comme nous, sujets aux mêmes passions, organes mortels et corruptibles de la vérité incorruptible et **immortelle.**

« Nous avons traversé des temps criminels ; nous l'avions pas cherché la règle de nos actions dans la loi, mais dans nos consciences. **Nous avons obéi à Dieu plutôt qu'aux hommes.** »

Sur le rôle du gouvernement : « Le gouvernement, au lieu d'exciter l'énergie commune, relègue tristement chacun au fond de sa faiblesse individuelle. Nos pères n'ont pas connu cette profonde humiliation. Ils n'ont pas vu la corruption placée dans le droit public et donnée en spectacle à la jeunesse étonnée comme la leçon de l'âge mûr. »

SACY (Sylvestre de)
LITTÉRATEUR, DE L'ACADÉMIE FRANÇAISE, SÉNATEUR
(1801-1879)

> « Il a fait un pas de plus, ne manifestant qu'un regret, celui de n'avoir pas connu plus tôt la douceur et la force que donne le devoir pleinement accompli. »
> *J. Chantrel*

Samuel Sylvestre *de Sacy*, qu'il ne faut pas confondre avec son père Antoine de Sacy, est mort le

Il était né à Paris. Après de brillantes études à Louis-le-Grand, il se fit un nom comme écrivain avant d'avoir publié aucun ouvrage, dans le journal des *Débats* et fut nommé plus tard administrateur de la bibliothèque Mazarine.

Mêlé à la politique du journal jusqu'au 2 décembre, à dater de cette époque, il se renferma dans la littérature, mais se laissa nommer sénateur en 1865. Il était entré à l'Académie en 1854.

On a de lui des *Variétés littéraires, morales et historiques*, une édition des *Lettres de Mme de Sévigné* et des éditions de l'*Imitation* de Jésus-Christ, et de l'*Introduction à la vie dévote*.

Les préfaces placées en tête de ces ouvrages, dit M. J. Chantrel, montrent en lui un écrivain religieux, mais plus encore un esprit fin et délicat, qui se plaisait surtout à goûter les belles pensées et les sentiments élevés. M. de Sacy est mort en chrétien, ayant reçu toutes les consolations de la religion, pour laquelle il avait toujours été respectueux dans le cours de sa vie d'écrivain. Il a fait, avant de mourir, un pas de plus, ne manifestant qu'un regret : celui de n'avoir pas connu plus tôt la douceur et la force que donne le devoir chrétien pleinement accompli. Il avait reçu dans ses derniers temps la visite de l'Archevêque de Paris.

Nous n'oublierons pas ces belles paroles de M. de Sacy, répondant à M. de Champagny, récipiendaire à l'Académie en 1870.

« Le calcul serait long des vices réformés, des scandales prévenus, des douleurs épargnées aux faibles, des existences même sauvées par ces institutions catholiques dont nous jouissons sans y penser.

« Qui ne sait, pour n'en citer qu'un exemple, le peu de prix que les lois attachaient à un enfant nouveau-né chez les nations païennes les plus policées, et le prix immense que lui donne chez nous le christianisme par l'institution du baptême ? J'en appelle à toutes les mères ! qu'elles nous disent ce qu'elles ressentent de joie sur leur lit de douleur, quand on leur apporte leur enfant baptisé ! Ce n'est plus seulement le doux fardeau qu'elles ont porté pendant neuf mois dans leur sein, c'est quelque chose de sacré, *l'enfant de l'homme est devenu l'enfant de Dieu !...*

« Supprimez, avec le baptême, le temps qu'il donne à la réflexion, le scrupule qu'il oppose aux premières suggestions de l'égoïsme ou de la débauche, et bientôt peut-être on sera aussi barbare à Paris qu'on l'était à Rome et qu'on l'est encore à Pékin... Ne soyons pas trop fiers, rien de plus trompeur que les dehors de la civilisation : Rome n'a jamais été plus civilisée qu'aux jours de sa décadence. Nous avons des poètes, des orateurs : Rome vieillie en regorgeait. Les élégances de la vie ne sont pas plus recherchées à Paris qu'elles ne l'étaient à Rome à la veille de l'invasion des bar-

13

bares. Notre humanité même est un fruit du christianisme qui tomberait avec l'arbre qui le porte. »

Il fallait une foi bien assise pour prononcer de telles paroles en pleine Académie, à la veille de nos malheurs, en 1870.

SAINT-ARNAUD
MINISTRE, MARÉCHAL DE FRANCE.
(1798-1854)

> « Je sens chaque jour davantage les bienfaits de la religion. »
> *De Saint-Arnaud.*

« **Dieu** a pris une grande victime, écrivait, à la date du 11 octobre 1854, Louis Veuillot, le héros de la prodigieuse campagne de Crimée vient de mourir. »

Leroy *de Saint-Arnaud* entra au service dans les gardes-du-corps en 1815. Après une campagne en Grèce comme volontaire, il retourna dans l'armée française, et gagna en Afrique le grade de colonel, puis de maréchal de camp. Nommé général de division en 1851, après deux brillantes expéditions contre les Kabyles, il fut appelé au ministère de la guerre, et signala son administration par plusieurs améliorations dans différents services.

Saint-Arnaud (voir page 218)

Maréchal de France en 1852, il eut en 1854 le commandement de l'armée d'Orient qu'il conduisit en Crimée, et gagna la fameuse bataille de l'Alma. Mais il succomba aux fatigues de la guerre.

De Saint-Arnaud ne fut pas toujours religieux, mais Dieu avait placé près de lui sa fille, un ange de piété, qui parvint, à force de sacrifices et de prières, et aussi de prévenances et de tendresse, à gagner son âme à Dieu.

Le maréchal souffrait de douleurs d'entrailles qui dataient de ses campagnes d'Afrique; ses souffrances l'aigrissaient au lieu de le dompter. La chère enfant ressentait une cruelle douleur de le voir sans la foi et sans mérites. Elle avait tant prié et fait prier pour lui qu'elle espérait toujours sa conversion.

Un jour elle jugea le moment favorable : « Mon père chéri, dit-elle, tu pourrais me rendre heureuse. »

« — Comment cela, ma fille?

« — Je te l'ai déjà dit une fois; tu m'avais presque promis, et tu l'as oublié.

« — Dis, ma Louise, que ne ferais-je pas pour toi?

« — Eh bien! si tu voulais te confesser?

Le maréchal sourit d'abord, puis ajouta : « Mais je n'ai fait rien de mal, je n'ai ni tué ni volé. »

« — Comment, mon père, tu ne fais rien de mal! Et tes colères, et tes emportements, tu jures comme un païen, et bien d'autres choses que tu sais mieux que moi, comptes-tu tout cela pour rien ?

« — Mais, ma fille, tu serais donc bien contente?

« — Non seulement contente, mais heureuse.

« — Eh bien ! si je puis faire ainsi ton bonheur, j'irai demain me confesser, foi de maréchal de France, je te le jure sur mon bâton. »

Le lendemain, en effet, il allait se confesser et il revenait en disant : « Eh bien ! j'ai fait ce que tu m'as demandé, mon petit ange, es-tu contente?

« — Moi, je suis heureuse, bien heureuse. »

Tel est l'empire que la piété unie à la tendresse peuvent exercer sur le cœur d'un vieux guerrier.

Toutefois ce ne fut qu'un peu plus tard que le maréchal finit sa confession et fit ses Pâques à Hyères, dans un moment où sa maladie avait empiré. Il guérit cependant, et rendu aux affaires publiques, il ne négligea plus ses devoirs de chrétien.

*
* *

Nous empruntons à la *Vie du R. P. de Ravignan* les détails suivants qui compléteront l'histoire touchante de la conversion du maréchal de Saint-Arnaud.

« Le P. de Ravignan revenait de Rome chargé d'un riche présent pour un guerrier, qui l'année suivante devait aller mourir sur le sol ennemi, le lendemain d'une victoire. C'était un précieux camée envoyé par le Souverain Pontife au maréchal de Saint-Arnaud. Depuis quelques mois déjà, des rapports intimes s'étaient établis entre le jésuite et le futur général de l'armée d'Orient.

« Nature chevaleresque, longtemps aventureuse et emportée, le maréchal avait couru à travers mille hasards, après des rêves ambitieux de fortune ; et quand il eut atteint son idéal de gloire, son cœur ne fut pas rempli, et il s'aperçut que toutes les grandeurs d'ici-bas n'étaient qu'une chimère. Ministre de la guerre, accablé d'affaires et de soucis, dévoré intérieurement par une maladie pleine de douleurs et d'angoisses, il se tourna un jour vers Celui qui promet une vie meilleure et qui a dit : « *Venez à moi, vous tous qui travaillez et qui êtes chargés, et je vous soulagerai.* »

« Le maréchal était l'homme du monde le moins capable ou de montrer du christianisme par hypocrisie, ou de cacher sa foi par un respect humain. *Il croyait tout haut.* Quand le P. de Ravignan allait dans son cabinet de ministre, et quand celui ci venait dans la cellule du religieux, c'était à ciel ouvert, et je puis le dire, le noble guerrier se confessait devant toute l'armée et devant toute la cour.

« On le sait, d'ailleurs, toutes les natures sont faites pour la religion et ne sont achevées que par elle. Avec ce divin correctif, l'homme devient complet; il est toujours lui-même sans doute, mais il est meilleur. Le religieux aima dans cette âme enfin subjuguée une probité rare, une franchise un peu brusque, une indomptable énergie.

« Une correspondance fréquente commencée au ministère de la guerre et terminée au quartier général, sous les murs de Sébastopol, a laissé transpirer quelque chose des communications intimes entre le confesseur et l'illustre pénitent.

« ... Je trouve une série de billets datés des grandes époques chrétiennes de l'armée Ici je lis : « C'est demain Noël, et les lourdes affaires de ce monde ne me font pas oublier mes devoirs envers Dieu. » Ailleurs : « Malgré tout mon désir de vous voir, je n'ai pas voulu aller troubler vos méditations. Mais je veux vous rappeler que vous avez bien voulu me permettre de m'entendre dimanche, jour de la Pentecôte. »

Le maréchal arrivait à la minute, se confessait dans la chambre du P. de Ravignan et se rendait à la chapelle de la maison où il entendait la messe et communiait.

Voici un de ses épanchements de cœur : « Ma résolution n'a pas faibli. Je sens chaque jour davantage les bienfaits de la religion; mon âme s'élève vers Dieu pour le remercier de la grâce infinie qu'il m'a faite. Mais dans ce torrent où je vis, au milieu des affaires, des exigences du monde, je n'ai pas assez de temps à donner à la méditation et aux lectures sérieuses. J'aurai bien besoin, mon Père, de votre indulgence et de la miséricorde de Dieu. »

Durant les préparatifs de la guerre d'Orient, il avait répondu au père jésuite qui s'inquiétait de l'organisation du service religieux dans l'armée expéditionnaire : « Comment avez-vous pu penser un instant que je négligerais d'entourer les braves soldats de l'armée d'Orient de tous les soins et de toutes les consolations de la religion? Je m'efforce de moraliser nos soldats, de faire pénétrer dans leurs cœurs les bons sentiments. Des soldats religieux seraient les premiers soldats du monde. »

*
* *

Enfin l'heure de la guerre a sonné : le maréchal saura bien trouver le temps de penser à Dieu et d'écrire à son guide dans les voies du ciel.

Il lui disait dans une lettre datée du 5 avril 1854 :

« Je pars lundi, et je ne veux pas quitter Paris et la France sans jouir encore une fois de vos conseils, sans vous demander vos prières. J'ai bien besoin que vous m'aidiez près de Dieu pour obtenir son aide dans la grande entreprise dont il a permis que je sois chargé et que lui seul peut mener à bien. Sans l'aide de Dieu on ne fait rien, et je mets ma **confiance dans sa miséricorde et dans la protection** qu'il accorde à la France. Je compte, avant mon départ, vous demander une heure et remplir mes devoirs de chrétien. »

Le 20 juin, il écrit de Constantinople : « Du 10 au 15, je marcherai sur les Russes. Priez Dieu, mon Père, qu'il soit favorable à nos armes. Je mets ma foi en lui et j'invoque son appui sans lequel il n'y a rien de possible. Il m'a déjà donné une grande preuve de sa bonté en me rendant la santé ; aujourd'hui, il faut qu'il protège la France, et je le prie chaque jour pour cela. Adieu, je me recommande à vos prières. »

« ... Le maréchal, recélant déjà dans son sein de poignantes et mortelles douleurs, marchait sur les Russes, les culbutait et le lendemain il passait du champ de bataille sur son lit pour mourir en chrétien (1). Et n'avait-il pas assez vécu ? La religion et la gloire l'assistèrent à l'heure suprême. La mer Noire, témoin naguère d'un tout autre appareil, vit un vaisseau rapporter la dépouille du vainqueur de l'Alma et la patrie se mit à préparer un triomphe funèbre. »

Et Louis Veuillot ajoutait dans l'*Univers* : C'est assez pour la gloire humaine... mais son âme était plus grande et ses désirs plus hauts, et en le retirant pour quelques heures des soucis du commandement

(1) Saint-Arnauld était déjà malade du choléra le jour de la bataille ; ce qui ne l'empêcha pas de rester douze heures à cheval.

et du bruit des armes, la Providence lui a donné ce que sans doute il lui demandait : le temps d'humilier son cœur. Ce grand général était un humble et fervent chrétien.

« Que pourrions-nous ajouter qui fût digne de nos respects, de notre amiration, de nos regrets, de nos espérances? Il n'est plus, mais il a servi son pays et honoré son Dieu ; ses œuvres lui ouvrent la porte de l'histoire, et sa foi celle de l'éternité. »

SAINT-MARC GIRARDIN
DÉPUTÉ, CONSEILLER D'ÉTAT, MINISTRE, DE L'ACADÉMIE FRANÇAISE.
(1801-1873)

> « Quoique vous fassiez, vous disiez, rapportez tout à Dieu... Faites de cette grande foi le fond et comme le sol de toutes vos œuvres. C'est Dieu seul qui donne au génie ces profondes lumières du vrai qui nous éblouissent. »
> *Victor Hugo.*
> A *l'Académie, réponse à M. Saint-Marc Girardin.*

M. *Saint-Marc Girardin* avait compris depuis longtemps cette parole que Victor Hugo lui adressait au jour de son entrée à l'Académie française. Aussi est-il mort comme il avait vécu une grande partie de sa vie, en vrai chrétien.

13.

Né à Paris, il avait eu des succès dans ses classes. Il brilla également dans les concours académiques, et fut élu à l'Académie française en 1844, à la place de M. Campenon. M. Saint-Marc Girardin s'est livré souvent à la politique, mais pas au point de cesser d'être professeur. Par la sûreté de son goût, par beaucoup d'esprit, piquant et facile, par de malignes allusions, et aussi par un fréquent appel aux idées morales, il retint pendant plus de vingt-cinq ans, à ses cours de la Sorbonne, un auditoire considérable, et exerça sur la jeunesse des écoles une grande autorité.

Admirateur passionné de Bossuet, pour l'éloge duquel, il reçut un prix de l'Académie, dès 1827, il avait attaqué, dans ses cours, la littérature dont Victor Hugo était le représentant. Aussi lorsqu'il fut reçu à l'Académie, le poète, directeur de cette assemblée pour l'année 1845, et qui devait répondre au discours du récipiendaire, eut une occasion solennelle de faire de la clémence et de la grandeur d'âme. L'a-t-il mise à profit? c'est ce que nous ne saurions dire, mais il a fait la leçon au nouveau membre et parlé de beaucoup de choses qu'on pouvait prendre pour des gracieusetés ou pour de l'ironie. Mais nous devons signaler la noble péroraison et la religieuse pensée qui la termine, qui répondait si bien aux sentiments de M. Saint-Marc Girardin. Aux hommes d'étude, à tous ceux qui travaillent aux œuvres de l'intelligence, l'orateur rappelait que la chaîne de leurs idées doit se rattacher aux cieux.

« Quoi que vous fassiez, quoi que vous disiez, disait Victor Hugo, rapportez tout à Dieu ; que dans vos compositions, tout commence à lui. . Faites de cette grande foi le fonds et comme le sol de toutes vos œuvres. Qu'on les sente marcher fermement sur ce terrain solide. C'est Dieu, Dieu seul, qui donne au génie ces profondes lueurs du vrai qui nous éblouissent. Sachez-le bien, penseurs ! Depuis quatre mille ans qu'elle rêve, la sagesse humaine n'a rien trouvé hors de lui. Parce que dans le sombre et inextricable dédale des philosophies inventées par l'homme, vous voyez rayonner çà et là quelques vérités éternelles, gardez-vous d'en conclure qu'elles ont même origine, et que ces vérités sont nées de ces philosophies. Ce serait l'erreur des gens qui apercevraient les étoiles à travers les arbres, et qui s'imagineraient que ce sont les fleurs de ces noirs rameaux. »

Depuis l'époque où ces belles paroles furent prononcées les événements ont marché, et si l'orateur qui les prononçait a semblé les renier, celui auquel elles furent adressées y resta fidèle, il fut toujours spiritualiste, et, longtemps avant sa mort, chrétien pratiquant.

Député et conseiller d'Etat sous Louis-Philippe, il fut un instant ministre de l'instruction publique en 1848. Elu député dans la Haute-Vienne en 1871, quand il mourut le vendredi-saint 1873, après quelques heures seulement de maladie. — M. Saint-Marc Girardin fut président du centre droit.

.•.

Le docte professeur ne dédaignait pas l'étude de s Pères de l'Eglise, et il se plaisait à les citer dans ses leçons et ses livres.

Voici un passage, où après avoir rapporté celui des Proverbes qui vante la prévoyance de la fourmi, Saint-Marc Girardin montre quel fruit on peut tirer de la lecture des écrits de Salomon : « Ne croyez pas, écrit-il, que les docteurs chrétiens, surtout les Pères de l'Eglise, n'aient expliqué la prévoyance que Salomon loue dans la fourmi, que par le soin d'amasser des richesses matérielles pour nos vieux jours. C'est la richesse morale qu'il faut acquérir quand on est jeune, pour en jouir quand on est vieux. Enrichissez votre âme, afin qu'elle ait de quoi se soutenir dans les mauvais jours.

« Voyez, dit St Augustin, la fourmi de Dieu : elle se lève tous les jours de grand matin, court à l'église, prie, entend la lecture de la parole sainte, chante les hymnes, repasse dans son esprit ce qu'elle a recueilli dans l'aire... Vient l'épreuve de la tribulation, l'hiver de la vie, l'orage de la crainte, le froid de la tristesse, la perte des biens, le risque de la vie, la mort des siens, la disgrâce et l'humiliation... Alors les hommes regardent cette âme fidèle avec une grande compassion. Quel malheur, disent-ils, le moyen de vivre après cela? Comment cette personne n'est-elle point accablée par tant de maux?

— Ils ne savent pas les provisions qu'a faites la fourmi et qui la nourrissent à ce moment; ils ne voient pas quels grains précieux elle a amassés, et comment renfermée dans son abri, loin de tous les yeux, elle se soutient pendant l'hiver à l'aide des travaux de l'été. »

« Voilà, continue l'académicien, comment St-Augustin explique l'éloge que Salomon fait de la prévoyance de la fourmi, prévoyance d'autant plus louable quelle s'applique à des biens plus élevés et plus solides que ceux que recherchent ordinairement les hommes; biens qu'on ne possède et dont on ne jouit dans la vieillesse qu'à la condition de les avoir acquis dans la jeunesse.

« Ne nous y trompons pas, en effet, notre jeunesse fait et prépare notre vieillesse, et même notre vie éternelle, et nous ne retrouvons dans nos greniers que ce que nous avons semé et cultivé dans nos champs pendant le printemps (1). »

(1) Saint-Marc-Girardin, *La Fontaine et les fabulistes*, t. I.

SAINT-RENÉ TAILLANDIER

PROFESSEUR A LA FACULTÉ DES LETTRES DE PARIS,
DE L'ACADÉMIE FRANÇAISE.

(1817-1879)

> « Il adorait le Dieu qu'ont adoré Champollion, Cuvier, Chateaubriand et tant d'autres esprits supérieurs qui sont la gloire même de l'humanité. »
> *Maxime du Camp*
> A *l'Académie.*

M. *Saint-René Taillandier*, membre de l'Académie française est mort subitement le 23 mars, 1879.

Né à Paris, où il commença ses étndes, il les termina en Allemagne et fut nommé professeur de littérature à Strasbourg, puis à Montpellier et enfin à Paris.

Nous emprunterons la plume de M. Maxime du Camp, son successeur à l'Académie, qui a fait son éloge et n'a pas dissimulé ses sentiments religieux ni ceux de son prédécesseur.

« Il faut laisser trace de son passage et remplir sa mission, » a dit Joubert, une des intelligences les plus exquises de notre temps. Il semblerait que M. Saint-René Taillandier ait pris cette parole pour devise, car nul autant que lui n'a laissé une meilleure trace de son passage, nul n'a rempli sa mission avec un plus parfait dévouement. Il est un exemple accompli de la probité professionnelle ; il a aimé les lettres ; pour elles et par elles il a vécu, dédaignant les choses extérieures, et depuis son adolescence jusqu'à l'heure trop tôt sonnée de sa mort, s'enfermant dans le culte exclusif des grands intérêts intellectuels qui sont la gloire de l'esprit humain. Il fut un lettré, un lettré assidu, ne se croyant jamais parvenu au terme de sa tâche, se plaisant à rechercher les matériaux des labeurs futurs, et voulant que nulle journée ne fût perdue pour l'accroissement de ses connaissances.

« Ce fut là entre tous, son caractère distinctif et son originalité : il a travaillé sans trêve.

« ... Edgar Quinet lui dit un jour : « Nous avons conquis le champ de la science du bien et du mal, il faut choisir ! » M. Taillandier n'eut point à hésiter : il choisit le champ du bien, et jusqu'à l'heure suprême il le cultiva. »

« M. Saint-René Taillandier, sous le titre modeste : *Le Roi Léopold et la Reine Victoria*, fit un maître-livre, qui est en réalité le récit de cinquante années de l'histoire contemporaine.

« Ce fut son dernier livre ; on dirait qu'avant de s'envoler vers les régions supérieures, son âme ait voulu laisser entrevoir tout ce qu'elle contenait de respect pour la justice et d'amour pour la vérité. Jamais son impartialité ne fut plus haute, sa sérénité plus parfaite que dans cet ouvrage qui restera la pierre fondamentale de sa réputation. C'est le reflet d'une haute intelligence pour laquelle le culte du bien est la loi suprême. N'aurait-il écrit que ce livre, M. Taillandier mérite d'être compté au nombre des historiens moralistes dont la trace ne sera point effacée... Comme un sage, comme un savant, il vit dans la retraite et s'y plaît enouré d'une irréprochable famille ; on dirait qu'il s'est inspiré du mot de saint François de Sales : « Le bruit ne fait pas de bien, le bien ne fait pas de bruit. »

.

« La mort le saisit à l'improviste, matériellement du moins, car moralement, il était toujours prêt à paraître devant le Père qui est aux cieux. Comme ceux dont la vie n'a été qu'un constant labeur, qui ont souvent traversé la mort dans l'histoire, *il croyait*.

« Lorsque, par l'étude, on a touché le résidu même des événements, lorsque l'on a compris la faiblesse des choses humaines, le néant de nos efforts et la déception de nos espérances, c'est un impérieux besoin de regarder au-delà, de s'appuyer sur une force rémunératrice, d'avoir foi dans les destinées de l'âme immortelle, et de penser avec l'Ecclésiaste, que si la poudre retourne à la poudre, l'esprit retourne à Dieu qui l'a donné.

« Cette croyance était fervente dans le cœur de

M. Taillandier ; il adorait le Dieu qu'ont adoré Champollion, Cuvier, Chateaubriand et tant d'esprits supérieurs, — *d'esprits forts* — qui « sont la gloire même de l'humanité. »

Après cette profession de foi de l'éminent académicien, voici quelques détails édifiants sur le héros de cette notice.

M. Saint-René Taillandier rentrant chez lui à 6 heures du soir n'eut que le temps de se mettre au pit, où il s'affaissa et ne reprit plus connaissance. Tous ses enfants se trouvaient réunis autour de lui, ainsi que son frère, curé de Saint-Augustin qui a pu lui donner l'absolution.

Heureusement le défunt était préparé à ce terrible moment, Chaque dimanche, il assistait à la messe de onze heures à Saint-Germain-des-Prés. Il pratiquait ses croyances sans faiblesse, comme sans ostentation.

Peu de jours avant sa mort, il avait mis avec empressement un local, dans sa maison, à la disposition des sœurs chassées par le conseil municipal.

Ce dernier trait de sa vie honore autant sa mémoire que les excellents travaux auxquels il a dû sa chaire en Sorbonne, son fauteuil à l'Académie, et l'une des réputations littéraires les plus pures, sinon les plus bruyantes de notre époque.

SAINTE-CLAIRE DEVILLE

GÉOLOGUE, MEMBRE DE L'INSTITUT.

(1814-1876).

> « La science en lui ne se séparait pas de la religion. »
> J. Chantrel.

Charles *Sainte-Claire Deville* appartenait à une famille de savants distingués chez lesquels la science est alliée à la pratique de la religion et l'étude à l'exercice de la charité.

Né à Saint-Thomas-des-Antilles, il suivit à Paris les cours de l'Ecole des mines, et s'occupa de chimie, de géologie et de météorologie. Il a fait de nombreux voyages dans l'intérêt de la science aux Antilles, au Cap-Vert, à la Guadeloupe, au Vésuve, où il assista à l'éruption de 1855, à l'Etna, qu'il visita dix fois, et enfin récemment dans l'Afrique australe, d'où il rapporta le germe de la maladie qui l'a enlevé. Il suppléa Élie de Beaumont dans sa chaire de géologie dont il devint depuis titulaire. Il avait été reçu en 1859 à l'Académie des sciences où il remplaça Dufresnay. C'est à lui que revient l'honneur de la création de l'Observatoire de Montsouris. Il a laissé des travaux inédits sur ses voyages géologiques et les phénomènes de météorologie et de physique terrestre étudiés aux Antilles.

« La science, en lui, a dit M. Chantrel, ne se séparait pas de la religion, et la religion lui inspirait pour les pauvres une charité pleine de zèle; il était administrateur de plusieurs établissements de bienfaisance et membre de plusieurs sociétés protectrices de l'enfance et de l'enseignement, qu'il ne comprenait pas comme nos maitres d'aujourd'hui. »

Il laisse un fils dans l'armée et une fille qui est sœur de charité. Son frère, M. Henri Sainte-Claire Deville, comme lui membre de l'Académie des sciences, surtout connu par ses travaux de chimiste, et par le procédé d'extraction de l'aluminium qu'il a inventé. Lui aussi est un de ces vrais savants dont la science reçoit une nouvelle force et un nouvel éclat de la foi catholique qu'ils ont la gloire de professer.

SAISSET
DÉPUTÉ, AMIRAL.
(1810-1879)

> « Des soldats religieux seraient les meilleurs soldats du monde. »
> Maréchal *de S. Arnaud*.

Au mois de mai 1879, la France perdait encore l'un de ses plus dévoués serviteurs, et la marine un de ses officiers supérieurs les plus distingués.

Né le 13 janvier 1810, Jean Théodore *Saisset* était entré à l'âge de quinze ans à l'École navale; à la suite d'une carrière bien remplie, il avait été nommé, en 1863, contre-amiral. Au mois d'août 1870, le contre-amiral Saisset fut appelé au commandement supérieur des bataillons de matelots formés dans les cinq ports maritimes de France, et vint à Paris, où le 15 Septembre, il commanda le fort de Rosny et ceux du groupe de l'Est.

Sa bravoure proverbiale fut remarquée lors de l'occupation du plateau d'Avron, qui lui valut le grade de vice-amiral. En 1871, il fut élu député de la Seine.

Le 20 mars, l'amiral Saisset fut nommé commandant en chef des gardes nationales de la Seine; mais bientôt débordé, il dut se retirer à Versailles où siégait alors le gouvernement régulier.

Bien qu'il ne fît pas parade de sa foi religieuse, l'amiral la conservait dans son cœur. Aussi voulut-il que son cher Edgard fût élevé pieusement par les Jésuites, dont il savait du reste apprécier l'enseignement si dévoué. La mort de ce jeune homme, officier du plus brillant avenir, tué à Montrouge le 17 Janvier 1871, lui causa une douleur cruelle, que rien n'a pu adoucir et a été le germe de la maladie qui l'a conduit au tombeau. Pendant sa dernière maladie, ses sentiments religieux se son manifestés d'une manière édifiante et il a reçu avec **la foi la plus vive les sacrements de l'Eglise.**

SALIGNAC-FÉNELON (de)
GÉNÉRAL DE DIVISION.
(1808-1879)

> « Mort comme un saint. »
> *L'archevêque de Toulouse.*

Le commandant du dix-septième corps d'armée à Toulouse, le général de *Salignac-Fénelon* a été enlevé à la patrie et à la religion en 1879. C'était un ardent soutien pour les œuvres catholiques.

Le général aimait les œuvres ouvrières, car il comprenait que c'est un des moyens de régénérer la société actuelle ; il les encourageait dans les diverses villes où il a commandé.

Ce descendant d'une famille illustrée par le Cygne de Cambrai ne pouvait se laisser séduire par l'incrédulité ou l'indifférence moderne. Tout le monde connaissait ses sentiments religieux. Il les manifestait surtout chaque année en faisant dresser un reposoir splendide dans la cour d'honneur de son palais, pour les processions du Saint Sacrement, et les habitués de la messe de huit heures n'oublieront jamais l'édification qu'il donnait tous les dimanches suivant pieusement l'office, un petit livre à la main : « Ce livre, je l'ai depuis quarante ans, disait un jour le général à l'aumônier, je l'ai fait relier plusieurs fois. C'est une *Imitation de Jésus-Christ* qui appartenait à ma mère. »

Il avait parfois à rédiger, dit le même aumônier, des proclamations ou ordres généraux, ou à prononcer des allocutions. Il le faisait avec une distinction rare ; presque toujours il savait y faire intervenir une idée élevée, et le plus souvent Celui qui est la source de toute autorité.

En vrai chrétien, à l'assistance à la messe du dimanche, le brave général joignait la pratique de la prière de chaque jour. Il la faisait avec une régularité et dans une tenue toute militaire.

Une fois, il l'omit par oubli, et s'en apercevant lorsqu'il était déjà au lit, il sonne son ordonnance :

« Apporte-moi mon uniforme, dit-il, j'ai oublié ma prière. »

Et se mettant à genoux, il commença : *Notre Père, qui êtes aux cieux.*

Telle était sa foi, tel était son respect pour la Majesté divine, qu'il ne voulait point parler à Dieu autrement que dans la tenue complète qu'un soldat porte vis-à-vis de ses chefs. Il faisait sa prière comme on accomplit un service d'honneur.

Cette fidélité au devoir religieux soutenait son exactitude aux devoirs militaires, et préparait dans les épreuves de sa vie, le courage en face de la mort, l'espérance de l'éternité : « Bientôt nous nous reverrons, » disait quelques semaines avant sa mort le regretté général sur la tombe de son aide de camp, le général Baudouin.

Il se sentait en réalité atteint d'une maladie mortelle, mais il ne voulait pas avoir l'air de déserter au jour de la crise; et tenait à assister au comité de classement dans un sentiment de justice, afin que ses officiers ne fussent point oubliés. Ce devoir lui faisait négliger sa santé déjà si mauvaise.

.·.

Cette âme si droite, si loyale, si dévouée à son pays, à sa famille et à son Dieu allait recevoir bientôt sa récompense.

Dans la soirée du 15 décembre, le mal se déclara avec violence. La nuit fut terrible, et dès le matin, le malade sentant ses forces défaillir exigea de son médecin la vérité sur son état.

« — Général, dit avec hésitation le docteur, vous avez du courage?

« — Oui, je n'ai pas peur.

« — Eh bien! tout est fini pour vous.

« — Mourrai-je aujourd'hui?

« — Oui, général.

« — Bientôt?

« — Peut-être ce soir. Je vous avais défendu de sortir samedi.

« — C'était mon devoir, je le devais.

— Alors vous mourez martyr de votre devoir. »

Aussitôt, le général demanda l'archiprêtre de Saint-Etienne, se confessa et communia, fit le sacrifice de sa vie à Dieu et demanda l'Extrême-Onction. Alors commença entre la mort et lui cette lutte si belle pour le chrétien qui possède son Dieu dans son cœur.

Rien ne saurait rendre le calme, la patience, l'oubli de soi-même de ce vaillant soldat, dont le regret était de ne pas mourir sur le champ de bataille. Croisant les mains au milieu de souffrances atroces, il s'écria : « Mon Dieu, sauvez la France; pauvre Alsace, pauvre Lorraine. Mon Dieu, pardonnez-moi mes péchés ! »

A sa femme qui voulait lui faire espérer que les prières dites de tous côtés pour lui obtiendraient sa guérison : « Non, non, j'ai fait mon sacrifice. » Se tournant ensuite vers son aide de camp, il le remercia avec émotion de ses bons services d'ami.

Mgr l'archevêque vint bénir ce grand chrétien qui s'en allait au ciel. Dieu vint au secours du regretté malade, il rendit le dernier soupir fortifié par l'indulgence plénière et portant à son cou les médailles du Sacré-Cœur et de la sainte Vierge qui ne le quittaient jamais.

A ses obsèques, après avoir retracé l'illustration des ancêtres de la famille des Salignac-Fénelon, Mgr l'archevêque de Toulouse ajouta :

« En faisant apparaître ici les grandes figures des ancêtres, c'est notre général que nous entendons louer. Averti que les descendants des hommes illustres et vertueux ont contracté envers la patrie et envers eux-mêmes des obligations plus sacrées, il s'est appliqué à les remplir. Il a donc imprimé à sa vie comme un cachet de famille, car il n'a pas eu à sortir de sa maison pour apprendre le métier plus rude quelquefois de solide chrétien... Ce nom est également cher à la religion et à la patrie, car il résume leurs gloires les plus pures.... Il est mort comme un saint après avoir reçu tous les sacrements. » (1)

SCHELLING (Dr)

PHILOSOPHE, PROFESSEUR A L'UNIVERSITÉ DE BERLIN.

(1775-1854)

> « La raison laissée à elle-même ne peut que s'égarer, et pour être bon philosophe, il faut être bon chrétien. »
> Dr *Schelling.*

Frédéric Guillaume *Schelling*, d'abord professeur

(1) Ceci nous rappelle qu'un membre de sa famille, son fils peut-être faisant la composition écrite pour le baccalauréat avait placé sur son bureau une statuette de Notre-Seigneur et une de la sainte Vierge, la plupart des camarades riaient et se moquaient. Mais les rires ne furent pas de longue durée. A l'examen, le pieux jeune homme fut reçu avec *mention honorable*, et la plupart des moqueurs restèrent sur le carreau.

de philosophie à l'Université d'Iéna, ensuite professeur à celle de Berlin, mourut en Suisse le 20 août 1854.

Il fut l'un des penseurs tristement célèbres, un des chefs principaux de la lutte engagée de nos jours contre Jésus-Christ et sa doctrine. Il a épuisé son génie sur ces redoutables problèmes, qui se posent sans cesse devant l'esprit le plus sceptique : *qui suis-je, où vais je, qu'ai je à faire en ce monde?* Il vient de déclarer à la face de l'univers que de tant de labeurs et de veilles, il n'a recueilli que le néant. La *Gazette officielle de Vienne*, dans le courant d'octobre 1854, nous apporta le testament officiel de ce grand penseur.

Dans cet acte mémorable, Schelling affirme que quarante années d'expérience lui ont prouvé, jusqu'à l'évidence, que la raison livrée à elle-même et sans aucun secours de la révélation ne peut que s'égarer et que *pour être bon philosophe, il faut être bon chrétien.*

Ainsi l'illustre professeur de Berlin déchire de ses propres mains, les écrits où il avait accumulé tant de grossières et pernicieuses erreurs, et prononce lui-même la condamnation de cet enseignement qui jeta tant d'éclat à Iéna d'abord, puis dans la capitale de la Prusse. Mais en même temps, l'arrêt qu'il porte, enveloppe toute philosophie rationaliste, qui est aux yeux de Schelling une philosophie mesquine, fausse, impuissante, flottante, toujours incertaine, et conduisant, de négation en négation, jusqu'à l'abime sans fond du scepticisme ; comme au contraire, il rend hommage à la philosophie qui reste unie au christianisme, qui proclame la nécessité d'une alliance indissoluble entre la raison et la foi.

Elle seule, de son aveu, est *une philosophie féconde,* puissante, digne, en un mot, du beau nom dont on l'a décorée.

Grande leçon pour la jeunesse trop confiante dans la parole de certains esprits-forts, qui jetant le mépris et l'outrage à la religion, à ses dogmes et à sa morale, substituent aux sublimes vérités de l'Evangile les rêves creux de leur imagination !

Sur la tombe entr'ouverte de Schelling, elle apprendra quelle est la valeur réelle de tous ces systèmes éphémères qui ont la folle prétention de se mettre à la place du christianisme. « *Que la raison laissée à elle-même, ne peut que s'égarer, et que pour être bon philosophe, il faut être bon chrétien.* » Elle ne tardera pas, si elle est animée du désir sincère de trouver le vrai, à prendre en pitié tous ces vains systèmes, qu'une raison élève un jour et qu'une autre renverse le lendemain. Elle avouera sans peine que l'esprit humain, lorsqu'il se soustrait volontairement aux lumières salutaires et indispensables de la foi, tourne sans cesse à tout vent de doctrines, sans pouvoir se fixer irrévocablement à aucune.

SECCHI

ASTRONOME, DIRECTEUR DE L'OBSERVATOIRE DU COLLÈGE ROMAIN.

(1318-1878)

> « *Deus scientiarum Dominus est.* »
> Le Seigneur est le Dieu dés sciences.
> *Sa Devise.*

Une perte qui a été profondément sentie par le monde savant frappait, en 1878, la célèbre compagnie de Jésus : le très-docte P. Secchi succombait à une longue maladie, où ses grandes vertus ont brillé dans tout l'éclat d'une héroïque résignation. Sa mort a été l'écho de sa vie et il a justifié cette parole dont il avait fait sa devise: *Deus scientiarum Dominus est*. Les voix de la presse quotidienne ont alors payé un tribut d'éloges à la mémoire du savant directeur de l'Observatoire du Collège romain : la mort a frappé en quelque sorte la science elle-même, qui se voit ravir un de ses ouvriers les plus féconds, dans la plénitude de son activité intellectuelle.

Ange *Secchi* naquit à Reggio, en Toscane, le 29 Juin 1818. « Après les années consacrées à sa formation religieuse, littéraire et scientifique, dit le P. Pépin, un de ses disciples, il fut adjoint comme astronome au P. de Vico, directeur de l'Observatoire romain et lui succéda en 1851. Les savants Mémoires et les bulletins de cet observatoire ne tardèrent pas à fixer l'attention du monde savant sur le nouveau directeur. Les Académies les plus célèbres s'empressèrent de lui ouvrir leurs portes. En 1855, il était membre correspondant de l'Académie des sciences de Paris, de la société royale et astronomique de Londres, de l'Académie des sciences de Turin, de celles de Naples, de Bologne etc...

Les travaux du P. Secchi furent d'abord renfermés dans les limites de son enseignement astronomique au Collège romain, et des observations astronomiques et météorologiques dont il était chargé. Comme écho de son enseignement, nous trouvons un tableau physique du système solaire, des *Principes d'astronomie*, à l'usage des élèves du Collège romain. En 1857, il imagina son ingénieux baromètre à balance, le premier élément du météorographe, qui devait dix ans plus tard, rendre son nom si populaire à l'Exposition universelle.

Le génie du P. Secchi n'était pas tellement renfermé dans les limites de l'astronomie et de la météorologie qu'il ne fît souvent des excursions sur le domaine des autres sciences. Son ouvrage de l'*Unité des forces physiques* montre avec quelle attention il avait suivi le développement de la thermodynamie.

14.

Ce qui a été pour le P. Secchi une source de découvertes relativement à la constitution des corps célestes, c'est la rare habileté avec laquelle il maniait le spectroscope et en interprétait les indications souvent obscures. De nombreux Mémoires sur les comètes, sur les étoiles, sur les protubérances et les taches solaires ont été le fruit de ces observations délicates. Les études du P. Secchi sur les étoiles ont été réunies dans un ouvrage peu de mois avant sa mort.

Mais de tous les corps célestes, celui qui a été le plus particulièrement observé et étudié par notre savant astronome, c'est le Soleil, *ce grand ministre de la nature*, ainsi qu'il l'appelle après Dante. La première édition de son ouvrage a été publiée en français en 1870 par M. Gauthier-Villars, qui en a donné une seconde édition, enrichie de nombreuses découvertes, accomplies par l'analyse spectrale durant huit années d'observations assidues.

Nous n'entrerons pas dans l'énumération de ses autres travaux; publiés dans les recueils des diverses académies dont il était membre.

.*.

Ceux qui ont eu l'honneur de suivre ses leçons d'astronomie au Collège romain attestent que le P. Secchi édifiait par sa modestie autant qu'il étonnait par sa haute science. Il disait souvent que plus on s'élève dans la contemplation des merveilles de la nature, plus aussi on se rapproche de leur Auteur. Il ne pouvait concevoir l'abject matérialisme des demi-savants, et bien des fois il l'a écrasé dans ses ouvrages et ses dissertations académiques par d'invincibles arguments. Bref, il a été la preuve vivante de l'harmonie qui doit régner entre la vraie science et la piété chrétienne.

Dès les premières atteintes du mal qui l'a emporté, le savant astronome avait demandé et reçu les secours de la religion et la bénédiction du Pontife qui l'honorait de son amitié, la dernière que Pie IX donna à l'illustre religieux qu'il avait tant aimé.

D'autres parleront plus longuement des éminents mérites du P. Secchi, il nous suffit pour la gloire de l'Eglise d'avoir indiqué ses principaux travaux et ses belles vertus, et d'avoir rappelé en quelques lignes ce qu'il fut dans le monde de la science et dans celui de la foi.

« Que de beaux travaux, ajoute le P. Pépin, sont ensevelis dans la tombe qui vient de se fermer ! Ne murmurons pas. Dieu a voulu récompenser la piété du religieux et les labeurs du savant, en lui manifestant des splendeurs incomparablement plus belles que les splendeurs des cieux (1). »

(1) *Etudes religieuses*. 1878.

SILVIO PELLICO
LITTÉRATEUR, POÈTE
(1789-1854)

> « Le christianisme, au lieu de détruire en moi ce que la philosophie pouvait y avoir mis de bon, le confirmait et le fortifiait par des raisons plus hautes et plus puissantes. »
> *Silvio Pellico.*

Silvio Pellico, écrivain distingué, né à Saluce en Piémont, dans cette condition qui n'est ni la pauvreté, ni la richesse, fut poète pour ainsi dire au sortir du berceau : *nascuntur poetæ*. Aussi dès l'âge de dix ans, il avait composé une tragédie. La *Francesca di Rimini* fut accueillie avec enthousiasme, et le rendit célèbre de bonne heure dans le monde des lettres.

Il se mit à la tête d'un journal destiné à répandre les idées libérales, dont il était un ardent partisan; mais bientôt il fut accusé d'avoir fait partie d'une association secrète, arrêté comme suspect, en 1820 et condamné à mort par le gouvernement autrichien; puis il vit sa peine commuée en 15 ans de *carcere duro*, et enfin amnistié en 1830.

La foi chrétienne fut la seule et véritable consolation de sa captivité. Ses ennemis ont vainement essayé de le calomnier à ce sujet, en cherchant à le aire passer pour un impie caché, pour un révolutionnaire, etc., Silvio Pellico dédaigna de telles attaques: « Je ne réponds, dit-il, ni à ces gens-là, ni aux fanatiques du libéralisme qui me blâment de ce que je ne partage pas leurs folles illusions. Je n'ambitionne de plaire ni aux uns, ni aux autres. Ils n'auront de moi que ma conduite, sans masque, sans servilité, vers aucun des partis violents, et aussi chrétienne qu'il me semble possible (1). »

Comme tant d'autres, Silvio Pellico avait subi l'influence de la philosophie impie et de l'incrédulité qui corrompt les âmes. « Toutefois jusqu'alors sans être ennemi de la religion, je la suivais peu et mal, dit-il. Les objections vulgaires avec lesquelles on a coutume de la combattre ne me paraissaient pas avoir un grand poids, et pourtant mille doutes sophistiques affaiblissaient ma foi. Déjà, depuis longtemps, ces doutes ne tombaient plus sur l'existence de Dieu, et je me redisais sans cesse que puisque Dieu existe, c'est une conséquence nécessaire de sa justice qu'il y ait une autre vie pour l'homme, qui souffre dans un monde si injuste.

« De là, la puissante raison d'aspirer aux biens de cette vie; de là, le culte de l'amour de Dieu et et du prochain, le besoin continuel pour l'âme de s'ennoblir par de généreux sacrifices. Déjà depuis longtemps je me disais tout cela, et j'ajoutais : Eh!

(1) Lettre de M. de Latour.

qu'est-ce donc que le christianisme, sinon ce désir constant de l'ennoblissement de l'âme? Et je m'étonnais que le christianisme se manifestant si pur, si philosophique, si inattaquable dans son essence, une époque pût être venue où la philosophie osât dire · je remplacerai désormais le christianisme. — Et comment le remplaceras-tu? Sera-ce en enseignant le vice? — Non certes. La vertu? — Eh bien! ce sera l'amour de Dieu et du prochain, ce sera précisément ce qu'enseigne le christianisme. »

Quoique je raisonnasse ainsi depuis plusieurs années, j'évitais de conclure : Sois donc conséquent, sois chrétien! Ne te scandalise plus de quelques abus, ne subtilise plus sur quelques points difficiles de la doctrine de l'Eglise, puisque le point capital est celui-ci, et il est bien clair : Aime Dieu, aime ton prochain.

.·.

« Dans ma prison, je me décidai enfin à tirer cette conclusion, et je la tirai; j'hésitai un moment néanmoins en pensant que si quelqu'un venait à me savoir plus religieux qu'auparavant, il pourrait s'arroger le droit de me traiter de bigot, ou d'homme avili par le malheur; mais sentant que je n'étais ni un bigot, ni un homme avili, je résolus de ne tenir aucun compte du blâme que je ne méritais pas, et je m'affermis dans la volonté d'être et de me déclarer chrétien dorénavant. Le christianisme au lieu de détruire en moi ce que la philosophie pouvait y avoir mis de bon le confirmait et le fortifiait de raisons plus hautes et plus puissantes.

« Et pour que les sophismes lancés contre la validité de ces preuves ne te fassent pas illusion, dit-il à un jeune homme, joins à cet examen le souvenir de cette foule de grands hommes, qui les ont reconnues irrécusables, en remontant des solides penseurs de notre temps jusqu'au Dante, jusqu'à saint Thomas, jus'à saint Augustin, jusqu'aux premiers Pères de l'Eglise.

« Toutes les nations t'offrent des noms illustres qu'aucun incrédule n'ose mépriser.

« Le célèbre Bacon, tant vanté dans l'école empirique, bien loin d'être incrédule comme ses plus chauds panégyristes, professa toujours le christianisme; Grotius, malgré ses erreurs sur quelques points, était chrétien, et a écrit un Traité de la Vérité de la religion. Newton ne crut pas au-dessous de lui de composer un traité sur la *Concorde des Evangiles*. Loche écrivit sur le *Christianisme raisonnable*. Notre Volta, qui était un très grand physicien, et un homme d'une vaste instruction, fut toute sa vie un très vertueux catholique. Tous ces grands esprits et tant d'autres sont assurément de poids pour attester que le christianisme est en quelque parfaite harmonie avec la raison, c'est-à-dire avec cette raison qui n'est pas rétrécie et bornée à une seule direction, mais qui multiplie ses connaissances et ses recherches, et qui n'est pas pervertie par l'amour du sarcasme et de l'irréligion (1). »

Sur la tombe de Silvio on lit : *Sous le fardeau de la croix, il apprit le chemin du ciel et nous l'a enseigné; chrétiens, priez pour lui, et suivez-le* ».

SONIS (de)
GÉNÉRAL DE DIVISION.

> « Lorsque Dieu se mêle de nous donner des leçons il les donne en maître. »
> *Gén. de Sonis.*

Le général de Sonis commandait en 1871 à l'armée de la Loire, lorsque voulant protéger la retraite il entraîna les zouaves pontificaux à cette mémorable charge de Patay, où il fut blessé. Il dut subir l'amputation d'une jambe. Agé de quarante-six ans et père de dix enfants, M. de Sonis était soutenu par la religion et les sentiments chevaleresques. Trois de ses fils servaient comme soldats en 1870, le plus jeune n'avait pas seize ans.

« Voici quelques lignes écrites par le général de Sonis et qui donnent la mesure de son grand cœur de français et de chrétien.

« Lorsque Dieu se mêle de donner des leçons, il

---

(1) HENRY. *Magnificences de la religion.* Voir le récit complet de sa conversion, lettres CXLIX.

les donne en maître. Rien ne manque à celle que la France reçoit en ce moment. »

— « Pour nous, ne parlons pas ; mais demandons à Dieu qu'il ne nous abandonne pas, mais qu'il nous fasse la grâce de savoir mourir comme un chrétien doit mourir, les armes à la main, les yeux au ciel, la poitrine en face de l'ennemi, en criant : Vive la France ! »

— « En partant pour l'armée, je me condamne à mort, Dieu me fera grâce, s'il le veut, mais je l'aurai tous les jours dans ma poitrine, et vous savez que Dieu ne capitule jamais, jamais. »

En vérité, si la France eût eu beaucoup de fils ainsi trempés, notre salut se serait accompli (1).

Ce sont là, en effet, les paroles d'un héros chrétien. Il n'en eût pas fallu beaucoup de cette sorte pour sauver notre patrie.

SOULIÉ (Frédéric)
LITTÉRATEUR, POÈTE DRAMATIQUE
(1800-1847)

> « Que dites-vous ?... Notre Père qui êtes aux cieux... que cela est beau ! C'est magnifique ! Je veux l'apprendre avec vous. »
> *Fréd. Soulié.*

Frédéric *Soulié*, poète dramatique et célèbre ro-

---

(1) La religion en tunique. Au IVe vol de cet ouvrage une biographie plus complète de ce héros chrétien mort depuis peu.

mancier était né à Foix, d'un employé de finances. Il débuta dans la carrière littéraire par un volume de poésies qui fut bien reçu, puis donna au théâtre *Roméo et Juliette*, tragédie imitée de Shakspeare, qui eut beaucoup de succès. Ses drames et ses romans sont nombreux, malheureusement la plupart sont dangereux, sourtout pour la jeunesse, car élevé en dehors de tout principe de foi, la vie de Frédéric Soulié se passa loin de Dieu et de sa religion, qui était pour lui une inconnue.

Il eut le bonheur de la connaître cependant sur son lit de douleur dans sa dernière maladie. Ecoutons M. le curé de Bièvre, témoin de cette conversion si édifiante :

« Frédéric Soulié vient de mourir : cette mort qui est une perte pour la littérature en est une aussi pour la religion. La religion aurait trouvé dans cet écrivain le dévouement et la reconnaissance d'un fils que lui avait ramené une longue maladie. Frédéric Soulié eût continué d'écrire avec son esprit et son cœur ; car c'est de cœur et d'esprit qu'il a fait, sans réserve, sa soumission publique à la religion dont il a demandé et reçu les sacrements, dans toute la plénitude de ses facultés intellectuelles.

Les dogmes divins lui avaient apparu dans tout leur éclat, toutes ses pensées étaient purifiées par a foi.

Après avoir reçu les sacrements, Frédéric Soulié

éprouva, deux jours après, un bien-être physique qui lui donna l'espoir d'un retour réel à la santé. Et alors, quand il croyait tenir la vie, quand son horizon en ce monde semblait s'étendre à ses yeux, quand le monde et les plaisirs, lui apparaissaient de nouveau pour le tenter avec leurs illusions et leurs promesses, il me disait, il répétait à ceux qui venaient s'asseoir à son chevet, qu'il ne regrettait point la crise menaçante qu'il avait éprouvée deux jours auparavant, parcequ'elle lui avait fait prendre un grand parti, celui de *se donner à Dieu.*

Ces paroles étaient franches comme son cœur. Nous pouvons donc affirmer, que la religion a fait dans sa mort une perte réelle, que tout catholique doit pleurer. Dans sa dernière agonie, Frédéric Soulié disait ces belles et touchantes paroles, que sos amis édifiés ont recueillies :

« J'ai beaucoup de pensées, et elles sont toutes bonnes ; je demande à Dieu de ne pas perdre le fruit de mes souffrances. »

C'est ainsi qu'il s'est préparé à son passage par delà la tombe, et la mort l'a trouvé sanctifié par la souffrance, la foi et les sacrements, quand elle est venue le marquer au front du signe de l'éternité. »

Voici un touchant épisode de sa maladie, raconté par l'abbé Saillard :

« Une sœur de charité était agenouillée au pied de son lit et disait de tout son cœur son rosaire.

Des larmes se formaient sous ses paupières et roulaient sur ses joues.

« Le malade lève la tête : « Que dites-vous donc ainsi, ma sœur? Notre Père qui êtes aux cieux... que cela est beau! Redites-le donc encore !.. Et la sœur de recommencer... C'est magnifique !.. Je veux l'apprendre avec vous... Et comme un enfant l'apprend des lèvres de sa mère, ainsi Frédéric Soulié apprit mot pour mot l'Oraison dominicale des lèvres de celle dont la prière avait touché son cœur. »

Pauvre victime de l'indifférence! A quarante-six ans, ne pas soupçonner même l'existence de la prière élémentaire du chrétien! Quel triste signe d'une éducation religieuse manquée!

SOUTY

COMMANDANT D'ARTILLERIE.

(1814-1855)

> « C'est là le devoir devant lequel je ne reculerai jamais. »
> *Souty.*

M. le commandant *Souty* était un guerrier chrétien, aussi devint-il facilement un héros.

Ancien élève de l'Ecole polytechnique et de l'Ecole d'application, M. Souty gagna rapidement ses grades, toujours au choix. Esprit sérieux et cultivé, caractère noble et charmant, il ne rencontra sur sa route qu'estime, affection et succès. En 1855, il était chef d'escadron d'artillerie depuis plusieurs années, et se voyait, jeune encore, assuré d'un bel avenir militaire. Dieu lui avait donné par surcroît les plus pures joies de la famille ; l'influence de ce paisible bonheur rendit toute leur énergie aux sentiments religieux de sa jeunesse ; la foi, qui n'avait pas cessé d'exister dans son cœur, se révéla plus féconde dans sa vie, et les vertus du chrétien vinrent soutenir et compléter les brillantes qualités de l'homme.

Cet empire de la religion sur son âme parut avec éclat, quand, dans les premiers jours d'août, un ordre imprévu l'appela à la guerre de Crimée. Quoiqu'il ressentît cruellement la perte de son bonheur domestique, il accepta résolument le devoir, et pour mieux l'accomplir se munit des sacrements : « Je me suis confessé, écrivait-il à sa mère et j'ai eu le bonheur de communier samedi. Merci, ma bonne mère, des soins que vous avez pris de mon éducation et des convictions catholiques que je vous dois. Votre fils restera fidèle.

« Je porterai votre médaille. Adieu, confiance en Dieu. »

Ainsi préparé, il soutint non sans larmes, mais sans faiblesse, l'épreuve d'une séparation déchirante. S'arrachant le 13 août aux embrassements de ceux qu'il aimait, il montra le ciel à sa femme désolée, en lui disant comme suprême adieu :

« Songe à la réunion. »

Il partit avec le courage et les pensées d'un croisé. A ses yeux, la religion était aussi engagée dans la lutte que la patrie, et il s'estimait honoré d'avoir à combattre tout à la fois pour l'Eglise et pour la France. Il disait dans une lettre : « Notre cause est juste; c'est une guerre sainte que nous faisons; en réalité nous défendons le catholicisme, contre la Russie, qui veut tout envahir pour l'étouffer. Dieu est avec nous. »

Une piété chevaleresque le conduisit, avant de quitter la France, au sanctuaire de Notre-Dame de la Garde. Enfin, le 19 Août, il s'embarqua sur le Bysantin...

Nous n'avons pu lire sans émotion les admirables lettres qu'il écrivit aux siens pendant la traversée. Toutes révèlent une de ces âmes de soldat telles que la religion les produit, à la fois tendres et vaillantes, fières et modestes, assez généreuses pour sacrifier au devoir et à la patrie, sans forfanterie comme sans peur, les affections les plus douces et les intérêts les plus chers.

*
* *

Quel touchant mélange de foi, de cœur et de fermeté dans les consolations qu'il adresse à **Madame de Souty !** « Je vais donc agrandir encore la distance qui nous sépare ; mais plus nous serons éloignés l'un de l'autre, plus se reserreront les liens qui nous unissent. Ta lettre que j'ai lue et relue, les yeux pleins de larmes, m'a fait du bien et du mal ; du bien, parce qu'elle m'apportait de vos nouvelles, du mal parce qu'elle me disait votre tristesse. C'est pour tous deux une épreuve cruelle, tâchons de la supporter en chrétiens. Je serais sans énergie là-bas où il en faut tant, si je te savais non résignée. Prie souvent ; Dieu fera descendre sa paix dans ton âme.

« La prière est le remède qui calme ma douleur ; elle sera efficace aussi pour adoucir la tienne. Dès que l'on me désigne pour faire campagne, je n'ai qu'à m'incliner et à obéir. C'est là le devoir devant lequel je ne reculerai jamais ; tu serais la première à m'exhorter, au besoin. Restons soumis à la volonté de Dieu, et montrons-nous courageux ; la responsabilité de l'avenir ne pèsera pas sur nous. »

A côté de ces effusions intimes se trouvait de pittoresques descriptions des lieux qu'il visite, et dans lesquelles perce toujours le sentiment chrétien et français.

A Constantinople, la vue de Sainte-Sophie convertie en mosquée froisse son âme catholique et lui inspire ce vœu : « Dieu fasse que cette profanation ait un terme ! Espérons que la mosquée ne tardera plus à redevenir une basilique chrétienne. »

Annonçant l'attaque de Malakoff, il disait : « Je demande à Dieu la grâce de me conduire en bon soldat et en bon chrétien. »

L'ordre du jour du colonel Quincy raconte en quelle manière héroïque il tint parole, courant à la tête de ses batteries et sous le feu le plus terrible à une mort certaine, avec un sang-froid qui fit l'admiration de toute l'armée. Rapporté du champ de bataille tout sanglant, mortellement blessé, il vécut encore trois jours, opposant à d'atroces souffrances la plus courageuse résignation. Dès le premier moment, il réclama un prêtre et disposa son âme à paraître devant Dieu. Jusqu'au dernier soupir, la prière demeura sur ses lèvres, et il y mêla sans cesse des noms chéris. Il succomba le 12 septembre à 41 ans.

Un mois après, pendant que toute la France, par la voix des journaux, acclamait l'intrépidité du commandant, le R. P. Souaillard, dans une lettre à madame Souty, faisait du vaillant guerrier un éloge qui est l'oraison funèbre du chrétien.

Plus tard, la France voulut immortaliser par la peinture et placer parmi ses plus glorieux souvenirs le brillant fait d'armes qui avait illustré la mort de M. de Souty. Deux tableaux des galeries de Versailles le reproduisent : dans l'un le commandant est représenté au moment où il arrive à travers les balles et les boulets sur le versant du bastion de la Courtille; dans l'autre on le voit couvert de sang, renversé sur un cheval mort, la jambe emportée, continuant à diriger encore du regard et du geste le feu de ses batteries contre le Petit-Redan.

SPENCER (lord)
MINISTRE ANGLICAN.
(1799-1874)

> « Il m'était démontré que l'Eglise catholique avait les quatre marques de l'Eglise de Dieu, qu'elle avait la parole infaillible de Jésus-Christ. »
> G. Spencer.

Vers 1830, dit M. J. Chantrel, commença en Angleterre cette crise religieuse qui dure encore et menace d'une ruine complète l'Eglise réformée. La Providence y mettant la main, il y eut alors une magnifique floraison de grandes âmes, un splendide épanouissement de génie. Que de science! que d'ardeur! que de sublimes enthousiasmes! Quels beaux tournois de la pensée et de la plume! Comme cette lutte de la vérité contre l'erreur fut ennoblie par la sincérité des convictions et la délicatesse des procédés! Peu de siècles, assurément, offrent de tels spectacles. Mais pour bien juger celui-là, il ne faut pas considérer seulement les dehors. Pénétrons plus avant, nous connaîtrons les motifs qui déterminèrent ce généreux mouvement en lisant le récit d'une conversion célèbre.

Georges *Spencer*, qui prendra plus tard le nom d'Ignace, naquit à Londres en 1799. Son père, le comte Spencer, était depuis quelques années premier lord de l'amirauté. Ce jeune homme fut pasteur à Brigton, aumônier de l'évêque de Londres, et en voie de devenir lui-même évêque anglican, car à l'illustration de sa naissance il joignait beaucoup de nobles qualités de l'esprit et du cœur.

Ami de la vérité, et croyant qu'elle n'existait que dans sa communion, il entreprit de persuader quelques catholiques. Cette tentative tourna tout autrement qu'il ne le pensait. Les réponses qu'on lui fit l'étonnèrent. Il réfléchit mûrement; il étudia l'histoire du protestantisme et l'Ecriture sainte, sa bonne foi fut frappée de quelques mots sensés d'un simple domestique et des objections faites en sa présence par un jeune homme à des ministres habiles. Ce n'est qu'après ces préliminaires qu'il eut des entretiens avec des prêtres catholiques. Ayant vu clairement la vérité, il n'a point hésité à lui rendre hommage. La carrière qu'il avait embrassée, les honneurs où son nom lui permettait d'aspirer dans l'Eglise anglicane, l'épiscopat auquel il serait parvenu, rien ne l'arrêta. Les considérations de famille même ne purent le retenir, et Dieu l'en a récompensé; car lord Spencer, son père, finit par trouver bon son changement; et lui garantit une pension annuelle, en dédommagement de tous les avantages temporels qu'il sacrifiait. Enfin il a quitté sa paroisse en conseillant à son troupeau de s'adresser au prêtre catholique le plus voisin.

Georges Spencer a rapporté lui-même l'histoire de sa conversion dans une lettre adressée en 1834 à un prêtre catholique et que la presse anglaise a publiée.

« Je fus, dit-il, ordonné diacre dans l'Eglise anglicane, étant persuadé que tout était bien dans cette Eglise, quoique je n'eusse pas pris beaucoup de peine pour étudier les fondements et les principes de son établissement. Ce qui commença à modifier mes vues par rapport à l'orthodoxie et à l'excellence de l'Eglise d'Angleterre, ce furent les entretiens que j'eus avec différents ministres protestants des Eglises dissidentes.

« Je recherchais volontiers leur conversation dans l'espérance d'en amener quelques-uns à l'Eglise établie, qu'à mon avis, ils n'avaient pas eu raison de quitter.

« J'étais libre de chercher la vérité, quelque part qu'elle pût se trouver, mais je n'avais pas l'idée qu'elle pût être dans l'Eglise de Rome. Mes amis me détournaient d'avoir aucune communication avec les prêtres catholiques ; je crus pourtant qu'ils ne devaient pas être exclus du plan général de réunion que je voulais suivre, et je leur parlai fréquemment. D'abord, je m'attendais à les trouver fort ignorants du véritable esprit de la religion, servilement attachés aux formes, et absolument incapables de défendre ce que j'appelais les absurdités de leur croyance ; mais à mon grand étonnement, chaque conversation que j'avais avec eux me faisait voir combien je m'étais trompé. Je commençais donc à songer qu'il y avait, dans la religion catholique, plus de vérité que je ne le soupçonnais... »

*
* *

Le pasteur anglican raconte ensuite sa correspondance, pendant six mois, avec une personne inconnue qui cherchait aussi la vérité et finit par embrasser la foi catholique, puis ses discussions théologiques avec un nouveau converti, Ambroise Philipps, neveu d'un évêque anglican et fils d'un membre du parlement : « Je m'aperçus bientôt, dit-il au sujet de ce dernier, qu'au lieu d'être capable d'apprendre à Ambroise Philipps à mieux penser en religion, j'étais obligé de reconnaitre que sur plusieurs points il pouvait être mon maître. Je le trouvai très en état de défendre la foi catholique contre moi et contre quelques théologiens protestants expérimentés. Je ne songeais point à combattre ses sentiments, car j'étais convaincu qu'on pouvait être bon chrétien étant catholique... A la fin, je me décidai à considérer la chose sous un nouveau jour et avec une détermination sincère d'embrasser la vérité. »

Son amour du vrai, sa bonne foi, la régularité de sa vie, sa charité pour les pauvres ne pouvaient demeurer sans récompense. Une telle vie appelait la vraie lumière. Il était ébranlé depuis plus de trois ans.

Il alla donc trouver un missionnaire catholique, dont la bonté, la patience et les explications achevèrent l'œuvre de la grâce. « La démarche que je fis le lendemain, en me déclarant catholique, est telle que je n'y pense jamais sans consolation. Il m'était démontré que l'Eglise catholique avait les quatre marques de l'Eglise de Dieu, qu'elle avait la parole infaillible de Jésus-Christ, et qu'elle devait durer jusqu'à la fin du monde... J'envoyai de nuit un messager à Brigton pour annoncer ma résolution, et le trente janvier, le samedi matin, je fis mon abjuration du protestantisme dans la chapelle de Leycester. Je n'avais d'autre pensée que celle de servir Dieu dans le ministère de cette Eglise, que je venais de reconnaître comme la véritable. »

Le néophyte fut envoyé au collège anglais à Rome; et deux ans après, il en revenait prêtre, plus heureux, plus ardent pour le bien que jamais, décidé à s'immoler pour le salut de sa patrie. Il forme une ligue de prières pour la conversion de l'Angleterre, à laquelle s'associent les docteurs d'Oxford eux-mêmes. Désormais, entre adversaires qui se rencontrent, suppliant presque pour la même cause, **aux pieds du même Dieu, les distances ont disparu.**

Newman abjure. Plusieurs l'ont déjà précédé, beaucoup le suivent, parmi eux vingt-deux ministres et onze professeurs. Les plus illustres, William Faber, Dalgairns, Ward, Grant, Ullathorne, Talbot, Buttand, Montgomery, Marshall, Northcote, etc, entreront comme lui dans les ordres sacrés. D'autres, dans tous les degrés de la société, aux plus élevés surtout, gentlemen et ladies, se feront un honneur de marcher sous leur conduite.

Georges Spencer, infatigable dans le bien, intrépide dans le sacrifice, songe alors à une nouvelle immolation. Agé de quarante-six ans, il quitte le collège d'Oscott, qu'il administre sous la direction de Mgr Wiseman, ce collège si cher à son cœur et témoin de tant de conversions éclatantes, pour se faire passionniste. Alors le voilà, sous le nom de Père Ignace, mendiant, prédicateur, supérieur de communauté, laissant toujours sur son passage de bonnes paroles et de beaux exemples de vertu. Prédicateur, il donne des missions que Dieu bénit visiblement et remplace avec succès le P. Mathew, l'apôtre de l'Irlande; supérieur de communauté, il est pour ses religieux un ami, un père, une providence.

Enfin, il a rempli sa mission ici-bas. Ce désir d'être une victime pour le rachat de ses frères lui avait fait dire plusieurs fois : « Etre oublié de tous, et mourir dans un fossé. » C'était une sorte de prédiction. Le P. Ignace, se rendant à pied chez un de ses amis, tombe sur le chemin, foudroyé par la mort.

STOLBERG (de)
LITTÉRATEUR, MINISTRE, AMBASSADEUR.
(1750-1817)

> « Dieu a regardé, avec une complaisante indulgence, mon désir de connaître la vérité, désir que lui même avait fait naître. »
> *de Stolberg.*

« Le comte Frédéric *de Stolberg*, a dit Mme de Staël, homme très respectable par son caractère et ses talents, célèbre dès sa jeunesse comme poète, comme admirateur passionné de l'antiquité et traducteur d'Homère, a donné le premier en Allemagne le signal de ces conversions nouvelles qui ont, depuis, des imitateurs. »

Né dans le protestantisme, dans le Holstein, de l'illustre maison de Stolberg, il fut d'abord ministre plénipotentiaire du prince-évêque de Lubeck, à Copenhague, puis ambassadeur de Danemark, et ensuite président du gouvernement d'Eutin. Quoique à la tête du gouvernement, des finances et du consistoire de cet Etat, il menait une vie calme, sobre et patriarcale.

Amené par ses études de l'Ecriture sainte et de

la tradition à reconnaître la fausseté du Protestantisme, il renonça à ses dignités, en 1800, pour s'occuper de la recherche de la vraie religion, et se retira près de Munster avec sa femme et sa sœur. C'est là que nous les trouvons tous trois, en compagnie de la marquise de Montagu, qui dans ses Mémoires nous donne d'intéressants détails sur leur conversion.

Nés dans la foi protestante, ces trois personnages avaient passé leur enfance, persuadés de la vérité qu'ils croyaient. Peu à peu, ayant commencé à douter de la valeur de la réforme du xvie siècle, ils s'en entretenaient ensemble et aspiraient à une foi plus complète, mais ils n'avaient qu'une vague idée du catholicisme.

Mme de Montagu arriva auprès d'eux, en apparence comme une amie, mais plutôt comme un ange envoyé du ciel. Elle habitait à une certaine distance d'Eutin, mais elle allait les visiter une ou deux fois par mois.

Les vertus de la marquise frappèrent d'étonnement et d'édification la famille des Stolberg. On admirait en silence sa foi si vive, sa piété si intelligente, sa bonté si douce, tant de compassion après tant de souffrances, tant de grandeur dans l'abaissement. Mme de Montagu de son côté n'était pas moins édifiée de voir l'union et les mœurs patriarcales de cette famille protestante. Elle avait prié Dieu de bénir ses premiers pas dans cette maison, elle le priait encore chaque jour de ramener au bercail ces brebis égarées dans les voies de l'erreur. Les Stolberg au reste se sentaient attirés vers le catholicisme. Une circonstance fit éclater ces heureux sentiments.

*
* *

Un jour, Mme de Montagu reçut de sa famille d'affligeantes nouvelles : elle raconta tout à ses amis et les intéressa si vivement que tous pleuraien ensemble. Cette première émotion passée, le comte de Stolberg s'approcha d'elle et lui demanda avec une sorte d'inquiétude si elle n'éprouvait pas aussi du chagrin de vivre parmi des hérétiques. Il n'attendit pas sa réponse et ajouta : « Nous sommes presque catholiques. Oh! quelle religion que la vôtre! quelles âmes elle forme ! quelle source de force et de consolation! »

C'était là de bonnes paroles. Madame de Montagu ne savait comment exprimer sa joie, elle pensait à saint Augustin en entendant exprimer de si beaux sentiments :

« Ah! ajouta le comte, s'il m'était permis de dire : *je crois*, lorsqu'on n'a encore que la foi du cœur, je vous dirais à l'instant : Je suis de votre Eglise. » La comtesse sa femme et sa sœur s'écrièrent en joignant les mains : « Et moi aussi. » Et tous trois jurant que ni la chair, ni le sang ne les arrêteraient le jour où la vérité leur apparaîtrait sans nuages, ils supplièrent leur amie de prier beaucoup pour eux.

L'intimité augmenta à dater de ce jour, on s'écrivait quand on ne pouvait se voir.

« Jouissez, lui écrivait un jour le comte, jouissez de l'idée du bien que Dieu nous fait par vous. Ce n'est ni à la plume ni à la parole qu'est donné exclusivement le don de la persuasion, il est répandu sur toute la personne des âmes privilégiées ; c'est une atmosphère, un je ne sais quoi dont l'influence se fait sentir au fond du cœur. »

La marquise de Montagu se plaisait à noter les progrès de ses chers néophytes dans la foi. Un jour elle trouva sur la table à ouvrage de la comtesse Sophie *l'Imitation de Jésus-Christ*. Une autre fois, elle aperçut dans le cabinet de travail de M. de Stolberg un crucifix : elle n'en dormit pas de joie et pria pour eux toute la nuit suivante.

Ce qui l'édifiait aussi c'était leur charité pour les pauvres. Elle ne venait pas une fois à Eutin sans qu'on lui prodiguât des offrandes de toute sorte pour ses pauvres ; c'était des provisions de ménage, du linge, des habits ou des layettes pour les petits enfants.

Elle cherchait en même temps à les instruire de la foi catholique, mais ici elle sentait sa faiblesse et son impuissance à éclairer leurs doutes. Elle n'était savante que dans l'amour de Dieu et la piété. Elle résolut donc de leur chercher un prêtre pour les instruire, car M. de Stolberg ne se contentait pas du sentiment de la foi et de la beauté du catholicisme, qui apparaissait de loin aux deux comtesses et suffisait à les persuader : son esprit positif et rationnel voulait quelque chose de plus.

Mme de Montagu s'adressa donc à l'abbé Edgeworth et lui écrivit dans ce but. Mais ce courageux et fidèle consolateur de la royauté était auprès de Louis XVIII, qui, obligé alors de quitter l'Angleterre, voulait l'emmener avec lui. Elle eut recours à Mgr Asseline, évêque de Boulogne, et à Mgr de la Luzerne, évêque de Langres, et leur envoya par écrit les doutes que le comte avait lui-même couchés sur le papier.

La réponse des évêques produisit son effet sur l'esprit et le cœur si bien disposés de M. de Stolberg. Alors finit la mission de Mme de Montagu, et Dieu permit qu'elle fût en ce moment rappelée en France, où d'autres devoirs l'attendaient. Lui-même mit la main à son œuvre et l'acheva. Les trois illustres personnages firent leur abjuration.

L'heureuse marquise reçut à Paris avec une joie ineffable la nouvelle qu'elle attendait chaque jour : « Mon âme se réjouit dans le Dieu vivant, car l'oiseau a trouvé sa demeure et la tourterelle son nid, c'est-à-dire tes autels, Dieu des armées. Inondé de joie, mon cœur devrait être un temple où la louange du Dieu d'Abraham, d'Isaac et de Jacob se fît entendre sans cesse, car il m'a fait miséricorde à moi et à Sophie. Il a regardé avec une complaisante indulgence le désir de connaitre la vérité, désir que lui-même avait fait naitre... Jouissez de l'œuvre de Dieu à laquelle vous avez efficacement et saintement travaillé par vos prières ferventes, par vos larmes, par votre exemple. »

Tels sont les sentiments que lui exprimait le comte de Stolberg.

Cette conversion fit beaucoup de bruit en Allemagne : elle devint le signal de plusieurs autres, mais souleva en même temps les passions de l'Eglise réformée. Le nouveau catholique, par l'influence du fanatisme protestant, se vit privé de ses charges, abandonné d'une partie de ses amis, l'objet de libelles infâmes, enfin jeté au ban de l'opinion. Le comte soutint sa mauvaise fortune avec la noblesse d'un gentilhomme et la patience d'un vrai chrétien. Le duc de Saxe-Cobourg lui dit publiquement un jour : « Monsieur, je n'aime pas les gens qui changent de religion. — Ni moi non plus, monseigneur, répliqua-t-il, car si nos pères n'en avaient pas changé il y a 300 ans, je n'aurais pas eu la peine de changer moi-même aujourd'hui. » Retiré à Munster, il consacra le reste de sa vie à la piété et à l'étude. Il y a composé des ouvrages précieux : son *Histoire de la religion de J.-C.* en quinze volumes, ses *Méditations* et son livre de l'*Amour de Dieu* contribuèrent à rallumer la foi en Allemagne. Il avait 60 ans quand il mourut. Il dicta son épitaphe pendant son agonie :

« *Ici gît Frédéric-Léopold de Stolberg, né le... mort le... Dieu a tellement aimé le monde qu'il lui a donné son Fils unique, afin que tous ceux qui croient en Lui ne périssent pas, mais aient la vie éternelle.*

Il y a déjà 30 ans que je me suis fait cette épitaphe, n'y ajoutez rien. Lorsqu'on a parlé de l'éternité, on doit se taire sur ce qui est du temps. »

STRAFFORD
COMTESSE D'ANGLETERRE.

> « Si vous pouviez nier que S. Augustin ait dit la messe et prié pour les morts, l'Evêque d'Amiens se fera protestant. »
> Comtesse *Strafford*
> à *l'Evêque de Londres.*

Née à Londres, d'une famille illustre, alliée au sang royal, fille du comte John Sraffort, général et pair d'Angleterre, la comtesse de *Strafford* vécut longtemps dans la religion de ses ancêtres. Son esprit droit et sincère ne s'accommodait pas cependant d'un culte froid et stérile ; elle conçut des doutes sur la véracité de sa foi, et venue en France, elle résolut de les éclaircir.

Elle s'adressa à l'Evêque d'Amiens qu'elle avait

entendu prêcher plusieurs fois, et dont les paroles faisaient une vive impression sur son âme. Après un sermon de lui entendu aux Ursulines, elle sentit plus que jamais le désir de croire comme le prédicateur qui l'avait tant édifiée. Il lui restait pourtant des doutes sur la messe et sur le purgatoire. Elle vint les proposer à Mgr de la Motte qui lui dit simplement sans vouloir attaquer de front ses préjugés :

« Madame, vous connaissez votre évêque de Londres, et vous avez confiance en lui. Eh bien, écrivez-lui ceci.

« L'Evêque d'Amiens vient de me dire une chose qui m'étonne, c'est que, si vous pouvez nier que saint Augustin ait dit la messe et prié pour les morts, particulièrement pour sa mère, il se fera lui-même protestant. »

Ce conseil fut suivi, la lettre envoyée. Mais l'évêque de Londres ne répondit pas. Il dit seulement au porteur que madame de Strafford avait respiré un air contagieux et que sa réponse ne remédierait probablement pas au mal.

Ce silence et cette défaite d'un homme qui avait eu toute sa confiance achevèrent d'ouvrir les yeux à la comtesse ; elle fit peu après abjuration entre les mains de Mgr de la Motte.

On le voit, c'est de Londres, et non d'Amiens, qu'avait soufflé l'air contagieux.

SURVILLE (de)

VICE-AMIRAL.

1818-1879

> « Je voudrais que tous ceux qui ont le malheur de ne pas croire fussent ici, je leur apprendrais qu'il y a dans ce remède, (le crucifix) une force que ne donne aucun remède. »
> Amiral *de Surville*.

Après une brillante carrrière, l'amiral *de Surville* est mort à Toulon en 1879, âgé de soixante-un ans et dans les plus admirables sentiments qu'inspire la religion. Il était préfet maritime dans cette ville.

Ceux qui ont eu la consolation de l'approcher pendant sa longue maladie, ont pu admirer l'énergie de sa foi, sa force d'âme dans la douleur, et la résignation avec laquelle il a fait à Dieu le sacrifice de sa vie. Cet homme si bon et si affable a regardé venir la mort avec le calme et le courage du chevalier chrétien. « Dieu seul peut ainsi me soutenir dans cette suprême séparation », disait-il souvent. Et quand le curé de Saint-Louis venait le voir, il lui tendait la main comme au meilleur de ses amis. Plusieurs fois, il a fait lui-même demander des prières.

Un jour, dans un moment de crise violente, montrant un petit crucifix qu'il portait toujours sur lui, il dit à quelqu'un de sa famille : « Je voudrais que ceux qui ont le malheur de ne pas croire, fussent ici ; je leur apprendrais qu'il y a dans ce remède une force que ne donne aucun autre remède. »

Il avait dit à sa noble épouse : « Si je meurs n'étant plus préfet ; je ne veux pas d'éclat dans mes funérailles. Si je meurs étant préfet, qu'on donne à mes obsèques toute la pompe que l'on voudra, mais je désire que cette pompe tourne surtout à l'honneur de la religion à laquelle je serais heureux de rendre un éclatant témoignage, même après ma mort. »

C'est le cas de répéter avec le contre-amiral Maurin, qui a prononcé ces paroles sur sa tombe : « Croyez-vous, Messieurs, que la philosophie seule soit capable d'élever une âme à de telles hauteurs ? Non, de Surville était chrétien, et la religion a été sa force. »

SWETCHINE (Mme)
LITTÉRATEUR.
1782-1857

> « La vérité ne remporta jamais un triomphe plus complet sur un cœur en même temps plus doux et plus rebelle. »
> *De Falloux,*
> *de l'Académie.*

Sainte-Beuve a proclamé madame Swetchine

« fille aînée de M. de Maistre, fille cadette de saint Augustin. » Voilà un bel éloge venant d'un tel juge.

Nous devons à M. le comte de Falloux, de l'Académie française, le récit de sa vie et de ses œuvres, auquel cet homme distingué a consacré avec une joie profonde beaucoup de temps, de soins et de talent.

Madame *Swetchine* naquit à Moscou le 22 septembre 1782, et mourut à Paris en 1857. Son père, issu d'une ancienne famille moscovite, occupait un poste élevé dans l'administration intérieure de l'empire et compta parmi les fondateurs de l'Académie des sciences de Moscou. Elle vécut longtemps dans l'erreur du schisme russe, mais son âme n'y respirait pas, elle étouffait. Aussi, soupçonnant la vérité, finit-elle par la chercher ailleurs. Dieu récompensa bien vite sa droiture et ses généreuses aspirations, et, le huit novembre 1815, il lui donnait d'embrasser le catholicisme en Russie même.

Mais écoutons son biographe:

« Il est permis d'affirmer que la vérité ne remporta jamais un triomphe plus complet sur un cœur en même temps plus doux et plus rebelle. D'une éducation sans christianisme, de l'incrédulité qui avait enveloppé sa jeunesse, elle n'arriva pas d'un bond au catholicisme. Subjuguée d'abord par les épreuves qui établissent la divinité de Jésus-Christ et l'inspiration de l'Evangile, elle commença par pratiquer avec soumission et amour la religion grecque. Elle s'arrêta ensuite à examiner la constitution de l'Eglise en général, l'organisation de la hiérarchie et la primauté du successeur de Pierre. Enfin, elle comprit qu'en présence de deux Eglises séparées l'une de l'autre, et qui s'excluent réciproquement, elle ne devait pas rester neutre ; qu'une seule peut mériter le titre sacré d'Epouse de Jésus-Christ, et que cette Eglise une fois connue, il faut necessairement lui appartenir. Naturellement méfiante envers les sectes et les novateurs, instinctivement portée vers la tradition, elle ne supporta pas longtemps, sur de telles questions, un état de notions vagues et incomplètes.

Alors elle entreprit sa marche à travers les contradictions et le doute, mais sans précipitation, à pas comptés, et ne posant le pied que sur le terrain dont elle avait reconnu la solidité. Une fois introduite au sein de l'Eglise catholique, cette magnifique organisation de la hiérarchie attirait son intelligence, la ravissait d'admiration.

On a cherché vainement dans les papiers de Mme Swetchine un récit, un souvenir précis de sa conversion au Catholicisme. Sa répugnance à parler d'elle, et surtout à se donner comme exemple, l'en a, sans doute, détournée. Un motif, qui prend sa source dans la même vertu, s'y est joint certainement aussi. Avec une sincérité, une profondeur de foi, que pas un instant de sa vie n'est venu démentir, Mme Swetchine n'a jamais attribué qu'à la grâce de Dieu tout ce qui exista de bien en elle.

Dans le deuxième volume de ses recueils d'extraits, on lit :

« 1815, 31 août.

« Jour heureux où les ténèbres de mon esprit se sont dissipées quelque peu au *fiat lux* qu'une voix céleste fait résonner au plus profond de ma conscience. La clarté sans nuages ne la pénètre pas encore, mais le rayon précurseur qui la découvre me montre aussi à moi-même la route que je dois suivre.

« Mon Dieu! je vous dois aujourd'hui les premiers moments de bonheur que j'ai goûtés depuis nombre d'années; vous le rendrez durable ô Père des miséricordes! ce bonheur que je vous dois, pour m'encourager au sacrifice, me donne la force de l'accomplir. Inspirez-moi : c'est votre vérité que je crois avoir trouvée, c'est votre vérité que j'adore. Si je m'égarais, ah! plutôt la mort! Qu'un miracle de votre bonté me remette dans la situation d'esprit d'où j'ai lieu de croire qu'un miracle m'a fait sortir... Je me sens heureuse; oui, je le suis. Cet état serait-il passager? Serais-je condamnée à perdre la foi qui me pénètre et à retomber dans le vague et l'incertitude? Sans doute, je l'aurais mérité; mais, ô mon Dieu... je me jette dans vos bras, je vous implore, je vous offre et mes larmes et ma joie. Daignez achever de m'éclairer. »

Enfin, une note du même genre, égarée dans un cahier, est ainsi conçue :

« Ma dernière communion grecque, le 20 juin 1815, avait été faite dans le but unique de voir dissiper les hésitations qui me restaient encore : le bon Dieu ne se méprit pas au choix du moyen, et le 27 octobre (8 novembre) de la même année, je faisais mon abjuration. »

*
* *

Depuis ce moment, aucune existence ne fut mieux remplie par la charité éclairée.

Arrivée à Paris pendant l'hiver de 1816, madame Swetchine, que sa réputation littéraire avait précédée, put s'entourer promptement d'esprits sérieux et distingués, qui l'aidèrent à faire le bien autour d'elle.

Elle comptait au nombre de ses meilleurs amis les hommes les plus éminents de l'époque, qui jouissaient de son vif esprit, de sa conversation édifiante et de son jugement admirable. M. de Montalembert, le P. Lacordaire, l'abbé Dupanloup, depuis évêque, M. de Lamartine, A. de Tocqueville, etc. se plaisaient à la consulter, et honoraient à l'envi son noble caractère.

Ce dernier surtout aimait à faire de cette femme supérieure la confidente de ses pensées intimes et de ses incessantes agitations au milieu des souffrances qui l'accablaient. Du moins, la femme à laquelle il faisait cette ouverture était-elle du nombre des rares personnes auxquelles il était permis « de montrer le fond de ses idées », comme il le disait lui-même. C'était, aux yeux de Tocqueville, une sorte d'idéal de la femme chrétienne que madame Swetchine. Il lui a rendu cet hommage qui rejaillit sur la religion elle-même :

« Je ne sais si j'ai jamais rencontré dans ma vie de vertu plus vraie et par conséquent plus grande, mais assurément je n'en ai jamais rencontrée de plus aimable. Quand pourrons-nous retrouver un intérêt si sincère pris aux autres, une sensibilité si facile à émouvoir, une bonté si efficace, tant de vivacité dans la manière de comprendre et surtout de sentir, jointe à ce goût passionné du vrai en toutes choses, ce qui est si différent et si supérieur encore à la simple véracité? Hélas! Dieu ne produit que bien rarement des œuvres si charmantes et n'accorde guère aux choses excellentes tant d'attraits (1). »

(1) Voici le jugement qu'a porté sur elle le comte Rostopchine, ancien gouverneur de Moscou, qui habita Paris pendant plusieurs années et connut beaucoup Mme Swetchine : « Madame Swetchine a un succès complet dans le faubourg Saint-Germain, et c'est l'essence de la bonne compagnie.. Avec un cœur excellent et de l'esprit, elle a trop besoin d'admirer, se prend de passion tout de suite. » Et M. le marquis de Ségur ajoute : « Pendant quarante ans, Mme Swetchine donna aux chrétiens de Paris l'exemple de vertus, de qualités d'esprit et de cœur et de bonnes œuvres qui entourent sa mémoire d'une auréole impérissable. »

16.

Mme Swetchine fut enlevée à tous ces esprits d'élite au commencement de l'automne 1857 ; sa mort fut digne de sa vie, et son cercueil entouré de la plupart des hommes qui devaient illustrer le dix-neuvième siècle.

⁕

Pour la faire mieux connaître, nous citerons au hasard quelques-unes de ses pensées, éloquemment formulées et débordantes de haute raison et de foi :

« La trace du péché originel se trouve dans toutes les âmes, comme celle du déluge sur les plus hautes montagnes.

« Je ne vois que Dieu pour nous réconcilier avec le monde.

« J'ai un goût prononcé pour l'aube des plus excellentes choses ! De tous les soleils levants, je n'excepte que celui de la prospérité. Mais je m'incline en vrai courtisan devant les premiers rayons de la piété, de la vertu et du talent.

« L'homme se croit toujours plus qu'il n'est et s'estime moins qu'il ne vaut.

« Dans toutes les choses difficiles, la Providence a placé un charme connu seulement de ceux qui osent les entreprendre.

« La vieillesse n'a rien à attendre des hommes, donc elle a tout à attendre de Dieu. Son impuissance est plus grande que celle de l'enfance, car l'enfance a pour elle dans sa faiblesse toutes les sympathies ; mais le seul bras qui soutienne le vieillard est le bras du Seigneur.

« Il n'y a rien de si triste que le sourire des personnes malheureuses : elles semblent sourire pour les autres et non pour elles.

« On ne pardonne jamais assez, mais on oublie trop.

« Le bien est lent, il monte ; le mal est rapide, il descend ; comment s'étonner qu'il fasse beaucoup de chemin en peu de temps.

« Si l'homme était *un*, disait Hippocrate, il ne mourrait pas, l'Eglise est *une*, elle survivra à la terre.

« La morale, c'est la vérité du cœur ; et la foi, c'est la vérité de l'intelligence.

« J'ai vu souvent les personnes pieuses attirer beaucoup celles qui ne l'étaient pas. La vie qu'entretient la piété, l'onction qui s'en échappe, ce prisme intérieur qui rayonne au dehors, exercent leur charme à l'insu même des cœurs qui les subissent.

« L'idéal de l'amitié, c'est de se sentir un, et de rester deux.

« Le grand danger des gens d'esprit, c'est qu'ils ne sont pas beaucoup mieux assurés que d'autres contre l'erreur, et qu'ils ont eux-mêmes beaucoup plus de ressources pour la rendre nuisible.

« Les années ne font pas des sages, elles ne font que des vieillards.

« Au siècle où nous vivons, l'impossible perd tous les jours du terrain.

« La France ne veut pas *de révolutions ;* mais, qu'elle le sache ou non, elle veut *la révolution.* »

TALHOUET (de)
CONSEILLER D'ÉTAT, DÉPUTÉ, SÉNATEUR, MINISTRE.
(1817-1884)

« *Nihil altius :* rien n'est plus élevé. »
Devise des *Talhouet.*

Auguste-Joseph, marquis de *Talhouët*, était né à Paris, le 11 octobre 1819. Il entra dans la vie publique dès qu'il eut atteint l'âge d'homme. Auditeur au Conseil d'Etat dès 1842, il y avait étudié la pratique sérieuse des affaires, et s'était ainsi rendu capable de faire profiter les autres de sa haute expérience et de ses services. Aussi s'est-il dévoué sans mesure à défendre les intérêts multiples dont il avait pris la charge au conseil général de la Sarthe, puis à l'Assemblée de 1849, au Corps législatif, à l'Assemblée nationale et au Sénat, enfin au ministère des travaux publics. Il usa littéralement ses forces et sa vie entière à cette tâche.

C'est ce que proclamait avec bonheur sur sa

tombe, M. Caillaux, son ancien collègue au ministère.

« J'ai commencé à le connaître, lorsqu'il était plus populaire et le plus influent dans la Sarthe donnant à tous ceux qui le sollicitaient, et consacrant au bien public, avec sa grande fortune, ce qu'il avait de force, d'intelligence et de qualité aimables. Sa bourse était ouverte comme sa belle humeur... Vous avez devant vous, au-dessus de catafalque l'écusson de la famille des Talhouët, avec cette fière devise : « *Nil altius* ». Jamais on n'aurait pu la mieux justifier que le marquis de Talhouët ne l'avait fait dès cette époque. »

M. de Talhouët fut vice-président du Corps législatif et du Conseil d'administration de la Compagnie d'Orléans. Aussi, pour satisfaire à de si nombreux devoirs, était-il obligé de prendre sur ses nuits après des journées déjà remplies de démarches laborieuses : aucune demande, aucune lettre ce restait sans réponse, se donnant tout à tous omme saint Paul.

Voilà ce que fut son dévouement. Mais quelle en était la source ? C'est ce que le représentant de la religion dans son département a voulu constater à l'occasion de ses funérailles.

« Il est imposible, a dit l'évêque du Mans, de faire l'éloge complet du défunt, car il a trop multiplié ses bienfaits, et son ange en a trop inscrits au grand Livre, qui sont restés inconnus du public. Et

pourtant tout raconte ici ses louanges; et l'enfan
qui bégaie, et le vieillard infirme, et le pauvre qui,
par les soins du défunt, est visité en sa demeure. Il
a supporté même la plus cruelle de toutes les
épreuves, celle de voir ses bienfaits inappréciés par
l'ingratitude. Mais cette conduite de quelques-uns
n'a pas arrêté son zèle et son dévouement à l'égard
de tous. Et si son âme a pris son essor là-haut, sa
permanente image, la continuation de son dévouement resteront parmi nous. Il n'est pas mort tout
entier. Et quand son âme s'est trouvée en présence
de Celui qui a dit qu'un verre d'eau donné en son
nom ne resterait pas sans récompense, Dieu lui a
demandé : « M'as-tu nourri et m'as-tu vêtu dans la
personne des pauvres ? » M. de Talhouët n'a pas eu
besoin de répondre, la voix des pauvres est montée
au trône de Dieu et a parlé : *defunctus adhuc loqui-
tur.* »

C'est donc sa foi religieuse qui a inspiré tous ses
actes de dévouement et de charité aussi bien que
son amabilité et jusqu'à son sourire affectueux
pour tous. Il l'a bien montrée, lorsque dans sa
longue maladie, il a voulu se confesser, puis recevoir plusieurs fois le Dieu de l'Eucharistie. Il avait
mis ordre à ses affaires temporelles avec une rare
présence d'esprit et avec une énergie de volonté
plus rare encore. Ce fut après deux longues années
de souffrances, que ce digne et dévoué serviteur de
Dieu et de son pays rendit son âme à son Créateur,

e 11 mai, 1884, dans ce château du Lude, devenu par ses soins comme un véritable monument d'art.

Les anciens seigneurs du Lude ont fondé, et le défunt avait restauré un hospice affecté aux vieillards et aux malades pauvres ; c'est au milieu de ces pauvres, dans une humble chapelle, que le marquis de Talhouët a voulu reposer et dormir son dernier sommeil.

TAYER

SÉNATEUR.

(1869)

> « J'aime mieux me tromper avec les Apôtres que d'avoir raison avec vous. »
> *M. Tayer*
> *à un ministre protestant.*

« La mémoire de M. Amédée *Tayer*, sénateur, a dit M. Veuillot, n'a point péri et ne périra point parmi ceux qui l'ont connu. »

Amédée *Tayer* naquit riche, beau, bienveillant, raisonnable ; il avait le goût des arts et une pente naturelle à bien faire. Il se laissa tout simplement aller sur ce chemin de faveur où Dieu l'avait mis, et il le suivit droit et tranquille jusqu'à la fin.

Il était né dans l'erreur protestante ; il monta, non sans labeur, jusqu'à la vérité catholique et il y entra. Il était né riche, il devint alors généreux ; il était né doux, il devint bon et tendre ; il était né juste, il devint pieux. Tout cela se fit comme par une pure croissance de nature ; mais la fidélité à la grâce était le soleil qui mûrissait et enrichissait ainsi sans cesse cette nature de choix.

La fortune semblait chercher M. Tayer ; il cherchait le devoir et le suivait avec une ardeur paisible, mais si pleine et si dominante qu'aucune menace de la fortune ne l'aurait pu détourner, et qu'il ne l'eût pas même entendue. L'on se sent fortifié devant ce spectacle de l'homme de devoir, fidèle dans les petites choses comme dans les grandes, ou plutôt ne connaissant point de petites choses, parce qu'en réalité il n'y en a point, puisque le sommet de la sagesse humaine est de tout faire pour Dieu. Et c'est bien ainsi que ce grand chrétien l'entendait. Il était *sénateur* et *marguillier* de sa paroisse ; il s'appliquait également à ses fonctions de sénateur et à ses fonctions de marguillier.

Toute place lui semblait bonne, et il était à sa place. Véritable type de l'homme de bien dans les œuvres nécessaires de la vie publique et de la vie privée, éclatante ou obscure. Il voulait, avec la même inaltérable vigueur, bien employer son intelligence, bien user de sa richesse, bien dépenser son temps, afin que toute action de sa vie tournât au profit de son âme, au secours du prochain et à l'avantage commun de la société.

Ce fut ainsi qu'il vécut, ayant marqué chacun de

ses jours par un bienfait. Il se tint en réalité toute sa vie au service de tout le monde, et particulièrement au service des pauvres. Il aida quantité de bonnes œuvres ; il en fit, à lui seul, de douces et magnifiques. Il a laissé à sa paroisse de campagne une église plus belle que sa maison, et institué, avec une largeur de prince ou plutôt de père, une école qui par son caractère religieux est une véritable bénédiction pour une vaste contrée. Il adopta un canton désolé, tombé dans un véritable état de sauvagerie. Il y raviva l'agriculture ; il y introduisit l'instruction, il y ramena la prière, et c'est par lui qu'on y trouve maintenant le pain du corps et la vie de l'âme.

Ce fut ainsi qu'il se plaignit à Dieu de l'unique, mais immense douleur de sa vie, la mort de ses trois enfants. »

.*.

M. l'abbé Saillard donne les détails suivants sur la conversion de M. Tayer.

« Un jour des doutes troublent son esprit, et il se demande si la religion catholique n'est point seule dépositaire de la vérité ; il réfléchit, il étudie sérieusement, et la lumière se fait dans son âme sincère et droite; il acquiert la conviction que l'Église catholique est l'Église de Jésus-Christ.

Cependant, il hésitait à la reconnaitre par une **abjuration publique. Il y avait alors aux Eaux**

Chaudes, près des Eaux-Bonnes, deux ministres de la religion réformée. C'étaient deux frères. M. Tayer les vit.

Il se présente chez un de ces ministres, annonçant le dessein d'exposer quelques difficultés sur l'Ecriture sainte. Celui-ci l'arrête dès les premiers mots et lui dit : « Si vous voulez des explications sur l'Ecriture, adressez-vous à mon frère, il en a fait une étude approfondie et vous répondra très bien. Pour moi j'aime surtout *la botanique*, et je n'étudie que cela pour le moment. »

M. Tayer va donc trouver l'autre ministre qui se trouve tout disposé à parler d'Ecriture sainte. On commence. M. Tayer lui dit : Vous blâmez le célibat et en particulier le célibat des prêtres. Alors, pourquoi l'apôtre Paul, après avoir parlé de mariage ajoute-t-il ces paroles ? « Au reste, ce que je vous dis ici, c'est par indulgence et non pour vous commander de vous marier. Car ce que je souhaite, c'est que vous soyez tous comme moi. »

Le ministre écoute d'un air étonné et répond : « Où donc Paul a-t-il écrit ces paroles ? C'est la première fois que je les entends. Indiquez-moi le passage de la Bible, et je vous l'expliquerai un autre jour. » M. Tayer indiqua la première Epître aux Corinthiens, VII, 6 et 7, et se retira bien résolu de ne pas retourner chercher l'explication qu'on lui promettait ainsi.

Cependant, il n'avait pas désespéré de trouver

plus de lumières auprès des ministres protestants. Ceux qui habitent la province peuvent n'avoir qu'une science médiocre; il était convenable de se mieux adresser.

Au mois d'août de la même année, M. Tayer, toujours aux Eaux-Bonnes, écrit à Mme Tayer et lui dit : « Je vous quitte pour me rendre à Paris, où je vais consulter les pasteurs de l'Oratoire. Je suis pressé de me faire catholique. Mais je ne veux pas prendre ce parti avant de savoir ce que nos ministres peuvent répondre aux difficultés que je dois leur proposer. »

Ce voyage dura quelques semaines. Les entretiens de M. Tayer avec M. Coquerel père furent aussi peu satisfaisants que les entrevues avec les pasteurs des Eaux-Chaudes. Voici le dernier mot qui termina la discussion.

M. Tayer avait posé cette question à M. Coquerel : « Si on vous démontrait que l'Eglise catholique possède et enseigne la doctrine de Jésus-Christ, comme elle a été enseignée par les Apôtres, que répondriez-vous?

« — Eh bien ! dit M. Coquerel impatienté, si on me démontrait cela, je dirais que les Apôtres se sont trompés.

« — Vraiment! s'écria M. Tayer. Dans ce cas, j'aime mieux me tromper avec les Apôtres que d'avoir raison avec vous. »

Et il se retira, fermement décidé d'abjurer le protestantisme.

Le 8 septembre, M. Tayer écrivait à sa femme : « C'est fini. J'ai vu Coquerel, qui ne m'a répondu que des absurdités. Aussi, ma résolution d'embrasser la foi catholique est maintenant irrévocable, et dès ce soir j'annonce à ma mère ma détermination. »

Quelque temps après, le sénateur Tayer abjurait l'hérésie, et il a continué de persévérer jusqu'à la mort dans ces heureuses dispositions.

THÉNARD

CHIMISTE, MEMBRE DE L'INSTITUT, PAIR DE FRANCE, DÉPUTÉ.

1777-1857

> « Il avait trop d'esprit pour livrer à l'aventure ses destinées éternelles. »
> M. *Hamon*
> *curé de S.-Sulpice*

Le baron Jacques *Thénard*, célèbre chimiste, naquit à Nogent-sur-Seine d'un modeste cultivateur. Venu de bonne heure, à Paris, où il fut élève, puis préparateur de Fourcroy, il se fit connaître par d'importantes découvertes en chimie, et fut nommé professeur à l'école polytechnique.

Admis à l'Institut en 1810, et plus tard doyen de

la Faculté des sciences, il entra à la Chambre des députés en 1827, et reçut en 1832, le titre de pair de France. Il a écrit : *Grand traité de chimie* si estimé encore aujourd'hui. En 1870, ce savant fut emmené comme otage en Allemagne.

Le baron Thénard était un homme religieux en même temps que savant. M. le curé de Saint-Sulpice nous l'a montré chrétien pratiquant, sans ostentation comme sans respect humain, dans ces paroles prononcées à ses funérailles.

« D'autres diront la belle intelligence et les travaux de l'illustre défunt; pour moi, la religion et la reconnaissance m'obligent à dire qu'il y avait dans le baron Thénard quelque chose de meilleur encore que le grand esprit et les vastes connaissances qui honorent une Académie savante; il avait un cœur profondément chrétien, dans lequel ne pouvaient trouver entrée ni insouciance de Dieu et de l'éternité, une des plus grandes plaies de cette époque; ni cette religiosité vague qui est une chimère, ni cette séduction de la gloire qui avait pu l'abuser autrefois, disait-il, mais dont il s'était, depuis plusieurs années, pleinement détrompé, parce qu'il en sentait tout le vide.

« Le baron Thénard avait une foi intelligente qui lui montrait au ciel un Dieu à honorer, en lui-même une âme immortelle à sauver; il avait une foi éclairée qui lui faisait voir, dans la divine autorité de l'Eglise, la règle sûre et toute faite de ses croyances et de ses mœurs ; mais par-dessus tout il avait une foi pratique qui ne lui permettait pas de croire d'une manière, et de vivre d'une autre.

« Comprenant que jamais l'homme n'est plus raisonnable que quand il laisse diriger sa faible raison par la raison divine, dont l'enseignement de l'Eglise est l'expression authentique ; que jamais il n'est plus grand que quand il s'abaisse devant Dieu, il soumettait son esprit à tous les dogmes comme sa volonté à tous les préceptes ; chaque dimanche il venait se confondre avec le peuple, assister à nos saints offices, les yeux et le cœur fixés sur le livre de prière, et à nos grandes fêtes, il communiait.

« Il n'était pas de ceux qui disent : je me confesserai à la mort. Il avait trop d'esprit pour livrer ainsi à l'aventure ses destinées éternelles ; il avait trop de cœur pour se faire de la santé et de la vie, ces deux grands bienfaits du ciel, une raison de fouler provisoirement sous les pieds, les commandements de Dieu et de l'Eglise ; et certes, bien lui en a valu ; s'il eût raisonné comme le monde, combien grande eût été sa déception ! car la mort est venue le frapper tout à coup. Mais grâce à sa prudence chrétienne, il était prêt : quelques jours seulement avant le coup fatal, il avait de nouveau, en pleine santé, purifié sa conscience au tribunal sacré, avec la simplicité du plus humble pénitent.

« A ces paroles que la religion m'inspire, la reconnaissance m'oblige d'ajouter une autre louange, c'est que jamais je n'ai fait appel à sa belle âme en faveur des malheureux, sans qu'il se soit empressé d'y répondre; c'est que le plus souvent même, il n'a pas attendu mon appel, il a été délicat jusqu'à le prévenir; c'est que jamais la sœur de Saint-Vincent de Paul, la dame de charité n'a frappé à la porte de son cœur sans en remporter une généreuse aumône; c'est que, bien souvent, j'ai découvert des pauvres obscurs qu'il secourait dans le secret, content que Dieu seul connût le bienfait, parce que de Dieu seul il en attendait la récompense. »

THIERRY (Augustin)

HISTORIEN, MEMBRE DE L'ACADÉMIE DES INSCRIPTIONS.

(1795-1856)

> « Quelques personnes ne comprennent pas d'où viennent ces nombreux retours à l'Eglise catholique. Cela est très simple, c'est que *le catholicisme est la vérité*. »
> Aug. Thierry.

Augustin *Thierry*, célèbre historien, né à Blois d'une famille pauvre, sentit s'éveiller son goût pour l'histoire dans la lecture des *Martyrs* de Chateaubriand. Il entre à l'Ecole normale en 1811, et se lie bientôt avec Saint-Simon, dont il partagea les idées et dont il fut secrétaire jusqu'en 1817. Il collabora à plusieurs journaux, et après cinq années de recherches dans les bibliothèques, écrivit : *l'Histoire de la conquête de l'Angleterre par les Normands*, et plus tard ses *Récits des temps mérovingiens*, pour lesquels l'Académie lui décerna le grand prix Gobert.

Il était entré à l'Académie des Inscriptions, en 1829.

Malgré des souffrances croissantes, et bien qu'aveugle et paralysé, il fit encore paraître des *Essais sur le Tiers état*.

Dieu frappait son corps pour guérir son esprit. Il en avait besoin. Augustin Thierry était jusque-là imbu de préventions contre l'Eglise catholique, et il avait eu le malheur de les répandre dans ses ouvrages ; mais dans les dernières années de sa vie, l'étude la réflexion et les épreuves, unies à la grâce divine, le ramenèrent à d'autres sentiments.

Ce fait si instructif et si consolant pour les caholiques nous a été révélé par le vénérable curé de Saint-Sulpice, M. Hamon, aux funérailles du célèbre historien.

« Au milieu des pompeux éloges qui retentissent de toutes parts à la gloire de M. Augustin Thierry la religion a aussi son mot à dire dans cette lugubre cérémonie. Plus d'une fois, l'illustre défunt a bien voulu épancher son cœur dans le mien, et je dois à sa mémoire de révéler ces communications intimes dont il m'a fait le confident, parce qu'elles l'honorent plus que tous les éloges. Dès notre première entrevue, il tint à me faire sa profession de foi ; je me la rappelle encore avec bonheur.

L'office de la raison, me dit-il, *est de nous démontrer que Dieu a parlé aux hommes par Jésus-Christ, et une fois ce grand fait démontré par l'histoire, la raison n'a plus le droit de discuter*, son devoir est d'apprendre, par l'Evangile et par l'Eglise, ce que Dieu a dit, et de le croire ; c'est le plus noble usage qu'il puisse faire de ses facultés.

« Et cette déclaration de principes, si claire et si catholique, M. Thierry ne la dissimulait à personne. Un jour, un homme, qui se croyait habile en histoire, se permit de dire en sa présence que la papauté était une institution humaine, qui remontait au IV⁰ siècle : « Vous vous trompez, reprit aussitôt le célèbre historien, la papauté remonte jusqu'à saint Pierre, et par saint Pierre à Jésus-Christ, le divin Fondateur de l'Eglise. »

Plusieurs fois je lui parlai de ses ouvrages avec cette liberté qu'autorisait la douceur de son commerce : « J'y ai mêlé des erreurs, me dit-il, on m'a fait peine en imputant à une hostilité malveillante pour la religion ce qui n'était que l'effet de mon ignorance ; mais je veux employer ce qui me reste de vie à les corriger. »

« Nobles paroles, Messieurs, qui sont à elles

seules un magnifique éloge. M. Thierry n'était pas de ces petits esprits infatués d'eux-mêmes et de la renommée, qui croiraient descendre en disant : Je me suis trompé. Il comprenait que la vérité a des droits imprescriptibles, supérieurs à tous les misérables intérêts de l'amour-propre, et que l'homme n'est jamais plus grand que quand il est dans le vrai, ou quand il a le courage d'y rentrer après en être sorti. »

.·.

Un jour, il reçoit de la province un livre intitulé : *Erreurs de M. Augustin Thierry*; il se le fait lire, il est ravi, et il écrit à l'auteur, un de ces ecclésiastiques qui, dans un presbytère de campagne, savent être des hommes érudits, une lettre de remerciements et de félicitations; des remerciements pour le bienfait de la vérité, et de félicitations pour le remarquable mérite de celui qui l'a censuré. »

« Ravi moi-même de si nobles sentiments, j'allai à mon tour féliciter et remercier avec effusion l'homme éminent qui donnait au monde un si bel exemple : « Ma lettre vous étonne, me répondit-il, Dieu souffre bien qu'on censure ses ouvrages qui sont parfaits, pourquoi ne souffrirais-je pas bien qu'on censure les miens qui sont défectueux. »

« A la suite de ces communications si consolantes pour le cœur d'un prêtre, je proposai à M. Augustin Thierry de tirer les conséquences de ses croyances, de passer de la foi à la pratique, et d'honorer ses cheveux blancs par l'accomplissement courageux de tous les devoirs que la religion impose. »

« Je vous comprends, me répondit-il; déjà je suis membre des conférences de Saint-Vincent de Paul, je viens en aide aux malheureux qui m'implorent; mais je sens que Dieu me demande autre chose, qu'il me faut me réconcilier avec lui par les sacrements. Eh bien! je vous le promets, je me confesserai et communierai. »

« Et voilà qu'à ma grande surprise, il récite, avec un accent de foi que je n'oublierai jamais, les paroles que l'Eglise adresse à Jésus-Christ dans l'Eucharistie : *Adoro te, supplex, latens Deitas, quæ sub his figuris vere latitas; tibi se cor meum totum subjicit, quia te contemplans totum deficit.* Malheureusement, le mal survenant comme un coup de foudre a arrêté ce noble dessein d'une si belle intelligence, et nous n'avons pu lui administrer les sacrements qu'avec une douloureuse incertitude, s'il avait la conscience de nos paroles et de notre ministère; mais il n'en demeure pas moins certain que M. Augustin Thierry croyait à nos mystères, au précepte divin de la confession et à la nécessité de se réconcilier avec Dieu par les sacrements. »

Pour compléter ces renseignements, nous avons une lettre de M. Gratry à l'Archevêque de Paris sur les derniers moments de M. Augustin Thierry. Elle est datée du 26 juin 1856 :

« Vous connaissez, Monseigneur, les dispositions de M. Augustin Thierry, et j'avais eu l'honneur de vous rapporter cette parole : « Je suis un rationaliste fatigué, je veux entrer dans le sein de l'Eglise à l'autorité de laquelle je me soumets. » Peu de jours après, en présence de M. le curé de Saint-Sulpice et de deux autres personnes, M. Augustin Thierry, me prenant la main, nous dit d'un ton à la fois ému et souriant : « M. le curé, je vous prends à témoin qu'aujourd'hui j'institue et installe Monsieur l'abbé comme mon directeur de conscience. C'est lui, maintenant, qui répondra de moi. »

« Profondément touché de ces paroles, j'eus avec M. Augustin Thierry de fréquents entretiens qui m'ont révélé la beauté de cette âme. Dans les derniers temps surtout, je voyais croître son zèle pour la vérité, son entière soumission pour l'Eglise et son désir continuel et empressé de *terminer* la correction de ses ouvrages. Malheureusement, il finit par y apporter une sorte de précipitation violente, qui paraît avoir été, en grande partie, cause de sa mort.

« Voici, du reste, Monseigneur, le résumé du dernier entretien que j'ai eu avec M. Augustin Thierry. C'était huit jours avant sa mort.

« Il n'y avait chez lui que la princesse B... et moi. Il parla presque seul pendant une demi-heure avec une fermeté, une précision et une animation extraordinaires : « Quelques personnes, disait-il ne comprennent pas ce qui se passe, ni d'où viennent ces nombreux retours à l'Eglise catholique, malgré tant d'objections et de difficultés. *Cela est très simple : c'est que le catholicisme est la vérité. C'est la vraie religion du genre humain.* Les objections prétendues philosophiques ne sont point philosophiques; au contraire, toute la vraie philosophie de tous les temps et de tous lieux se trouve dans la doctrine catholique. Toute la vérité s'y concentre, et l'on est dans le faux à mesure qu'on s'en éloigne. C'est pourquoi le luthéranisme vaut moins que l'anglicanisme, le calviniste moins que le luthéranisme, l'unitarisme moins que le calvinisme, et ainsi de suite... D'aucun côté, je ne vois aucune bonne raison contre la religion catholique. On a tort d'hésiter, il faut en arriver là. La véritable philosophie, la vraie sagesse y conduiront de plus en plus. »

Trois jours après cet entretien, M. Augustin Thierry fut pris de ce subit engourdissement dans lequel il s'est endormi. C'est dans cet état que je le trouvai. Il n'avait plus qu'une vague connaissance de ce qui se passait autour de lui. Pendant une grande partie de la journée, je restai près du malade et de son digne frère, M. Amédée Thierry... Le P. Pétetot resta seul avec M. Thierry, et, pendant que nous étions en prière dans la chambre voisine, il lui suggéra les actes de foi, de contrition, d'espérance et d'amour de Dieu, puis lui donna l'absolution. Ensuite, M. le curé de Saint-Sulpice vint lui administrer l'extrême-onction. Très agité avant la venue du curé, le malade parut très calme pendant toute la cérémonie. Il n'est mort que le surlendemain, 22 mai. Grâce à Dieu, l'homme excellent que nous regrettons est mort visiblement dans le sein de l'Eglise catholique.

.*.

« Parti de l'incrédulité, comme il le dit lui-même l'étude sincère des hommes et de l'histoire lui avait appris que l'incrédulité n'explique pas le monde, et que la force vive qui mène le genre humain, c'est la religion. La religion, l'histoire le lui montrait encore, ne pouvait être que le christianisme. Mais son esprit s'élevant de plus en plus, par degré, de l'erreur à la vérité, crut voir d'abord dans le protestantisme la pure doctrine de l'Evangile. C'est alors qu'il chercha la lumière à Genève : « En ce temps, ce sont ses propres expressions, je ne me doutais pas de l'histoire de l'Eglise. Lorsque j'y eus jeté les yeux, je vis clairement que le protestantisme ne pouvait être la religion fondée par Jésus-Christ. Le protestantisme et l'histoire sont incompatibles. Le système protestant a été forcé de construire, à son usage, une histoire fictive. Je m'étonne qu'on se maintienne encore sur ce terrain.

Comment ne voit-on pas que le catholicisme se retrouve tout entier dans les quatre premiers siècles ? »

« Un autre jour et tout récemment, il disait à un des Pères de l'Oratoire, M. Perraud : « On soutient parfois, et c'est un préjugé que j'ai longtemps partagé, que la doctrine de l'Eglise est formée de pièces et de morceaux. Comme cela est faux ! Quelle admirable unité ! Comme l'examen des faits renverse cette erreur. »

C'est ainsi que cette intelligence droite et forte déchirait, peu à peu, la ceinture de ténèbres que son siècle lui avait faite. Mais Dieu lui réservait d'autres épreuves, qui devaient encore développer la force et la beauté de son âme. Dieu a voulu, pendant trente ans, envelopper cette lumineuse intelligence dans les ténèbres matérielles, et cette énergique volonté dans un corps sans mouvement. Et l'âme dans cette prison, sous cette chaîne, a continué son travail et sa persévérante recherche de Dieu et de la vérité. Quel exemple pour tous les esprits et toutes les âmes à qui le corps est un obstacle ! Absolument aveugle, entièrement paralysé ; au lieu de l'abandonner et de s'engourdir, il veillait, méditait, écoutait et dictait, avec quel éclat et quelle verve ! Il réglait et disciplinait sa vie sous l'inflexible exactitude d'une règle presque religieuse. Ainsi, entre autres détails, tous les dimanches à heure fixe, un des Pères de l'Oratoire venait lui lire l'office du jour, ce à quoi il tenait singulièrement.

« Par tant d'efforts et par la grâce de Dieu, cette âme profonde, énergique et sensible avançait toujours, et parvenait enfin, non plus seulement à l'affirmation théorique de la vérité générale de nos dogmes, mais à la volonté formelle de se soumettre à l'autorité de l'Eglise, mais à la ferme résolution de vivre de sa vie et de ses sacrements, et d'effacer dans ses écrits tout ce qui pouvait être contraire à la foi de l'Eglise et au respect qui lui est dû.

Ceci du reste, Monseigneur, est conforme à ce qu'il vous en a écrit lui-même, comme vous avez bien voulu me l'apprendre :

« Je veux, me disait-il, corriger tout ce que j'ai pu, quoique de bien bonne foi, écrire contre la vérité dans tous les sens. Je demande à Dieu, tous les jours, toutes les nuits, de me donner le temps d'achever ce travail, car il me semble qu'en ceci je travaille pour Dieu. Oui, je me soutiens et m'encourage parfois, dans ma fatigue et mes insomnies, par cette pensée : *Je suis un ouvrier de Dieu*. Ne répétez pourtant pas ce mot, ajouta-t-il dans sa délicate modestie, ce serait prétentieux. Je ne dis cela qu'à vous. »

Ce généreux esprit, si humble et en même temps si fort, poursuivit sa marche et sa lutte, sans battement comme sans orgueil, croyant et voulant travailler en présence de Dieu et par obéissance à Dieu.

Si je ne me trompe, cet exemple sera historique, il sera salutaire, il relèvera plus d'un désespoir, il guérira plus d'un aveuglement. Mais Dieu, sans doute, a voulu abréger les souffrances de son héroïque ouvrier, et après tant d'épreuves, l'a recueilli, je l'espère, dans son sein, au moment même où il s'est trouvé mûr pour la vie éternelle. »

THIERRY (Amédée)

HISTORIEN, MEMBRE DE L'ACADÉMIE DES SCIENCES MORALES ET POLITIQUES, SÉNATEUR.

(1797-1873)

> « L'office de la raison est de démontrer que Dieu a parlé aux hommes par Jésus-Christ, et une fois ce grand fait démontré, son devoir est de croire. »
> *Aug. Thierry.*

Amédé Thierry, frère d'Augustin, professeur d'histoire à la faculté des lettres de Besançon, préfet, puis maître des Requêtes au Conseil d'Etat, membre de l'Académie des sciences morales et politiques, enfin sénateur, partagea longtemps les idées impies de son frère. Mais le rationalisme n'avait pas fait en lui tant de progrès que ses amis le voulaient croire. « Rationaliste fatigué », comme Augustin, il vint à ne plus s'accommoder de ces doctrines faciles qui fusionnent le *Décalogue* avec la *Déclaration des droits de l'homme,* de ce christianisme académique qui plie l'orthodoxie aux besoins et aux aspirations modernes. L'argument qui détermina sa conversion est beaucoup plus simple et va droit au but. Il a été formulé par son frère Augustin : « Tout ce qui est en dehors du Christianisme ne compte pas; tout ce qui est en dehors de l'Eglise catholique est sans autorité ; le protestantisme et l'histoire sont incompatibles : donc l'Eglise catholique est l'autorité que je cherche, et je m'y soumets. Je crois ce qu'elle m'enseigne, je reçois le *Credo.* »

Ainsi parlait à la fin de sa vie Augustin Thierry et ce que son frère avait bien compris. « Bien heureux, écrivait le P. Marquigny, Amédée Thierry dont nous avons plus d'une fois critiqué les ouvrages avec une juste sévérité, vient de mourir, (26 mars 1873), entre les bras de notre sainte mère l'Eglise, avec le *Credo* et le *Fiat* sur les lèvres, dans la paix sereine du chrétien réconcilié avec son Dieu (1).

« Sa fin, a dit l'*Univers,* a été marquée d'un véritable caractère de piété. Le malade qui a gardé jusqu'au dernier moment une parfaite lucidité d'esprit, a édifié tous les assistants par la persévé-

(1) *Etudes religieuses.* 1873.

rance avec laquelle il n'a cessé de se recommander à la miséricorde divine.

Son fils, M. Gilbert Thierry, l'ayant entendu articuler distinctement ces mots : *sæculorum... amen... secula sœculorum..., Domine*, s'approcha de son lit et s'agenouilla en pleurant; le docteur se mit à réciter le *Pater*. Ce médecin ayant passé par mégarde une partie de l'oraison dominicale, M. Amédée Thierry s'en aperçut et reprit aussitôt : *Fiat voluntas tua*. Pendant près d'une heure et demie, il répéta ces mots qu'il a pu redire une centaine de fois... Ses dernières paroles fortement accentuées furent : *libera nos a malo. Amen.*

Peu avant la mort, M. Gilbert Thierry amena dans la chambre, son jeune fils Augustin, âgé de quatre ans, et au milieu d'un profond silence, d'une voix très distincte qui arriva jusqu'aux oreilles du mourant, l'enfant prononça cette prière ; « Mon Dieu, prenez en pitié l'âme de mon bon papa qui va mourir. »

Un quart d'heure après, M. Amédée Thierry rendait le dernier soupir.

Ses derniers ouvrages avaient mérité des critiques à cause de ses appréciations sur plusieurs saints des premiers siècles.

TOCQUEVILLE (de)

DE L'ACADÉMIE FRANÇAISE, DÉPUTÉ, MINISTRE.

> « Je considère le doute comme une des plus grandes misères de notre nature... Mon âme est comme une roue sortie de son engrenage »
> *De Tocqueville.*

Ce n'est pas l'homme politique et l'écrivain que nous voulons montrer ici à l'admiration de nos lecteurs, mais l'homme chrétien, au généreux et noble caractère, qui, revenu de ses préjugés, finit par trouver dans le catholicisme la vérité sans nuages.

Alexis Clérel *de Tocqueville* naquit à Paris le 29 septembre 1805, d'une famille royaliste et chrétienne. Il était doué d'une nature ardente et sérieuse : « On ne réussit à rien, si l'on n'a le diable au corps, écrivait-il plus tard à un jeune homme. A votre âge, j'aurais entrepris de sauter par-dessus les tours de Notre-Dame, si j'avais su trouver par-delà ce que je cherchais. »

Un esprit aussi impétueux s'émancipa de bonne heure des vérités religieuses et devint en peu d'années la victime du doute : « Lorsque dans ma jeunesse, j'ai commencé à réfléchir, j'ai cru que le monde était plein de vérités démontrées et qu'il ne s'agissait que de bien regarder pour les voir. Mais quand j'ai voulu m'appliquer à considérer les objets, je n'ai plus aperçu que doutes inextricables. Je ne puis m'expliquer dans quelle horrible situation cette découverte m'a mis. *C'est le temps le plus malheureux de ma vie.* Je ne puis me comparer qu'à un homme qui, saisi d'un vertige, croit sentir le plancher trembler sous ses pas. Même aujourd'hui, c'est avec un sentiment d'horreur que je me rappelle cette époque. Je puis dire qu'alors j'ai combattu avec le doute corps à corps, et qu'il est rare de le faire avec plus de désespoir... Je le considère comme une des plus grandes misères de notre nature; je le place immédiatement après les maladies et la mort (1). »

Quelle leçon pour tant de jeunes gens, qui, ayant à peine quitté les bancs du collège, veulent tout savoir, lire toutes les mauvaises publications, fléau de la société, sous prétexte qu'ils ne sont plus des enfants et qu'ils ont le droit de se choisir une croyance. Un esprit de dix-huit ans est-il donc assez mûr pour faire de lui-même un tel choix? De Tocqueville connut plus tard son erreur, et sut s'en repentir, néanmoins son exemple doit être utile à d'autres, puisqu'il avoue que s'il était chargé de classer les misères humaines, il le ferait dans cet ordre, 1° les maladies, 2° la mort, 3° le doute. Ainsi les maladies, la mort même étaient pour lui préférables au scepticisme. Quel effrayant aveu !

(1) *Lettre à Charles X.* 22 octobre 1831

Ses relations de société et d'amitié, quand il entra dans la magistrature, furent fusionnistes et variées comme ses opinions. Nommé juge suppléant au tribunal de Versailles, où son père était préfet, Alexis se lia d'une profonde amitié de cœur et d'intelligence avec un jeune substitut, M. Gustave de Beaumont, qui lui demeura toujours fidèle. Il était aussi uni intimement avec un proche parent, le comte Louis de Kergolay, officier d'artillerie, représentant pour lui la vieille foi bretonne et monarchique, à laquelle de Tocqueville ne rendit pas toujours hommage; car, à cause d'elle, les relations d'amitié faillirent être brisées à jamais. Heureusement ce malheur leur fut épargné à tous deux. Puis Lamoricière vint compléter ce petit cercle d'amis, auxquels se joindra plus tard M. de Corcelles. « Ce que Lamoricière représentait parmi eux, dit M. Baunard, c'était le libéralisme actif et militant, comme Tocqueville était la représentation du libéralisme de doctrine et de pensée. Mais avec cela l'honneur, la franchise, le dévouement à tout ce qui est vrai et bon ou semble l'être. » M. de Corcelles viendra représenter dans ce cercle d'élite un élément supérieur, celui du catholicisme avec un certain mélange de cet esprit moderne, par où il se rapprochait de Tocqueville. Enfin, J.-Jacques, Ampère et Mme Récamier compléteront le milieu où vécut de Tocqueville pendant longtemps : « La religion de tout ce cénacle, à part M. de Corcelles et quelques autres, c'est le demi-christianisme, le christianisme politique et libéral, qui avait pour sanctuaire le salon de Mme Récamier et pour grand pontife Chateaubriand. »

* * *

Après 1830, les relations de Tocqueville étant devenues difficiles dans cette nouvelle société, il obtint du ministre de l'intérieur d'aller, avec son ami G. de Beaumont, étudier le système pénitentiaire aux Etats-Unis, et à son retour il publia un rapport remarquable sur sa mission. Sa correspondance d'Amérique montre bien son état d'esprit, agité par ce qu'il a vu dans ces contrées nouvelles. Autour de lui, vingt sectes diverses se partagent les croyances du même peuple.

« A cette vue, dit son biographe, il se trouble, le drapeau de la vérité chancelle entre ses mains et nous retrouvons l'homme du doute dans ses lignes amères, où, désorienté au sein de cette diversité de croyances, le philosophe trouve plus simple de confondre toutes les religions (la vérité et l'erreur) dans une énumération, où il est difficile de distinguer vers laquelle incline sa préférence ou si même il en a une (1). »

Cependant un fait l'avait frappé, c'était l'accroissement des membres de l'Eglise romaine sur le sol

(1) M. Baunard. *La foi et ses victoires.*

américain. Il écrivait de là-bas à sa mère : « L'établissement des catholiques dans cette ville est considérable. Il ont cinq églises et leur nombre dépasse 5,000 (2). Je ne serais pas étonné que la religion catholique, tant attaquée en Europe, ne fît dans ce pays de grands progrès. »

Et dans une autre lettre : « Toutes mes observations me portent à penser que les catholiques croissent en nombre. Outre que beaucoup d'émigrants européens viennent les recruter, les conversions sont nombreuses. »

Après avoir constaté le fait, de Tocqueville, en esprit positif, remonte à la cause : ce qui produit ce courant vers le catholicisme, c'est la réaction des âmes contre le débordement du rationalisme. Nous verrons plus tard que ces réflexions auront porté leurs fruits.

Quatre ans après, il faisait paraître la *Démocratie en Amérique*, ouvrage profond et hardi, qui lui mérita un prix Montyon et le fit entrer à l'Académie des sciences morales. Cet ouvrage eut un grand succès en France et à l'étranger, et Royer-Collard disait de lui : « Depuis Montesquieu, il n'a rien paru

---

(2) Qu'eût-il donc pensé s'il avait vécu de nos jours? Au lieu de cinq mille, c'est six cent mille catholiques que compte New-York aujourd'hui. Au lieu de quatre ou cinq églises, c'est cinquante-huit élevées dans ce grand centre commercial. Et si l'on y joint les églises des faubourgs Brooklyn, Jeroye-City, Hoboken, il faudra porter à cent vingt le nombre des églises catholiques sur une étendue égale à celle de la moitié de Londres.

de pareil. » En 1841, ce livre était complété par la seconde partie; de Tocqueville voyait s'ouvrir pour lui les portes de l'Académie française.

Ces honneurs dans un âge si jeune le trouvèrent modeste.

Il est intéressant de lire les pages presque prophétiques, qu'il a écrites à cette date, sur la transformation de la société moderne, et de considérer comment tout ce qu'il a prédit *vers 1835* se trouve réalisé aujourd'hui, en attendant que se réalisent d'autres événements plus graves encore qu'il a annoncés : « Mon cher ami, nous allons à une démocratie sans bornes. Je ne dis pas que ce soit une bonne chose. Ce que je vois dans ce pays-ci, (il parle de l'Amérique) me convainc, au contraire, que la France s'en arrangera mal. Mais nous y allons, poussés par une force irrésistible. Tous les efforts que nous ferons pour arrêter ce mouvement ne produiront que des haltes. En un mot, la démocratie me paraît désormais un fait, qu'un gouvernement peut avoir la prétention de régler, mais d'arrêter, jamais! Ce n'est pas sans peine, je t'assure, que je me suis rendu à cette idée. Ce que je vois dans ce pays-ci ne me prouve pas que le gouvernement par la multitude soit une excellente chose. »

*
* *

Moins d'un mois avant la chute du régime de

Juillet, il avait dit à la tribune française : « On prétend, Messieurs, qu'il n'y a point de péril, parce qu'il n'y a point d'émeute. Parce qu'il n'y a point de désordre matériel à la surface de la société, on dit que les révolutions sont loin de nous. Permettez-moi de vous dire que je crois que vous vous trompez. Sans doute, le désordre n'est pas dans les faits, mais il est entré profondément dans les esprits. Regardez ce qui se passe au sein de ces classes ouvrières que vous croyez tranquilles, parce qu'en effet, elles sont moins tourmentées que jadis par les passions politiques. Mais ne voyez-vous pas que leurs passions, de politiques, sont devenues sociales? Ne voyez-vous pas qu'il se répand peu à peu dans leur sein des opinions, des idées qui ne vont pas seulement à renverser telles lois, tel ministère, tel gouvernement même, mais la société, en ébranlant les bases mêmes sur lesquelles elle repose. Et ne croyez-vous pas que quand de telles opinions descendent dans les masses, s'y répandent généralement et y prennent racine, elles doivent amener tôt ou tard, je ne sais quand, je ne sais comment, mais qu'elles doivent amener les révolutions les plus redoutables? Telle est, Messieurs, ma conviction profonde. Je crois que nous nous endormons, à l'heure qu'il est, sur un volcan, j'en suis profondément convaincu. »

En 1848, il écrivait à un ami : « Dans l'insurrection de Juin, il y a autre chose que de mauvai penchants, il y a de fausses idées. Beaucoup de ces hommes qui marchaient au renversement des droits les plus sacrés, étaient conduits par une sorte de notion erronée du droit. Ils croyaient sincèrement que la société était fondée sur l'injustice, et ils voulaient lui donner une autre base. C'est une sorte de *religion révolutionnaire* que nos baïonnettes et nos canons ne détruiront pas. Elle nous créera des difficultés et des périls qui ne sont pas près de finir, et j'en suis à me demander, si, d'ici à très longtemps, on pourra rien bâtir de solide et de durable sur le sol mouvant de notre société, même le pouvoir absolu, dont tant de gens, las des orages, s'accommoderaient, faute de mieux, comme d'un port. Nous n'avons pas vu commencer cette grande révolution, *nous ne la verrons pas finir.* »

Et deux ans après :

« Mon ami, l'avenir est noir comme le fond d'un four... Tout ce que je puis te dire, c'est que je suis plus inquiet que je ne l'ai été depuis bien longtemps. Ce qui est clair pour moi, c'est qu'on s'est trompé depuis soixante ans, en croyant voir le *bout* de la Révolution. On a cru la révolution finie au 18 brumaire; on l'a crue finie en 1814; j'ai pensé moi-même, en 1830 qu'elle pourrait bien être finie, en voyant que la démocratie, après avoir détruit tous les privilèges, en était arrivée à n'avoir plus devan elle que le privilège si ancien et si nécessaire de la propriété. J'ai pensé que, comme l'Océan, elle avait enfin trouvé son rivage. Erreur! il est évident aujourd'hui que le flot continue à marcher, que la mer monte; que non-seulement nous n'avons pas vu la fin de l'immense révolution qui a commencé avant nous, mais que l'enfant qui naît aujourd'hui ne la verra vraisemblablement pas. Ce n'est pas d'une modification, mais d'une transformation du corps social, qu'il s'agit. Pour arriver à quoi ? — En vérité, je l'ignore, et je crois que cela dépasse l'intelligence de tous. On sent que l'ancien monde finit, mais quel sera le nouveau? Les plus grands esprits de ce temps ne sont pas plus en état de le dire que ne l'ont été ceux de l'antiquité, de prévoir l'abolition de l'esclavage, la société chrétienne, l'invasion des Barbares, toutes ces grandes choses qui ont renouvelé la terre. Ils sentaient que la société de leur temps se dissolvait, voilà tout. »

Ne croirait-on pas ces lignes écrites en 1890, et comme elles donnent à réfléchir!

*
* *

Comme tous les esprits droits et généreux, de Tocqueville voulait la liberté d'enseignement pour les catholiques et combattait le monopole de l'Etat : « J'agirai et je parlerai certainement dans le sens de cette opinion, et les colères des journaux ne m'empêcheront pas de dire ce que je pense d'une papauté administrative. Je suis également décidé à tenir ferme dans la question de la liberté d'enseignement (1). »

Ayant été envoyé en Afrique pour l'étude des projets de colonisation, un incident curieux signala sa visite au collège d'Alger.

« Le directeur de ce collège se plaint à moi de ce qu'on n'empêche pas l'évêque d'avoir quelques élèves dans un petit séminaire! « L'évêque, me dit-il, élève de jeunes Arabes à 300 fr. par an. Comment pourrions-nous supporter la concurrence? » En effet, il est très fâcheux qu'on puisse donner l'instruction à bon marché! Cet odieux mercantilisme du monopole universitaire indignait l'équité d'Alexis de Tocqueville. Mais renfermons-nous dans la question suprême.

Il ne cache pas que la démocratie l'inquiète au point de vue religieux, et c'est là chez lui un signe consolant. Il connaît un remède au mal qui la tourmente, et ce remède, il ne craint pas de le nommer et de le présenter : c'est de là qu'il attend le salut des générations nouvelles. *C'est la religion*, la religion d'abord en général, nécesssaire à l'individu, secondement la religion nécessaire à l'homme de la démocratie. D'abord la religion est nécessaire à l'homme.

« Jamais, écrit Tocqueville avec sa gravité solennelle, jamais le court espace de soixante années

___
(1) Lettre de M. de Corcelles.

ne renfermera toute l'imagination de l'homme. C'est par une espèce d'aberration de l'intelligence, et à l'aide d'une sorte de violence morale que les hommes s'éloignent des croyances religieuses ; une pente invisible les y ramène. *L'incrédulité est un accident, la foi seule est l'état permanent de l'humanité.* »

Puis voici les propositions qu'il développe avec un talent supérieur : Nécessité de la religion, — nécessité de la révélation, — nécessité de la religion pour la société. Il arrive ainsi à plusieurs conclusions de la plus haute importance : » Je doute que l'homme puisse jamais supporter à la fois une complète indépendance religieuse et une entière liberté politique, et je suis porté à penser que *s'il n'a pas de foi, il faut qu'il serve, et s'il est libre qu'il croie* (1). »

Autre conséquence : si la religion est la condition première de toute liberté, là où la liberté est le plus en péril là aussi la religion devient plus nécessaire. Tel est en particulier l'état démocratique : « Je ne sais, dit-il, si cette grande utilité des religions n'est pas plus visible encore chez les peuples où les conditions sont égales que chez les autres, car cette égalité, en introduisant de grands biens dans le monde, ouvrant démesurément l'âme des hommes à l'amour des jouissances matérielles l'avantage *des religions* est de leur inspirer des instincts tout

(1) *De la Démocratie en Amérique.* t. III, chap. vi.

contraires... Les peuples religieux sont donc naturellement forts à l'endroit où les peuples démocratiques sont faibles, ce qui fait bien voir de quelle importance il est que les hommes gardent leur religion en devenant égaux. »

Donc, malheur à ces peuples barbares s'ils viennent à tomber dans le matérialisme! « Le matérialisme est, chez toutes les nations, une maladie dangereuse de l'esprit humain, mais il faut particulièrement le redouter chez un peuple démocratique, parce qu'il se combine avec le vice le plus familier à ces peuples, qui est le goût excessif des jouissances matérielles. Or la religion étant un des moyens les plus simples et les plus pratiques d'enseigner aux hommes l'immortalité de l'âme, c'est là l'avantage qu'un peuple démocratique retire des croyances, et ce qui les rend plus nécessaires à tel peuple qu'à tous les autres. »

Voilà ce qu'enseigne de Tocqueville par rapport à la religion. Toutefois, il ne faut pas se méprendre sur ses sentiments. Il ne s'agit pas encore pour lui du catholicisme, mais de la religion naturelle. Aussi parle-t-il *des religions* comme si, en principe, plusieurs pouvaient être vraies, puis d'une manière générale de Dieu, de l'immortalité de l'âme, qui ne sont encore que des vérités naturelles. Enfin, cette nécessité de la religion pour les peuples, il semble ne l'admettre qu'en vue du bien-être et de la morale, et souvent seulement comme moyen de gouverner les peuples. De même, en fait de morale, il veut le *modérantisme*; en fait de pratiques religieuses, le *minisne*; en fait de principes religieux, le *libéralisme*. Ainsi notre philosophe n'a pas fait de grands progrès vers la vérité religieuse.

.˙.

« Singulière religion, dirons-nous avec M. Baunard, que celle qui se résigne à suivre docilement le courant contre lequel sa mission est de lutter, » et qui mesure sa morale et son dogme au degré des fluctuations des opinions humaines et des caprices de la foule, car, d'après de Tocqueville, la religion ne saurait prospérer qu'en s'accommodant à la démocratie.

Notre philosophe était donc, pour le moment, catholique le moins possible. De là au catholicisme complet, pratique, le chemin est long. Aussi sera-ce une vraie conversion que son retour à la foi et à la vie chrétienne. Lacordaire a dit de lui qu'il n'y eut jamais dans son cœur une impiété, ni sur ses lèvres un blasphème.

Elu député en 1839, de Tocqueville n'eut qu'un rêve en entrant dans la vie politique, ce fut de travailler « à concilier l'esprit libéral avec l'esprit de religion, la société moderne avec l'Eglise. »

Toujours les mêmes illusions. Au lendemain de 48, il entra au ministère des affaires étrangères avec ses amis Dufaure et Lanjuinais, mais il crut devoir en sortir après le manifeste du 31 octobre 1849, se séparant aussi de Louis Bonaparte. Son passage au ministère n'avait duré que six mois. Il y fut assez longtemps cependant pour avoir la gloire de faire partie du ministère qui soutint notre expédition de Rome. La lettre du Prince président à M. Edgard Ney fut le signal de sa rupture avec lui : il ne lui reconnaissait pas le droit de remontrance et encore moins d'insolence envers la majesté d'un pape tel que Pie IX.

Il revint donc à son banc de député, triste et découragé, mais content d'avoir fait son devoir comme ministre. Il voulut bien encore lutter au 2 Décembre 51, mais il fut conduit, avec ses collègues à Vincennes.

Là finit sa vie politique. Après 40 heures de prison, il se retira dans sa terre de Normandie. C'est là que Dieu l'attendait : « Voici que les deuils de famille, le désenchantement de la gloire, le désillusionnement politique, tous ces vents de la tribulation soufflant ensemble ou successivement sur la face mobile qui recouvrait sa foi vont mettre à nu le tuf impérissable sur lequel Dieu s'apprête à se bâtir un temple pour l'éternité (1). »

Dans sa retraite, nous le trouvons défendant l'Église catholique contre les attaques des anglicans. Un des plus illustres correspondants anglais, le traducteur de ses ouvrages, devenu secrétaire du Con-

(1) M. Baunard.

seil privé de la reine d'Angleterre ayant attaqué les tendances de Rome, de Tocqueville s'en plaignit amèrement dans une lettre digne d'un ultramontain. Bientôt Dieu lui envoya de funèbres avertissements.

En 1856, la mort lui enleva son père, un père qu'il adorait et dont il écrit : « J'ai vu chez mon père ce que je n'avais jamais vu jusqu'ici qu'en lui : la religion entière et présente dans les moindres actions de sa vie, et à chaque minute se mêlant sans jamais chercher à se montrer, à toutes les pensées, à tous les sentiments, à tous les actes : « Votre père, me disait son confesseur, vient chercher près de moi des consolations, et moi près de lui, un sujet continuel d'édification . Aussi la vie et la mort de mon pauvre père ont été pour moi les plus grandes preuves de la religion. »

C'est bien de la vraie religion qu'il s'agit cette fois.

A la fin de 1856, il perdit son oncle M. de Rosambo, également catholique fervent et édifiant, et auquel il avait voué un culte d'affection et d'admiration. En 1857, mourait une noble et digne amie, Mme Swetchine à laquelle il rendit hommage dans ses lettres d'alors. Dieu brisait ainsi les liens qui attachaient l'âme de Tocqueville ici-bas. Ces deuils successifs et une vague inquiétude qui l'absorbait, le rendirent triste : il essaya d'y échapper par l'étude, mais ne put y parvenir : « Sous la salutaire influence de ma femme, une certaine sérénité me gagne par moments, mais bientôt elle m'échappe, et m'abandonne à cette agitation sans cause et sans effets, qui souvent fait tourner mon âme comme une roue sortie de son engrenage. » En même temps, il se sentait malade et fut emmené à Paris. Le docteur Andral l'envoya sous le ciel de Cannes pour le remettre un peu.

Ecoutons le récit de sa mort par M. l'abbé Gabriel : « Un jour, il me dit : « Monsieur le curé, je vous reverrai. » Puis il ajouta cette parole significative : « Et vous savez comment. — Quand sera-ce, monsieur le comte? — Monsieur le curé, dès demain. »

« Le lendemain j'y fus. Il m'attendait pour se confesser. Il voulait le faire à genoux ; je dus le lui défendre.

« Quand il se fut confessé, il parla de communier. « Quand sera-ce? » me demanda-t-il. Le jour de Pâques n'était pas loin. Il désira attendre jusqu'à cette grande fête, « afin, me dit-il, d'avoir le temps de se préparer. » J'acceptai ce délai que me semblait permettre l'amélioration présente de son état, et je lui donnai rendez-vous pour ce jour dans la chapelle de Notre-Dame du Bon-Voyage.

« Cependant j'étais inquiet : le malade s'affaiblissait. Sur ces entrefaites Mme de Tocqueville étant devenue elle-même fort souffrante, me demanda de lui apporter la sainte communion. J'en profitai pour dire à son mari, qui était là: » Et vous Monsieur le comte, quand sera-ce votre tour? — Je ne suis pas encore prêt, me répondit-il, et il demanda à se confesser de nouveau.

Le lendemain, j'allai célébrer la messe dans sa propre *villa*. Avant de commencer, je lui dis de nouveau : « Et à quand pour vous? » Il me fit la même réponse : « Je ne suis pas encore prêt. » C'était la grande idée qu'il avait du sacrement qui le faisait parler ainsi. Mais en me voyant sur le point de monter à l'autel, il me rappelle et me demande : « Vraiment, le puis-je aujourd'hui? — Oui, puisque vous avez été absous hier même. »

Ce fut ainsi qu'il communia... Les assistants m'ont dit qu'ils l'avaient vu pleurer : c'étaient des larmes de joie. Bientôt après, la maladie ne laissa plus d'espoir, même de prolongation. Un jour de la semaine sainte, je fus appelé auprès de lui précipitamment. Mais il était trop tard: il venait d'être emporté dans une syncope. »

Son frère, le vicomte de Tocqueville, dans une lettre à M. Mignet qui, dans une étude sur le défunt, avait omis de parler de sa fin chrétienne, donne des détails édifiants sur les derniers moments de sa vie.

Deux religieuses veillaient le malade tour à tour. Pendant ses longues heures d'insomnie, il ne cessait de s'entretenir avec elles des plus hautes questions touchant la Divinité, l'éternité, l'immortalité de l'âme, la vie future. Quand il se trouvait trop fatigué, il disait à la religieuse : « Priez tout haut, ma sœur, » et souvent il s'écriait : « Que cette prière est belle ! » Le lendemain, la sœur me disait : « Comme il a parlé de Dieu cette nuit ! »

Quelque temps après, un mieux étant survenu, il dit à son neveu Hubert : « Vois-tu ? cher ami, je regrette aujourd'hui de n'avoir pas fait, dans ma vie, une plus large part aux intérêts de la religion. Si Dieu me rend la santé, je suis décidé à m'y consacrer avec plus d'ardeur. »

Vers la même époque, ajoute son frère le vicomte, comme il revenait un matin de sa courte promenade, il me fit asseoir près de lui et me dit d'un ton assez solennel : « Je tiens à t'apprendre que je suis mis en relation avec le curé, qui me paraît un saint prêtre, et que je lui ai déclaré mon intention d'accomplir, avant de quitter Cannes, mon devoir pascal. »

Puis il raconte la communion du comte comme nous l'avons rapportée.

Enfin M. de Beaumont ajoute :

« La fin de Tocqueville a été toute chrétienne. C'est à tort qu'on a parlé de conversion : il n'a point eu à se convertir, parce qu'il n'y avait jamais eu en lui la moindre trace d'irréligion... En se jetant aux pieds d'un ministre de paix et de miséricorde, il ne fit que suivre l'élan de sa conscience. »

TRÉBOUTE

COLONEL DE CUIRASSIERS A REISCHOFFEN.

(1883)

> « Dans ma vie j'ai pu donner quelques mauvais exemples... Je veux que l'on sache ici comment un officier français sait recevoir son Dieu et mourir en chrétien. »
> Col. *Tréboute*.

A Bordeaux, le 2 mars 1883, un brave officier supérieur, le colonel Gabriel *Tréboute* rendait son âme à Dieu; il avait les plus beaux états de service, était commandeur de la légion d'Honneur, et ce qui vaut mieux encore, il était demeuré aussi fidèle à Dieu qu'à l'honneur militaire. Gabriel Tréboute faisait partie, comme lieutenant-colonel, de ce fameux 7e de cuirassiers qui s'illustra si héroïquement à Reischoffen. Il y reçut deux blessures et eut deux chevaux tués sous lui. Voici comment il reçut sa dernière communion. C'est l'aumônier militaire qui parle :

« Le 15 du mois dernier, j'allai vers le soir entendre sa confession et le disposer au viatique du lendemain : communion à laquelle il se préparait depuis quelque temps. Avant de partir, je lui dis : « Mon bon colonel, tenez-vous en paix, et demain matin *de bonne heure,* je vous apporterai le Dieu que votre cœur désire : — Mais, M. l'aumônier, me dit-il alors, demain matin, *de bonne heure*, il fera nuit encore ?.. Si cela ne devait pas vous déranger, je préférerais qu'il fît jour. Dans ma vie j'ai pu donner quelque mauvais exemple. Je veux en donner un bon avant de mourir... Je veux que l'on sache comment un officier français sait recevoir son Dieu et mourir en chrétien. »

« Je viens de vous parler de sa dernière communion. Il y a eu à son occasion une circonstance bien touchante que je ne puis taire. Trois jours auparavant, il s'etait souvenu de sa première communion. Il s'est penché vers sa sœur qui le veillait : « Tu t'en souviens ? Nous avons fait notre première communion ensemble... Si tu voulais... que je serai donc heureux de faire avec toi celle qui pourra être ma dernière !... » Son désir a été satisfait. Sur son lit de douleur, il a reçu le Dieu qui fortifie, et au pied de ce lit, sa sœur recevait le même Dieu qui console, puis il s'est éteint dans la paix du Seigneur.

TRÉHOUART
AMIRAL, SÉNATEUR.
(1798-1873)

> « Le brave marin fut frappé des grandeurs de la foi aussitôt qu'il les connut. »
> J. Chantrel

François Thomas *Tréhouart*, entra comme

mousse dans la marine et devint amiral. Né à Vieu-Ville le 27 avril 1798, il assista aux derniers combats de l'empire, fut nommé lieutenant de vaisseau en 1829, après la bataille de Navarin et contre-amiral commandant de l'escadre française en 1843 Vice-amiral en 1851, il entra au Sénat en 1859 et fut élevé au grade d'amiral en 1869.

C'est encore un célèbre converti de ce siècle.

« Nous sommes heureux, a dit M. J. Chantrel, de pouvoir donner les plus consolants détails sur les derniers moments de l'illustre marin. L'amiral Tréhouart est mort dans les sentiments de la foi chrétienne. Il s'était retiré à Arcachon, où il est mort. Là, il fit la connaissance d'un ecclésiastique, avec lequel les entretiens tombaient naturellement sur la religion. Le brave marin, absorbé par les devoirs de sa profession, ne s'était jamais occupé de cette question.

Il fut frappé des beautés et des grandeurs de la foi aussitôt qu'il les connut. Il était si ignorant à cet égard qu'il fallut lui faire le catéchisme comme à un enfant, mais quelle ferveur et quelle joie lorsqu'il participa au banquet eucharistique! Se trouvant plus heureux alors que dans ses plus glorieux faits d'armes, il aimait à exprimer son bonheur aux personnes qui l'entouraient. »

Il vécut quelques temps encore dans ces saintes dispositions, exprimant, comme S. Augustin, le regret d'avoir connu bien tard le Dieu qui l'avait créé, et mourut consolé par la religion.

TROPLONG

JURISCONSULTE, PAIR DE FRANCE, DE L'ACADÉMIE DES SCIENCES MORALES, PRÉSIDENT DU SÉNAT.

(1795-1869)

> « Après avoir beaucoup lu, beaucoup étudié et beaucoup vécu, quand approche le moment de la mort, on reconnaît que la seule chose vraie, c'est le catéchisme. »
> *Troplong.*

Théodore *Troplong* fut un jurisconsulte éminent, il joignait à une érudition très vaste une grande élévation de pensée et des qualités de style rares parmi les légistes. Il s'éleva par l'étude et la science aux plus hautes dignités de l'Etat, puisque, de simple avocat, il devint pair de France, sous la monarchie de Juillet, et sénateur sous le second empire.

Il était né à S. Gaudens (Hante-Garonne) le 8 octobre 1795.

Son œuvre capitale est son droit *Civil expliqué*, qu'on peut regarder comme la continuation du grand répertoire de Toulier. C'est un vaste recueil, dont le vingt-septième volume parut en 1856. Ce qui distingue l'œuvre de Troplong, c'est le soin qu'il a pris d'arracher la jurisprudence à la discussion sèche des textes pour la faire entrer dans le domaine de l'histoire, de l'économie politique et de la philosophie. Il est devenu ainsi le véritable historien du développement du droit à travers les siècles.

Son second ouvrage, le plus important pour nous et qui révèle un esprit calme, judicieux en même temps que chrétien, c'est celui où il traite : *De l'influence du Christianisme sur le droit civil des Romains*. Nous aurions là de belles pages à citer si le cadre de ce volume le rendait facile. Il nous suffira, pour en indiquer l'esprit de reproduire cette phrase, qui est comme la conclusion de l'ouvrage :

« Le Christianisme est le magnifique résumé de tous les anciens systèmes de morale et de philosophie, dégagés de leur erreurs et ramenés à des principes plus élevés et plus complets ; c'est le point de jonction de toutes les vérités partielles du monde oriental et du monde occidental qui vont se confondre dans une vérité plus pure, plus claire, plus vaste, ; c'est le progrès final par lequel l'humanité a été mise en possession des principes de la vraie civilisation universelle. »

Il est vraiment beau et fortifiant pour les âmes croyantes d'entendre ce savant avouer au prêtre qui l'assistait la veille de sa mort :

Après avoir beaucoup lu, beaucoup étudié et beaucoup vécu, quand approche le moment de la mort, on reconnaît que la seule chose vraie, *c'est le catéchisme.* »

Voilà la conclusion et le résultat auxquels ont abouti tant d'études, tant de recherches dans les législations étrangères, tant de travaux sur la philosophie de l'histoire. C'est le cas de répéter avec Ozanam : « La nature ne suffit pas aux grands esprits, il s'y trouvent trop à l'étroit, » au lieu que les sentiments de foi et de piété, dans lesquels est mort M. Troplong, dilatent le cœur, élargissent le cercle des connaissances où se meut l'esprit et le rapprochent de Dieu, dans un monde jusque-là souvent inconnu, le monde surnaturel, le domaine de la foi, où les âmes se meuvent dans des espaces infinis.

TOUCHARD
AMIRAL, DÉPUTÉ, MINISTRE.
(1810-1879)

> « Dieu a des misericordes infinies pour les défenseurs du pays qui tombent sur le champ de bataille. »
> Amiral *Touchard*.

Le vice-amiral *Touchard* entré au service en 1826, devint aide de camp du prince de Joinville en 1839. Il a été chargé du commandement de la station française du Levant en 1861 et promu vice-amiral le 5 novembre 1864. Il a publié divers ouvrages spéciaux relatifs à la navigation et inséré plusieurs travaux dans la *Revue maritime*.

Après avoir occupé le ministère de la marine, il mourut en 1879.

« L'amiral Touchard, a dit M. Bethmont, se fit remarquer dès son entrée dans la marine par un sens droit, un caractère ferme, un vif amour du métier. Il a eu une carrière maritime tout entière consacrée au devoir, il s'est distingué en des circonstances nombreuses, notamment à l'affaire de Mogador et pendant la guerre de Crimée. Il s'est encore distingué au ministère de la marine par sa capacité et sa compétence dans les commissions dont il faisait partie; partout il a laissé une trace qui ne s'effacera pas. »

« [Nouveau venu dans le Parlement, a-t-il dit lui-même dans la lettre qu'il adressait au président de la Chambre la veille de sa mort, je n'apportais au milieu d'eux ni passion, ni rancune contre les hommes, je n'y apportais que des sentiments de paix et de conciliation. »

Sa vie de marin a été toute consacrée au service de la patrie, mais il n'a pas oublié son Dieu. Il a vécu et il est mort en chrétien. Ce fut pour opposer une digue à l'impiété et à la révolution, qu'il avait posé dans ses derniers temps, sa candidature à la députation dans Paris si corrompu dans ses votes. Aussi était-il alors le seul député de la capitale qui releva et soutint le drapeau du parti conservateur.

Après lui, plusieurs, encouragés par son exemple, se sont offerts au suffrage de leurs concitoyens et ont réussi à représenter à la Chambre les intérêts des catholiques, qui en sont surtout reconnaissants au brave amiral Touchard.

C'est dans les paroles prononcées sur la tombe

d'Edgard Saisset (1), que l'amiral a montré les sentiments religieux qui l'animaient :

« Adieu, jeune et généreuse victime d'une cause juste et sainte ! Dieu a des miséricordes infinies pour les défenseurs du pays qui tombent sur le champ de bataille. Déjà il vous a recueilli dans son sein. Implorez-le à l'heure présente, implorez sa bonté et sa justice pour le triomphe de sa cause que vous avez vaillamment défendue.

« Messieurs,

« En présence du cercueil qui renferme tant de jeunesse et d'espérances anéanties d'un seul coup, mon cœur est saisi d'une indicible tristesse, mais il s'en dégage en même temps ce cri d'énergique espoir et d'ardent patriotisme : Dieu sauve la France. »

Loin de renier ces beaux sentiments, l'amiral Touchard a fait une mort édifiante.

(1) Fils du vice-amiral Saisset, tué pendant le siège de Paris, au mois de janvier 1872.

VAILLANT

MARÉCHAL DE FRANCE, MINISTRE, DE L'ACADÉMIE
DES SCIENCES.

(1790-1872)

> « J'ai toujours tenu et je tiens pour unique, vraie et infaillible cette sainte religion catholique, remerciant Dieu de m'avoir accordé cette foi. »
> Maréchal Vaillant.

Le maréchal Vaillant était né à Dijon. A sa sortie de l'Ecole polytechnique, il entra dans l'arme du génie, et fut employé en 1811 comme lieutenant aux travaux de défense de Dantzig, puis combattit à Ligny, à Waterloo.

Sous les régimes suivants, il n'est pas un siège important où il ne prenne part. Il est blessé devant Alger, contribue à la prise d'Anvers, et surtout à la prise de Rome, où l'habileté, avec laquelle il dirigea les travaux du siège pour épargner la Ville éternelle, est restée présente à la mémoire de tous.

Il avait été envoyé deux fois en Afrique. Sa nomination au maréchalat date de 1851. Pendant la campagne de Crimée, le brave guerrier accepta la lourde charge de ministre de la guerre, et la supporta de façon à faire regretter qu'il ne l'eût point conservée seize ans plus tard.

A dater de 1860, une vie nouvelle commence pour lui.

Grand maréchal du palais, ministre des Beaux-Arts et de la maison de l'Empereur, comte de l'empire et membre du conseil privé, il reste dans ces hautes sphères ce qu'il a toujours été, grand travailleur, administrateur de haute capacité, bourru par tempérament, simple jusqu'à la parcimonie. Mais à l'occasion, et son pays natal en sait quelque chose, il savait être vraiment généreux. Membre de l'Académie des sciences depuis 1853, il était fort assidu aux séances, dont il suivait avec passion et partageait volontiers les travaux sur les sciences naturelles.

La vie du maréchal Vaillant n'offre pas beaucoup de faits qui révèlent ses sentiments religieux. Toutefois, nous savons qu'il avait la foi, et il en donna des preuves dans sa dernière maladie, où il accueillit avec joie et bonheur le ministère du prêtre. Il se confessa et reçut les sacrements avec une grande piété. La France lui fit de magnifiques funérailles à Sainte-Clotilde, au mois de juin 1872.

Pendant son passage au ministère, il accordait ou faisait accorder des secours aux églises : le trait suivant, qui nous prouve la simplicité de sa vie, nous en offre un curieux exemple.

.•.

Été comme hiver, le maréchal se levait à cinq heures du matin : il allumait un cigare, et alors qu'il était ministre de la maison de l'empereur allait se promener, les deux mains dans les poches à travers « son département, » ayant pour costume, un pantalon large et un veston de coutil.

Un jour, à six heures, arrive devant le ministère un brave curé de campagne des environs de Dijon. Le concierge dormait, et le maréchal fumait sur le perron de l'hôtel. Il aperçoit le visiteur embarrassé. :

« Que cherchez-vous, monsieur l'abbé ? cria-t-il.

— Le concierge, *mon garçon*.

— Il dort encore.

— Quel ennui ! où savoir l'heure d'audience du ministre ?

— Il reçoit toute la journée. Que lui voulez-vous, au ministre ?

— Voilà... Et le bon curé, tout heureux de trouver à qui conter son affaire, s'empresse de raconter le motif de sa visite.

— C'est bon, c'est bon, dit le maréchal, je me charge de cela ; seulement, venez à l'heure du déjeuner, vous passerez de suite.

— Vous êtes sans doute *le domestique* de confiance de son Excellence ?

— Tout juste, il n'a pas de meilleur serviteur que moi.

Le curé, radieux et plein d'espérance, se retire et revient à l'heure indiquée.

On l'introduit dans la salle à manger, et il y trouve son interlocuteur du matin qui l'invite à s'asseoir et à déjeuner avec lui.

— Vous déjeunez donc à la même heure que le ministre? demanda le prêtre un peu ébahi.

— Oui, et je mange la même chose que lui. Vous allez voir.

Le curé s'attable, et rien ne venait détruire son illusion, quand un secrétaire entre dans la salle et prononce le mot de maréchal.

— Oh! monsieur! c'est bien mal de vous être moqué d'un pauvre brave homme qui avait eu confiance en vous, s'écria-t-il indigné et en se levant.

— Rassurez-vous, monsieur l'abbé, voici le traité de paix. En ce disant, le maréchal remit au prêtre le papier que venait de lui apporter son secrétaire. L'objet de sa demande était accordé; c'était une subvention considérable pour son église.

VALETTE
JURISCONSULTE, DÉPUTÉ, MEMBRE DE L'INSTITUT.
(1805-1878)

> « Les sots sont ici-bas pour nos menus plaisirs. »
> Aug. *Valette.*

L'Académie des sciences morales a perdu dans M. Valette un esprit distingué et un caractère droit.

Né le 15 août 1805, Claude Auguste *Valette* était doué d'aptitudes diverses, et fut, à neuf ans, reçu élève du Conservatoire. Mais bientôt il abandonna la musique, fit son droit et fut reçu docteur avec succès, ce qui lui valut d'être professeur de droit à Paris pendant 20 ans.

Il a su unir à l'exposition de nos lois civiles toutes les notions historiques et philosophiques propres à les éclairer et à en montrer les origines dans la tradition et la science. Aussi est-il en France et en Allemagne un des plus brillants représentants du droit français. La connaissance des langues et des législatures étrangères lui permit de signaler les *desiderata* de notre Code sans jamais en abandonner les principes.

Elu par le Jura à l'Assemblée nationale après la Révolution de Février, il entra dans la vie politique et vota avec la gauche. Républicain, il l'avait été, mais nous savons que les républicains du jour étaient loin de réaliser son idéal. Il entendait les principes républicains dans un sens chrétien, et parlait souvent avec mépris de ses amis politiques, regrettant, disait-il, de ne pouvoir leur appliquer ce vers :

Les sots sont ici-bas pour nos menus plaisirs.

Aussi était-il peu éloigné de la pratique de sa religion, et, quand il tomba sérieusement malade, il voulut se confesser et communier en pleine connaissance.

A dater de cette époque, il a souffert et est mort en chrétien, en 1878.

VEUILLOT (Louis)
PUBLICISTE
(1813-1883)

> « L'Eglise m'a donné la lumière et la paix, je lui dois ma raison et mon cœur; c'est par elle que je vois que j'admire, que j'aime, que je vis. »
> L. Veuillot.

Dans son ouvrage sur *Rome et Lorette*, L. Veuillot a écrit son histoire et le récit de sa conversion avec une éloquence émue. Ouvrier de la dixième heure, il s'est proposé avant tout de faire du bien à ses frères, en leur racontant les miséricordes de Dieu sur son âme. « La vie du chrétien, dit-il, doit n'être qu'un effort de conversion sur lui-même et sur les autres; en se convertissant, il prêche; en prêchant, il se convertit. C'est la pensée que nous avons tous et que j'exprime. »

Nous allons essayer de résumer ce récit.

Louis *Veuillot* est né de parents pauvres et sans religion : « Je le dis à la honte de mon temps, non à la leur; ils ne connaissaient pas Dieu. Enfants tous deux à l'époque où l'on massacrait les prêtres, ils n'en avaient point trouvé dans leur village pour les élever, et tout ce qu'en vieillissant ils avaient entendu dire, aux plus habiles qu'eux de l'Eglise et des ministres de la religion, leur en inspirait l'horreur ». Pour lui, toute sa religion se bornait dans son enfance « à réciter quelques bribes de l'*Ave Maria* », le soir au pied de son lit.

Il se plaint amèrement de n'avoir pas connu le bonheur de l'école des Frères : « Je fus donc jeté dans cette infâme école mutuelle; il fallait, tous les mois, deux journées de travail de mon pauvre père, pour payer les leçons de corruption que je recevais de mes camarades et d'un maître qui était ivre les trois quarts du temps. »

Ainsi abandonné à la direction d'un tel maître, il lut les plus mauvais romans de l'époque : « Je n'y manquais pas... et il est telle de ces lectures maudites dont mon âme portera toujours les odieuses plaies. »

Avis aux jeunes gens qui dévorent ces productions. « Poussé à la Table sainte par des mains ignorantes ou tout à fait impies, j'en revins avec mes souillures, je n'y retournai plus. »

Telles furent son enfance et sa jeunessse au point de vue moral et religieux; au point de vue matériel, elles furent tristes aussi. Tombés dans la misère, son père et sa mère ne pouvaient le nourrir; il chercha une position pour ne pas mourir de faim : il devint scribe, dans un bureau, aux appointements de vingt francs par mois. C'est ainsi qu'il sortit à treize ans de la maison paternelle, « abandonné dans le monde, sans guide, sans conseil, sans amis, pour ainsi dire, sans maître et sans Dieu. O destinée amère ! Je rencontrai de bons cœurs, on ne manqua pour moi ni de générosité, ni d'indulgence, mais personne ne s'occupa de mon âme, personne ne me fit boire à la source sacrée du devoir,... et quand, dans ma misère, dans mon isolement, dans ma servitude, j'avais tant besoin de savoir une prière, c'était le blasphème qu'on m'apprenait. »

Combien de jeunes gens liront ces lignes et y reconnaîtront leur situation abandonnée.

« J'avais dix-sept ans, quand je vis les médiocres enfants de la bourgeoisie qui m'entouraient s'applaudir d'avoir démoli l'autel et le trône ; j'avais dix-huit ans, quand je vis la bête féroce abattre les croix ; déjà mes anciens compagnons se félicitaient moins, mais j'applaudissais à mon tour. Eux ni moi ne pensions à voir dans la croix le signe du salut, les signes de la liberté, les deux bras divins pour protéger le monde. Tout ce qui tombait excitait ma joie : je me voyais condamné à n'habiter partout que la poudre des grands chemins et déjà je disais des choses qui allaient les épouvanter. »

∗

L. Veuillot raconte ensuite ses premières armes dans la mauvaise presse et le travail qui se faisait dans son esprit.

« J'étais dévoué : la jeunesse a besoin de se dévouer... Nous étions, dans un petit chef-lieu de Gascogne, trois journalistes en dispute réglée pour peu de chose... De ces querelles mesquines, de ce dévouement fourvoyé, de ces passions ignorantes, j'essayais de remplir une âme où chaque jour mouraient les fragiles fleurs du printemps, mais plus j'allais, plus il s'y trouvait des places vides, et dans ces landes désolées germaient bien des remords.

« Souvent ému sur ce point, seul avec moi-même, je cherchais à pénétrer les mystères de l'homme intérieur. J'y trouvais de l'ennui ; l'ennui me semblait légitimer le goût du plaisir. Mais ce goût du plaisir blessait la conscience, jetait mille troubles dans l'âme, enfantait d'odieuses douleurs. Pourquoi cela ? Qu'est-ce que la conscience ? Je ne le comprenais pas... Que n'allais-je tout de suite à Dieu ! Faut-il le dire ? Je pensais n'avoir rien à faire de ce côté ; je me croyais de la religion. J'avais en effet la religion de la lyre, cette piété des rimeurs de notre temps, qui consiste à remplacer Jupiter par Jéhovah, l'amour par un ange, et à faire intervenir par une profanation détestable le nom virginal de la Reine du ciel dans les élégies que l'on adresse aux Philis et aux Chloés. Sans nier l'existence de Dieu, je ne connaissais rien, absolument rien de la loi chrétienne. Je lisais dans les écrits des penseurs de nos jours que le christianisme avait été bon, utile; mais qu'il était mort, et je croyais très volontiers qu'en effet le christianisme était mort.

« Rien autour de moi ne me disait qu'il vécût. Dans la ville que j'habitais il y avait sans doute d'honnêtes gens; il n'y avait pas un homme à ma connaissance (pas un!), ni fonctionnaire, ni professeur, ni magistrat, ni vieux, ni jeune, qui remplît ses devoirs religieux ; pas une mère de famille qui eût une fois parlé, en ma présence à ses enfants, de Dieu, de l'Eglise, ou de quoi que ce soit qui eût le moins du monde rapport à la religion. »

La conversion d'un ami commença cependant d'ébranler son âme. Il alla le voir, et au lieu de le trouver par suite de ce changement *un peu fou*, comme il le disait, il le trouva calme, plein d'espoir, et l'aimant plus que jamais, enfin vraiment chrétien. « Il me fit, raconte-t-il, le récit de ses combats, c'étaient les miens; il me pressa de l'imiter dans le dernier effort qui lui avait donné la victoire. Hélas! le prix même du triomphe me fit peur... Chose étrange! ces terreurs durèrent peu, les doutes même cessèrent, et pourtant le plein jour n'était pas encore venu : c'est que j'avais méprisé la grâce. Dieu me laissa dormir un temps dans la fange de mes iniquités. Vous qui dormez dans le même lit, du même sommeil, ne vous hâtez point de me trouver heureux ; luttez contre ce sommeil funeste, sortez-en! J'en ai porté, j'en porte encore la peine. Ce sont des plaies que je ne montre qu'à Dieu...

Gustave cependant priait pour moi; il songeait aussi à mon avenir temporel que j'avais toujours abandonné à tous les vents de la terre, et par ses soins je vins à Paris. »

A cette époque, Dieu lui envoya le secours de deux bons livres que des personnes fort religieuses lui prêtèrent par une permission divine. C'était l'*Histoire de sainte Elisabeth* de M. de Montalembert, et le beau travail de M. Rubicond sur l'*Action du clergé dans les sociétés modernes*. Mais « savoir, intelligence, raison, choses vaines sans l'obéissance et l'amour. Pour y voir plus clair, je ne m'en conduisais pas mieux... Et j'étais toujours dans le combat. J'étais honteux des brèches faites à ma conscience ou j'étais las des débris d'honnêteté qui me restaient... Je perdais le sens du juste et de l'honnête, je perdais jusqu'à la volonté du combat, jusqu'au désir de la force. »

*
*

Enfin son ami converti l'emmène à Rome.

Là, tout fit impression sur son cœur déjà blasé par les plaisirs et les passions. Ce fut d'abord Saint-Pierre de Rome.

« Catholique ou protestant, croyant ou incrédule, que l'on fasse profession de bel esprit, que l'on suive naïvement les impressions d'un bon et simple cœur, sous quelque ciel que l'on soit né, de quelque pensée que l'on soit imbu, je n'imagine pas un sang si froid, une situation de l'âme telle, que l'on puisse entrer, sans beaucoup d'émotion, dans Saint-Pierre de Rome...

« Une émotion étrange encore, qui fut vive du premier coup, est celle que me firent éprouver ces nombreux confessionnaux distribués dans Saint-Pierre, et qui portent pour enseignes toutes les langues de l'Europe... Ainsi, mon Dieu, vous voulez bien qu'on vous apporte ici des souillures ramassées dans tous les coins du monde! qu'on les y laisse! et qu'après tant de courses incertaines dans les voies de l'erreur, on puisse dater de Saint-Pierre de Rome le point de départ d'une vie toute nouvelle, où l'on sera soutenu par votre amour. »

L. Veuillot suivit son ami au tombeau de saint Pierre, où il entendit la messe, (la première fois depuis dix ans,) et enviait, sans trop savoir pourquoi le bonheur des personnes pieuses qu'il voyait revenir de la Table sainte. Dieu agissait ainsi dans son âme.

Une lecture d'un sermon de Bourdaloue faite en commun avec ses amis sembla achever ce travail de la grâce, car Veuillot dit à l'un d'eux: « — Cela vous ferait donc bien plaisir, Adolphe, si je me convertissais? »

Celui-ci ne répondit pas, mais une larme brilla dans ses yeux; c'était la réponse.

Cependant tous les amis du pauvre égaré, tous fervents catholiques, témoins de la lutte qui se prolongeait en lui, priaient et faisaient prier. Comme ils avaient donné le soin de leur âme à un père jésuite, leur ami les accompagna un soir au *Gesu*, et eut, avec ce bon religieux, une courte entrevue, où il versa d'abondantes larmes sur son état. Ce fut le signe avant-coureur de la conversion complète.

« J'employai, dit le néophyte, le jeudi et le vendredi saint à mon examen de conscience... Je me mis à genoux et *je me confessai*... Je me levai, le cœur bercé d'une joie sérieuse et paisible, non pas délivré encore, mais allégé ; non pas absous, mais béni. »

Enfin, il lui fut donné d'achever le long et pénible, mais sincère aveu, devant lequel il avait reculé si longtemps. Il reçut la divine Eucharistie dans l'Octave de Pâques à Sainte-Marie Majeure, et épancha longtemps son bonheur au pied de l'autel : « J'étais dans le port, a-t-il écrit, et je regardais d'un œil tranquille cette mer infinie des anciennes tentations. Je savais ce que c'est que le mal : c'est ce que Dieu défend. Vingt-quatre années, j'avais vécu sans le savoir et sans pouvoir l'apprendre : je le savais maintenant pour ne plus l'oublier, et toutes mes déceptions et toutes mes misères n'étaient plus un mystère où se perdit ma raison... Dieu intervenait visiblement dans ma vie. J'avais la foi. Je l'avais trouvée, avec toutes les consolations, avec toutes les évidences, avec toutes les certitudes, là où l'on m'avait dit que je la trouverais. »

Ceux qui ont connu L. Veuillot savent avec quelle ardeur, quel courage et quel désintéressement il a persévéré dans la bonne voie. Il a consacré son talent, son temps, ses veilles et toutes ses forces à la défense de la Religion. Il n'a reculé pour cela devant aucun adversaire, ni aucun danger. Il a pu se tromper, il a pu apporter trop d'âpreté dans la discussion, mais personne ne doit suspecter la sincérité et l'énergie de sa foi. Les libres-penseurs de nos jours n'ont encore rencontré aucun écrivain qui les ait flagellés si vigoureusement.

Aussi est-ce avec raison que ce grand lutteur a proclamé son dévouement à l'Eglise dans ces lignes, empruntées aux *Mélanges*:

« *L'Eglise m'a donné la lumière et la paix : je lui dois ma raison et mon cœur;* c'est par elle que je sais, que j'admire, que j'aime, que je vis. Lorsqu'on l'attaque, j'ai les mouvements d'un fils qui voit frapper sa mère. J'essaie d'arrêter la main parricide, j'essaie de la meurtrir, je conserve de son crime un ressentiment profond. C'est le plus insensé des crimes, le plus ingrat, le plus cruel.

« Certes, je n'ai le malheur de haïr aucun homme. Mais l'œuvre à laquelle beaucoup d'hommes se condamnent, et dont je vois tous les jours les effets irréparables, je la hais. Je la hais d'une passion que rien n'épuise, que rien n'endort, qui, malgré moi, éclate en âpres gémissements.

« L'Eglise est ma Mère et ma Reine. C'est à elle que je dois tout, lui devant la connaissance de la vérité ; c'est par elle que j'aime, c'est par elle que je crois , d'elle seule j'espère tout ce que je puis espérer, homme, la miséricorde divine, citoyen, le salut de la patrie.

« Jamais on ne verra dans nos paroles, dans nos actions, dans nos désirs, dans nos rêves, la trace d'un amour égal à celui dont nous brûlons pour la maison de Dieu, pour la sainte Eglise catholique. Pour nous, il n'y a ni branche cadette, ni branche aînée ; ni opposition, ni ministère, ni quoi que ce soit qui prenne le pas sur l'intérêt de la religion catholique. »

Après avoir, tout le reste de sa vie, combattu le bon combat dans lequel il a épuisé ses forces, Veuillot est mort en athlète de Jésus-Christ. Aussi, dans l'inscription latine du monument élevé à Rome à la mémoire du grand écrivain catholique, a-t-on pu célébrer dans Louis Veuillot *le chrétien qui se sacrifia pour l'Eglise et la société, le génie qui se forma lui-même, le dompteur des ennemis du Saint-Siège, l'écrivain concis et fort, l'homme désintéressé qui méprisa les honneurs, les richesses et les plaisirs ; l'homme fier devant les puissants, devant l'opinion, devant les malheurs du temps ; finalement, le grand mort que salue la postérité et que les mécréants ne se rappellent qu'avec effroi.*

VIENNET

LITTÉRATEUR, SÉNATEUR, PAIR DE FRANCE, DÉPUTÉ DE L'ACADÉMIE FRANÇAISE.

(1777-1868)

> « Il rétracta toutes ses erreurs et eut la consolation de se réconcilier avec Dieu. »
> L'abbé *Saillard.*

Né à Béziers, le 18 novembre, 1777, M. *Viennet* fut d'abord soldat, puis poète et homme de lettres ; homme politique, dévoué à divers pouvoirs, il eut la bonne fortune de s'élever à toutes les dignités littéraires et politiques les plus élevées, en atteignant, il l'a avoué lui-même, aux limites de l'impopularité. Non content de poursuivre de ses écrits satiriques le despotisme et les Jésuites, il voulut avoir une part plus directe à la lutte du parti opposé à la Restauration.

Ecrivain du *Constitutionnel* et avec l'appui de ce journal, il fut élu député de l'Hérault, et siégea dans les rangs de la gauche.

La situation acquise par M. Viennet dans les luttes politiques et littéraires décida l'Académie à lui ouvrir ses portes en 1830.

En 1834, ayant appuyé de sa parole les lois de répression, il tomba dans une grande impopularité, ce qu'il raconte lui-même avec une grande naïveté :

« On a compté jusqu'à cinq cents épigrammes par année contre ma personne, ma figure, mes poésies, mes discours de tribune, mon épi de cheveux rebelles et ma redingote verte. Tout échappé du collège qui entrait dans un feuilleton essayait sa plume sur ma friperie et croyait me devoir son premier coup de pied. »

Pour le consoler de ces attaques et de ces injures, Louis-Philippe en 1840 lui conféra la dignité de pair de France, ce qui n'aboutit qu'à en redoubler la violence. Au reste, Viennet s'attribue à lui-même la cause de cette impopularité. Il croit que sa vie publique a nui à sa carrière littéraire et que son plus grand tort fut « de dire sa pensée à tout le monde, sans acception de parti, ni de coterie. »

« Viennet, homme politique, dit l'abbé Saillard, a réparé par une mort très chrétienne, une longue existence de quatre-vingt-dix ans, qui ne fut pas celle d'un enfant fidèle à l'Eglise.

« Il était entré dans la franc-maçonnerie, s'en laissa proclamer grand maître, du rite écossais, et composa une *Histoire de la Papauté* d'un très mauvais esprit, qui n'est qu'un monument de haine antireligieuse.

« Il rétracta toutes ses erreurs avant de mourir, et eut la consolation de se réconcilier avec Dieu.

A l'époque de sa mort, au mois de Juillet 1868, *l'Univers* recevait à ce sujet la lettre suivante :

« Vous annoncez que M. Viennet est mort à

Saint-Germain. Il y a erreur, M. Viennet est mort au Val-Saint-Germain.

« Il était maire de cette commune. Dans les derniers jours de sa maladie, il a demandé M. le curé de la paroisse, s'est confessé, a fait abjuration de toutes ses erreurs, et a déclaré mourir dans le sein de l'Eglise catholique, apostolique, et romaine.

Ainsi la maladie avait fait taire la haine contre la Religion dans le cœur de cet homme distingué, et il était venu à s'étonner d'avoir pu demeurer si longtemps en état de révolte contre la loi divine.

VIGNY (de)
POÈTE, DE L'ACADEMIE FRANÇAISE.
(1797-1863)

> « Je veux mourir en bon catholique comme tous ceux de ma famille. »
> Alfred *de Vigny*.

La mémoire du comte De Vigny a été accaparée par la presse impie; mais les paroles de notre épigraphe prononcées par lui prouvent qu'il s'est séparé, avant de mourir, de ceux qui furent trop ongtemps les compagnons de son indifférence et de son irréligion.

Alfred Victor, comte *de Vigny*, né à Loches en 1797 fit partie, à dix-sept ans, des mousquetaires rouges de Louis XVIII et resta dans l'armée jusqu'en 1827, époque à laquelle il en sortit pour se consacrer exclusivement aux lettres.

Les premiers poèmes, qui datent de 1822, sont la preuve de l'influence de l'esprit religieux sur sa muse, comme la *Fille de Jephté*, le *Déluge*, *Moïse Eloa ou la sœur des anges*. Avec le temps et le travail, le poète prenait place peu à peu dans l'école romantique, mais sans devenir très populaire. Le roman historique de Cinq-Mars fit beaucoup plus que ses poèmes pour sa réputation.

Dès 1829, de Vigny abordait le théâtre avec *Othello*, drame traduit de Schakspeare, et la *Maréchale d'Ancre* en 1831, Plusieurs petits poèmes philosophiques publiés dans la *Revue des Deux-Mondes* achevèrent sa réputation, et en 1845 il entrait à l'Académie française.

Tel est l'abrégé de sa carrière littéraire.

Au point de vue moral et religieux, sa vie ne fut pas toujours si éclatante et si glorieuse.

Sous le titre de *Journal d'un poète* le légataire d'Alfred de Vigny a publié, après la mort de celui-ci, en 1867, un livre qui donne la plus triste idée du caractère religieux et moral de ce brillant homme de lettres, et on ne voit pas trop dans quel but ce volume a été mis au jour : en tous cas, il n'augmentera pas la gloire du poète. Chacune de ces pages révèle la misanthropie, l'amertume de l'orgueil blessé, l'impiété froide et raisonnée, et une sorte de haine personnelle contre Dieu.

Aussi bien, les revues les moins religieuses se sont-elles récriées contre le scandale d'une telle publication ; et l'une d'elles qui est loin d'être cléricale, écrit que c'est là une des plus malencontreuses inspirations que la piété du souvenir ait jamais soufflée à l'oreille d'un ami dévoué.

Nous savons, il est vrai, qu'Alfred de Vigny perdit la foi de son enfance, et qu'il en fut puni par les tristes conséquences de l'incrédulité, le trouble et la tristesse, compagnes inséparables de la seconde moitié de sa vie, et qui, à plusieurs reprises, le portèrent au suicide.

C'est ce qu'avoue sincèrement l'écrivain que nous venons de citer : « Ne cherchons pas le secret des tristesses d'Alfred de Vigny ailleurs que dans son incrédulité. Elle suffit pour tout expliquer, car elle est une des plus complètes qu'il nous ait été donné de constater... Pour lui aucune espérance ni dans cette vie, ni au-delà de la vie. Etonnez-vous après cela que le suicide se soit plus d'une fois présenté comme la conclusion légitime d'une existence qui n'a aucun but. »

Donc, plus de joie, plus de bonheur pour le malheureux poète, au milieu des honneurs dont le comblent les sociétés littéraires. Et ses amis le constatent : Son incrédulité est une des plus complètes qu'il nous ait été donné de rencontrer.

Voyons s'il en sortira, et par quels moyens.

.*.

Nous avons heureusement des renseignements aussi positifs que consolants à fournir ici, touchant les dispositions du grand poète sur la fin de sa vie.

Une personne digne de foi et parente d'Alfred de Vigny, a donné au public des détails, qui permettent de le représenter comme un des exemples les plus frappants du pouvoir de la prière, et de la puissance de Dieu sur le cœur de l'homme.

On avait beaucoup prié, en effet, pour la conversion de cet impie obstiné, de cet ennemi de Dieu et la grâce a triomphé des passions. Quelques temps avant sa mort il avait accepté et porté sur lui une médaille miraculeuse, puis peu de jours avant de mourir, alors qu'il possédait la plénitude de sa raison et de sa liberté, il s'est confessé et s'est jeté dans les bras du prêtre qui venait de recevoir ses aveux, en lui disant : « Je veux mourir en bon catholique comme tous ceux de ma famille. »

Tel est le témoignage de la personne dont nous venons de parler, et qui lui était toute dévouée.

Mais nous avons mieux encore pour garantir ce ait si consolant. C'est la lettre du vénérable prêtre qui a eu la consolation de réconcilier avec Dieu Alfred de Vigny, M. Vidal, curé de Bercy, lettre adressée à la revue des *Etudes religieuses*.

« Vous m'avez fait l'honneur de me demander des renseignements sur les derniers moments d'Alfred de Vigny. Voici comment les choses se sont passées.

Plusieurs fois, j'avais parlé à M. de Vigny de songer à la confession avant de paraître devant Dieu, et sans jamais me repousser il m'avait seulement témoigné le désir d'attendre encore pour accomplir cette action. *Quinze jours* environ avant sa mort, j'allai le voir, et après une conversation très sérieuse dans laquelle il me dit que sa famille était une famille presque sacerdotale; qu'un de ses oncles était mort trappiste; qu'un autre, doyen du chapitre de Loches était, je crois, mort en exil ; et que lui, M. de Vigny portait encore au doigt l'anneau de son oncle, je crus le moment venu de lui parler de confession et d'en finir cette fois : « M. de Vigny, lui dis-je, je pars un de ces jours pour un long voyage, et je ne veux pas partir sans vous avoir donné l'absolution. »

« Tout aussitôt il s'inclina et me donna un plein consentement. Il prit un air extrêmement recueilli, et après la confession, il me dit ces propres paroles : « *Je suis catholique et je meurs catholique.* » Après cette profession de foi, je lui donnai l'absolution.

« En ce moment, il était impossible d'exiger davantage. Cet acte suprême fit sur lui la plus grande impression, il me prit la main, m'attira à lui, et m'embrassa en me disant avec une effusion de cœur inexprimable : « Ah ! quelle bonne action vous venez de faire! » Je n'oublierai jamais cette parole et le ton dont elle fut prononcée.

« Pendant mon absence, il me demanda à plusieurs reprises ; et enfin, se sentant près de mourir, il demanda lui-même un prêtre pour recevoir l'Extrême-Onction. Sa bonne courut à l'église, et ramena un des vicaires, qui put l'administrer. Il est bon de noter que cette bonne était protestante, et que pendant les derniers jours de sa vie, M. de Vigny lui fit plusieurs fois l'éloge des prêtres..... C'est cette bonne qui a raconté quelques-uns de ces détails, et qui voyant mettre en doute, par un personnage connu, le fait de la demande spontanée du prêtre par M. de Vigny, répondit :

« Monsieur, je suis protestante, et c'est moi qui ai été chercher le prêtre à l'église pour l'administrer.

« Voilà comment les choses se sont passées. Je l'affirme.

VIDAL, *Curé de N. D. de Bercy*

VILLEMAIN

DÉPUTÉ, PAIR DE FRANCE, SECRÉTAIRE PERPÉTUEL
DE L'ACADEMIE, MINISTRE,

(1790-1869)

> « L'expérience de chaque jour me fait trouver dans la foi de mon enfance toute la lumière de mon âge mûr, toute la sanctification de mes joies domestiques, toute la consolation dans mes peines. »
> (*Villemain*)

Abel François *Villemain*, né à Paris en 1790, est mort dans cette ville en 1869.

Après de brillants succès au collège Louis-le-Grand, il fut nommé professeur de rhétorique à Charlemagne, puis bientôt maître de conférence à l'école normale. Un *Eloge de Montaigne* couronné par l'Académie signale ses éclatants débuts dans la carrière littéraire : il n'avait que vingt-deux ans. En 1816, il fut couronné de nouveau par l'Académie française pour son *Eloge de Montesquieu*, nommé professeur d'éloquence à la Sorbonne, il attira près de lui toute une jeunesse aussi studieuse qu'enthousiaste. Ses leçons sur l'*Eloquence chrétienne au IVe siècle* resteront comme un des plus beaux monuments littéraires de notre époque.

Villemain fut, en peu de temps, maître des requêtes au conseil d'Etat, membre de l'Académie et député d'Evreux. Sous Louis-Philippe il devint pair de France et secrétaire perpétuel de l'Académie française. Enfin, après avoir occupé deux fois le ministère de l'Instruction publique, il quitta la vie politique pour s'adonner entièrement à la culture des lettres.

Nous ne saurions donner ici la liste entière de ses ouvrages. Citons seulement son *Cours de littérature française*, *Discours et mélanges littéraires*, *Tableau de l'éloquence chrétienne au IVe siècle*, *Etudes d'histoire moderne*, *la Tribune contemporaine*, sans compter de nombreux mémoires, notices et morceaux de critique insérés dans divers recueils.

M. Villemain brillait également comme professeur, comme secrétaire de l'Académie et comme écrivain : il professait surtout avec une distinction et un succès remarquables.

Malheureusement, pendant une grande partie de sa vie, le brillant littérateur eut des tendances voltairiennes, et, à la suite de la révolution de 1830, alors que le sensualisme et l'incrédulité s'étaient affirmés avec un redoublement de violence, Villemain fut un des membres de la Chambre des députés qui appuyèrent la rédaction de l'article, où l'Etat se déclarait partisan d'une chimérique égalité entre les différents cultes, et par là proclamait un athéisme hypocrite et honteux.

Cependant, dès cette époque, il avait rendu au

rôle civilisateur du christianisme le plus impartial et le plus magnifique hommage. Qu'on en juge par cet extrait.

« Le christianisme, en élevant une tribune où les plus sublimes vérités étaient annoncées hautement pour tout le monde; où les plus pures leçons de la morale étaient rendues familières à la multitude ignorante; tribune formidable, devant laquelle s'étaient humiliés les empereurs souillés du sang du peuple; tribune pacifique et tutélaire, qui, plus d'une fois donna refuge à ses mortels ennemis; tribune où furent longtemps défendus des intérêts partout abandonnés, et qui seule plaidait éternellement la cause du pauvre contre le riche, du faible contre l'oppresseur, et de l'homme contre lui-même. »

Mais la plupart du temps, dit M. Victor Jeanroy, l'orateur ne considère l'Evangile que comme une philosophie relativement supérieure à celles qui l'ont précédée, et demeurant malgré tout, fidèle à son rationalisme bâtard, il refuse de reconnaître le caractère divin et la primitive révélation du christianisme.

.

Dans les dernières années de sa vie, ce grand littérateur reconnut enfin que jusque-là il avait fait violence à son esprit et imposé silence aux besoins de son âme : il revint à Dieu. Non content d'être un savant et un homme d'esprit, puisque ces avantages intellectuels ne procurent pas les lumières nécessaires pour assurer la dignité de la vie, il devint vraiment chrétien et chrétien convaincu.

Il accomplissait scrupuleusement ses devoirs religieux et donnait l'exemple de l'observation des lois de Dieu et de l'Eglise comme de la fréquentation des sacrements.

Un jour, en sortant de Saint-Germain-des-Prés, où il venait d'entendre la messe, il oublie son chapeau et revient le demander au suisse. Celui-ci le prend du bout de sa hallebarde et le présente assez dédaigneusement au secrétaire perpétuel de l'Académie. M. Villemain ne dit rien par respect pour le saint lieu, mais le lendemain, il se plaignit amèrement au curé de Saint-Germain-des-Prés, et fit réparer son chapeau.

Le dimanche suivant, il se garda de l'oublier, mais il avait déjà de grand cœur pardonné à l'infortuné suisse, et il se montra toujours un fidèle paroissien (1). »

« Sa fin, ajoute M. V. Jeanroy en terminant son article biographique, ne fut point indigne, par le repentir et l'humilité, de celle des deux grands chrétiens dont il avait été le si fidèle et si éloquent biographe : Pascal et Fénelon. »

(1) *Hommes célèbres.*

VILLERET (Brun de)

GÉNÉRAL, PAIR DE FRANCE, DÉPUTÉ.

(1773-1845)

> « Comme le général Drouot il avait gardé, dans les camps, ces habitudes religieuses qui s'allient si bien aux vertus guerrières. »
>
> *A B.*

Au mois de février 1845 avaient lieu à Malzieu (Lozère) les funérailles du général *Brun de Villeret*, grand-officier de la Légion d'honneur, pair de France, puis député, âgé de soixante-douze ans.

Entré en 1798 dans l'arme de l'artillerie, son mérite ne tarda pas à être distingué par le maréchal Soult, duc de Dalmatie, qui l'attacha à sa personne en qualité d'aide de camp. Le jeune officier suivit le maréchal sur tous les champs de bataille, dont les noms forment les pages si glorieuses de notre histoire. Par l'éclat de ses services, il parvint, de grade en grade, jusqu'à celui de maréchal de camp en 1814. Il fut, cette même année, à cause de sa brillante conduite, créé baron de l'Empire.

A partir de la seconde restauration, le général de Villeret rentré dans la vie civile fut envoyé à la Chambre des députés par le département de la

Lozère. D'opinion politique fort modérée, il siégea constamment sur les bancs du centre gauche. Il fut du nombre des 221 députés, qui par un vote solennel, essayèrent mais en vain, d'arrêter la Restauration au bord de l'abîme où elle allait se précipiter.

Lorsqu'il fut appelé par son âge à quitter le service actif pour entrer dans le cadre de réserve, son départ de Clermont, où il avait commandé la 19ᵉ division militaire, fut précédé d'une éclatante manifestation publique. Une fête somptueuse lui fut offerte par l'élite de la population qui voulait l'entretenir encore une fois pour lui exprimer et ses regrets et sa reconnaissance.

Retiré depuis lors au Malzieu, le général jouissait d'un repos si glorieusement acquis, en se livrant sans réserve aux douces émotions du bonheur domestique, lorsque sa santé s'altéra subitement.

Les principes religieux, qui ne l'avaient jamais abandonné, lui firent supporter ses souffrances dernières avec une admirable résignation. Il mourut comme il avait vécu, en chrétien, au milieu d'une famille désolée et d'une population qui s'associait tout entière à une douleur si profonde et si légitime (1). »

* * *

Le trait suivant, rapporté par M. J. Chantrel

(1) *Panthéon de la Légion d'honneur.*

nous donnera lieu d'admirer la fermeté des principes du brave général.

C'était aux Tuileries, dans la première année qui suivit la révolution de Juillet. Louis-Philippe donnait un grand dîner où se trouvaient réunis les plus hauts dignitaires de l'Etat et de l'armée.

Quoi que ce fût un vendredi, le dîner était servi en gras.

A la droite de la reine se trouvait placé le général Brun de Villeret, qui devait cet insigne honneur à la réputation de bravoure et de loyauté dont il jouissait sans conteste. Vieux soldat, il avait fait les campagnes de l'Empire, et par son énergique courage, ses brillants faits d'armes, il avait conquis tous ses grades.

Il s'était surtout illustré à la défense de l'île de Lobau, où, pendant trois jours, sans vivres et avec un corps d'armée peu considérable, il soutint seul tous les efforts de l'ennemi, et tint bon jusqu'à ce que l'armée française pût venir le dégager.

Du reste, comme le général Drouot, il avait gardé dans les camps les habitudes religieuses, cette foi chrétienne qui s'allie si bien aux vertus guerrières. A la droite de Louis-Philippe était placé le maréchal Soult, qui était à ce point lié d'amitié avec le général Brun de Villeret, qu'ils se tutoyaient sans façon comme deux anciens compagons d'armes. Celui-ci avait été secrétaire général du ministère de la guerre sous le maréchal.

Ce repas, nous l'avons dit, était servi tout en gras. Le potage arrive au général Brun de Villeret : il refuse. Un premier plat lui est offert, il refuse encore. D'autres offres lui sont faites ; même refus persévérant. Afin de dissimuler son jeûne prolongé, le général s'efforçait d'entourer la reine de prévenances et de politesses, paraissant s'occuper uniquement à ce que rien ne vînt à lui manquer. Celle-ci, cependant, finit par s'apercevoir que le général n'avait encore accepté aucun des mets qui lui étaient présentés.

« —Mais, général, vous ne mangez donc pas ? lui dit-elle.

« — Madame, répondit en souriant le général de Villeret, c'est aujourd'hui vendredi, j'attends un plat maigre, et j'espère qu'on finira par en présenter un.

A ces mots où se révélait la foi si religieuse du vieux soldat, l'embarras de la reine fut extrême. Le maréchal Soult s'en aperçut, et bien vite il s'empressa de venir au secours de la princesse en plaisantant le général sur sa pieuse fidélité à l'abstinence, ajoutant que, pour un soldat, cela paraissait étonnant.

« — Comment ! cela te paraît étonnant, répondit le général ; cependant tu me connais bien : tu sais bien que, de ma vie, je n'ai fait gras le vendredi, si ce n'est à l'île de Lobau, où je n'eus à manger que la tête de mon cheval ! »

Un silence de respect accueillit les paroles du

vieux guerrier, et l'on devine aisément que les plats maigres ne tardèrent pas à venir.

C'est ainsi que le général Brun de Villeret montra comment un vrai catholique sait professer et respecter partout sa religion.

VILLERS-BERTHEN (de)

COMMANDANT D'INFANTERIE DE MARINE

(1838-1883)

> « *In cruce spes et robur.* »
> Devise de sa famille.
> « Dites à ma femme que je meurs en soldat et en chrétien. »
> B. de Villers

M. Bougaud, vicaire général d'Orléans a prononcé aux funérailles de M. *Berthe de Villers-Berthen* tué à Hanoï (Tonkin) en 1883, une allocution pleine de cœur à la mémoire du vaillant officier dont il fut l'ami. Quelques extraits nous feront connaître et admirer le héros d'Hanoï.

« Il était donc parti pour le Tonkin, onze mois après son mariage, s'arrachant en larmes à sa jeune et chère épouse, lui laissant un petit enfant pour consoler sa solitude; du reste, plein d'énergie et de décision, entrevoyant devant lui une carrière superbe, n'ayant qu'à regarder ses deux oncles si éminents pour arriver, comme eux, aux plus grands honneurs de sa profession (1).

Il ne devait d'ailleurs demeurer que deux années au Tonkin; deux années bien longues, mais animées par la plus rare activité en un pays où il y avait tant à faire; par le plus mâle courage, s'exposant à tous les périls, blessé une première fois, fait chevalier de la Légion d'honneur, ayant donné de nouvelles et plus hautes preuves de sa capacité, et apercevant déjà à l'horizon le jour où il viendrait en France se reposer de ses glorieuses fatigues auprès de ceux qu'il aimait.

De ce côté, on se préparait aussi à ce retour; on faisait de beaux rêves. On irait à Toulon au-devant de lui; on lui porterait son petit enfant.

Tout à coup, ô nouvelle épouvantable ! ô coup de foudre inattendu !

M. de Villers est blessé, M. de Villers est mort! Et bientôt ce cri de la dernière heure, ce cri de l'agonie : « Dites à ma femme que je meurs en soldat et en chrétien (2) ! »

Nobles paroles, expression magnifique d'une grande âme qui s'en va !

On les gravera un jour sur sa tombe ! On les met-

---

(1) L'amiral Ribourt et le général Ribourt, oncles du défunt.

(2) Frappé vers sept heures du matin, a écrit un des compagnons d'armes, notre brave commandant s'éteignait à trois heures de l'après-midi, entouré de nous tous et muni des sacrements de l'Eglise.

tra au bas de sa statue ! Elles illumineront son front d'une auréole immortelle !

Mort en soldat ! simplement, courageusement, héroïquement !

Mort en soldat ! à la tête de ses troupes, la poitrine en face de l'ennemi.

Mort en soldat ! pour son pays, pour sa chère France, éloignée, absente, toujours adorée ; lui ayant donné jusqu'à la dernière goutte de son sang, jusqu'à la dernière goutte mille fois plus précieuse de son bonheur !...

Et comme il était mort en soldat, Dieu lui accorda la grâce de mourir en chrétien. Chrétien ! il l'avait toujours été. Dans le tumulte des camps, dans les traversées maritimes, il avait toujours accompli ses devoirs sans forfanterie comme sans peur.

Combien de fois, bons habitants de Bagé, ne l'avez-vous pas vu ici, agenouillé à la table sainte ! Ce jour là il mettait ses beaux habits d'officier, pour vous montrer à tous ce que c'est qu'un soldat chrétien ! Comme donc il avait vécu ainsi, Dieu voulut qu'il mourût de même. Bien que frappé de trois balles, il ne resta pas sur le champ de bataille. L'amour de ses soldats lui fit un brancard sur lequel on le transporta à l'ambulance, où il trouva la religion qui l'attendait pour le consoler et achever de le purifier.

Il y passa trois heures dans ces souffrances expiatrices et rédemptrices que Dieu ne donne qu'à ceux qu'il aime. Après quoi, il mourut en pleine connaissance, portant sur sa poitrine son scapulaire ensanglanté, assisté par un bon prêtre son ami, fortifié par les sacrements de Pénitence, d'Eucharistie et d'Extrême-Onction ; ses derniers regards allant de la France au ciel et du ciel à la France; et le dernier, le plus long, le plus tendre, pour cette chère compagne dont il connaissait le grand cœur, et qu'il ne voulut consoler que par ce cri héroïque :

« Dites à ma femme que je meurs en soldat et en chrétien. »

Berthe de Villers est mort le 10 mai 1883 à Hanoï, à trois mille lieues de sa patrie. Sa famille est originaire de Flandre : elle porte pour armes *de gueules au lion d'or*, avec la devise : *In cruce spes et robur. Dans la croix espérance et force.*

Le commandant de Villers a été digne de sa famille et de ses armes. La croix est en effet la force, et ce qui reste de vaillants en France ne s'en sépare point.

VINOY

GÉNÉRAL GOUVERNEUR DE PARIS, GRAND CHANCELIER DE LA LÉGION D'HONNEUR.

(1800-1880)

> « Sur sa tombe la France reconnaissante devrait graver cette devise antique : sans peur et sans reproche. »
> Gén. Ambert.

Le général *Vinoy* a succombé le 29 avril 1880, emporté en quatre jours par une maladie soudaine. Né le 28 août 1800, il avait été élevé au petit séminaire, mais son attrait pour l'état militaire l'entraîna sous les drapeaux. Il avait vingt ans. Depuis lors, le drapeau de la France n'a jamais été au feu sans qu'il y fût.

En 1830, on le trouve à l'armée d'Afrique, sous le général Bourbaki, où il se distingua et reçut sa première blessure. Après la prise de Lagouat, il fut nommé général de brigade, et, dans la campagne de Crimée, général de division, pour sa brillante conduite à l'aussaut de Malakoff.

A Magenta et à Solférino il assura le succès de ces journées en refoulant des forces bien supérieures en nombre à sa division.

En 1870, le général Vinoy, âgé de soixante-dix ans, commandant du 13e corps, était à Mézières quand il apprit le désastre de Sedan. Aussitôt cerné par les troupes prussiennes, il réussit grâce à l'habileté et à la hardiesse de ses mouvements, à échapper à leur étreinte et ramener intact à Paris son petit corps d'armée. « Son arrivée à Paris, a écrit un général stratégiste prussien, était de la plus haute importance, car le corps Vinoy a formé le noyau de défense de la capitale. » Pendant le siège, Vinoy, à la tête de la 2e armée, composée de recrues et de mobiles, sut tirer bon parti de ses troupes improvisées, et, s'il ne sauva pas la capitale, il sauva l'honneur.

Après la chute de la commune, M. Thiers nomma le vieux soldat, qui n'avait pas manqué une bataille depuis cinquante ans, grand chancelier de la Légion d'honneur. Le brave général, au milieu de nos orages politiques, était demeuré à son poste, honoré et respecté de tous les partis.

Le général Vinoy avait puisé ses sentiments religieux dans l'éducation reçue au séminaire pendant sa jeunesse, et il sut les conserver toute sa vie, bien qu'ils semblassent souvent étouffés par le bruit des camps et les multiples occupations de la carrière militaire. Ces sentiments chrétiens et sa juste sévérité pour les gens de désordre lui attirèrent la haine des amnistiés, et quand, pour leur plaire, on le pria de donner sa démission de grand chancelier, il a trouvé ce motif insuffisant, et a noblement répondu *qu'à soixante-dix ans, il attendrait sa révocation comme il avait attendu les balles de l'ennemi.*

« Un jour, dit le général Ambert, son ami, la disgrâce vint atteindre notre illustre général. Il nous écrivit, à cette occasion, une lettre sublime de grandeur et de résignation. Mais dans chaque pensée, dans chaque mot, notre âme émue devinait la mort prochaine. Cet homme qu'avaient respecté les boulets et la mitraille, cet homme revenu des hauteurs de l'Atlas et de la gorge de Malakoff, devait tomber sous le coup de l'ingratitude et de l'iniquité. Son cœur fut brisé, et d'un pas chancelant, il sortit de ce palais dont nul autre n'était sorti vivant. »

Peu de jours après, Vinoy atteint au cœur, mourait, en infligeant comme une dernière victoire à ceux qui l'avaient frappé, la responsabilité d'une mauvaise action.

Dans ces derniers instants sa foi religieuse s'est réveillée, et il a demandé le ministère du prêtre, lequel a écrit à son sujet la lettre suivante :

.˙.

« Je vous adresse les renseignements que vous me demandez sur la fin du général.

Depuis sa sortie de la Légion d'honneur, il ne quittait pas sa chambre, en proie à un chagrin qui rongeait son âme. Il restait de longues heures la tête dans ses mains, ne voulant profiter ni du premier soleil ni des premières douceurs du printemps.

« Il ne comprenait pas surtout qu'on pût soupçonner l'honnêteté d'un vieux soldat, dont la vie s'était si bravement consumée au service de son pays. Cette pensée le tuait.

Quelques jours après, il se mettait au lit pour ne plus se relever. Le 28 avril, Mme Vinoy me fit demander. Je me hâtai de me présenter auprès du général que je ne savais pas malade.

« Je m'entretins tout d'abord avec lui de sa maladie, de ses anciens amis, etc.; puis, passant à un autre ordre d'idées, je lui rappelai qu'il était chrétien et qu'il avait des devoirs à remplir. Il s'y prêta de grand cœur et reçut les sacrements avec foi. Il envisagea la mort avec le plus grand calme faisant à Dieu le sacrifice de sa vie.

Dans la soirée je revins le voir. Il était mieux, me remercia et paraissait heureux.

Le lendemain vers dix heures, je me présentai encore une fois. Le général qui entrait en agonie, expira doucement dans mes bras.

Telle fut la fin de ce grand cœur et de cette âme vaillante et généreuse. Espérons que Dieu lui a donné le repos et la paix.

Ceci est la plus exacte vérité. »

Signé : Billiez,
Vicaire de la paroisse de Saint-Philippe.

« Que pourrions-nous ajouter à ce simple récit? écrit le général Ambert. Le voilà donc disparu pour toujours, ce grand homme de bien, ce vaillant soldat, ce citoyen dévoué à la patrie ! Il a noblement traversé la vie, et sur sa tombe, la France reconnaissante devrait tracer cette devise antique :

Sans peur et sans reproche.

Lorsque nous sortions de l'église où ses restes mortels avaient été bénits, ces trois mots prononcés par tous frappèrent nos oreilles : *Ils l'ont tué.* »
— Les communards n'avaient pu lui pardonner de les avoir combattus.

VITET

LITTÉRATEUR, VICE-PRÉSIDENT DE L'ASSEMBLÉE NATIONALE, MEMBRE DE L'ACADÉMIE FRANÇAISE ET DE L'ACADÉMIE DES INSCRIPTIONS.

(1802-1873)

« C'est mon devoir, et j'irai à l'Assemblée. »

M. Louis *Vitet* est né à Paris, en 1802. Destiné d'abord à l'enseignement, M. Vitet débuta dans les lettres à la rédaction du *Globe*. Deux ans plus tard il publia les *Barricades*, scènes dramatiques empruntées aux troubles de la ligue. Cette introduction originale du drame moderne dans l'histoire eut un grand succès et sembla ouvrir une voie nouvelle à la littérature. Quand la révolution de 1830 porta aux affaires les rédacteurs du *Globe*, et leurs doctrines, M. Vitet, qui avait appartenu à la société libérale : *Aide-toi, le Ciel t'aidera*, obtint de M. Guizot une place d'inspecteur des monuments historiques. En 1836, il entra au Conseil d'Etat puis à l'assemblée législative. C'était un esprit fin, un juge d'art des plus délicats.

Ces différentes positions n'empêchèrent pas M. Vitet de continuer ses travaux littéraires, dont les principaux sont : *Essais historiques et littéraires, études sur l'histoire de l'art*. Il entra à l'Académie française en 1845.

M. Vitet, qui fut longtemps indifférent et parfois hostile aux catholiques, était devenu, depuis plusieurs années, franchement chrétien. On suit le travail de sa pensée dans ses divers écrits.

Ainsi en 1870, dans une longue notice sur le comte Duchâtel, parlant de l'enseignement de Jouffroy et de ses idées spiritualistes, il attaquait l'Eglise et était injuste envers elle.

« Les théories matérialistes avaient conquis l'esprit français, le possédaient, le gouvernaient absolument, sans soulever la moindre résistance. Pour trouver quelque exemple d'un tel état de soumission mentale, il faudrait remonter jusqu'aux siècles les plus crédules et chez les peuples les plus courbés sous la verge du sacerdoce. Nul ne se fût permis de battre en ruine ces doctrines, de revendiquer les droits de l'âme, en faisant le plus simple appel à la conscience de chacun. L'Eglise seule protestait, mais pour la forme, par tradition, s'enfermant dans ses dogmes, sans rien tenter pour les expliquer, sans rien trouver qui fît justice de cette humiliante tyrannie (1). »

Ces affirmations si peu justifiées et si haineuses étaient écrites dans la *Revue des Deux-Mondes*, au mois d'avril. Mais voici qu'en novembre de la même année, le même écrivain publiait dans cette *Revue* pendant le siège de Paris, des lettres aussi chrétiennes que patriotiques, dont toute la presse a parlé, et dont les catholiques lui savent gré.

Dans l'une d'elles, on lit :

« Savez-vous ce qui trouble ma confiance, même en contemplant ces remparts à qui nous devons tant? C'est beaucoup, j'en conviens, d'avoir fait cet effort d'arrêter l'ennemi et de lui opposer de si fortes murailles; mais pour vaincre, est-ce assez? Si nous ne comptons que sur nous-mêmes, sur nos bras et sur nos canons, ne sentons-nous pas que c'est peu de chose? Et pour nous assurer un secours autrement puissant, que faisons-nous? qu'osons-nous faire? Dieu, je le crois, ne veut pas que la France périsse : il l'a tant protégée et sauvée tant de fois, d'une façon si visible, jusqu'à nous délivrer d'envahisseurs

---

(1) Le comte Duchâtel, par L. Vitet, de l'Académie française.

non moins tenaces, non moins puissants que ces Prussiens, par le bras d'une jeune fille. Mais nous attendre, nous, à une pareille assistance, c'est le croire bien généreux ! Car s'il voulait que, dans notre détresse, des prières publiques montassent jusqu'à lui, et qu'il mit à ce prix sa clémence, notre République française serait hors d'état de les lui offrir. Sa sœur ne l'Atlantique faisait plus largement les choses, lorsqu'elle aussi, subissait la torture d'une guerre qui la dévorait.

« Si vous jetez les yeux sur cette immense lutte, vous y voyez le jeûne et la prière à la veille de tous les grands combats. Espérons qu'à défaut de ces jémonstrations publiques la ferveur isolée suffit à fléchir Dieu. Celle-là, du moins, ne manque pas en France, même au milieu de tant d'aveuglements, d'impiétés et d'indifférence ; il faut compter sur elle et garder bon espoir en Dieu. »

Ainsi, c'est vers cette époque que cet esprit distingué eut le courage de reconnaître la vérité tout entière, et il semble qu'il parle de lui-même lorsqu'il écrit de son ami le comte Duchâtel : « Depuis longtemps ses convictions spiritualistes l'avaient élevé, par degrés, au besoin et à l'intelligence des vérités chrétiennes. »

S'adressant à un prêtre de nos amis, il écrivait encore à la même époque, en faveur d'une personne attachée à lui par les liens de l'amitié et qui avait perdu son mari : « Priez pour elle, monsieur le curé, aussi bien que pour l'homme éminent dont elle est désormais séparée en ce monde. Si quelque chose peut adoucir les amertumes de la séparation, c'est assurément un tel gage (la communion en viatique) de la réunion espérée au ciel. Encore une fois, monsieur, aidez-nous de vos charitables prières. » Ces paroles montrent bien qu'il était arrivé à la foi pratique.

La mort de M. Vitet a été, en grande partie, causée par son désir d'accomplir jusqu'au bout son devoir de député. Déjà malade, on l'avait dissuadé d'assister aux séances des 23 et 24 mai : « Il y avait danger grave, lui disait-on. — C'est mon devoir et j'irai à l'Assemblée, » répondit-il. Il mourait peu après fortifié par la religion.

Heureux ceux qui, comme M. Vitet, ont eu le temps de réparer, par quelques années de fidélité à Dieu, leur indifférence des années passées.

VOLTA
PHYSICIEN, SÉNATEUR D'ITALIE.
(1745-1827)

« Puisse ma protestation que je désire être connue de tout le monde, car je ne rougis pas de l'Evangile, produire de bons fruits. »
Volta.

Volta, le célèbre inventeur de la pile qui porte

son nom, naquit à Come, en Italie, d'une famille noble.

Ses travaux ont porté presque exclusivement sur l'électricité. Dès l'âge de dix-huit ans, il était en correspondance sur ce sujet avec l'abbé Nollet, le célèbre physicien français, mort en 1770.

Volta, par son génie inventeur, a enrichi la science de plusieurs instruments, l'électrophore, le condensateur électrique, la lampe perpétuelle à gaz hydrogène, joints à l'appareil électrique qui l'a immortalisé.

Professeur pendant sa vie entière dans les écoles de sa patrie, il occupa pendant trente ans la chaire de physique à l'Université de Pavie. Il fut comblé d'honneurs par Bonaparte qui le décora de la Légion d'honneur et de la Couronne de fer, le fit nommer député de l'Université de Pavie et l'éleva à la dignité de comte et de sénateur du royaume d'Italie. En 1802, Volta devint associé étranger de l'Institut de France.

L'illustre physicien était profondément religieux, toute sa vie prouve qu'il n'a jamais craint de se montrer chrétien dans sa conduite publique ou privée. Voici la profession de foi qu'il a voulu rendre publique :

« J'ai toujours tenu et je tiens pour unique, vraie et infaillible cette sainte religion catholique, et je remercie Dieu sans fin de m'avoir infusé cette foi surnaturelle.

« Je n'ai pas toutefois négligé les moyens, même humains, de me confirmer davantage dans cette foi et d'écarter tous les doutes qui auraient pu surgir et me tenter, en l'étudiant atttentivement dans ses fondements, et en recherchant par la lecture de beaucoup de livres, tant apologétiques qu'hostiles, les raisons pour ou contre, d'où surgissent les arguments les plus valides qui la rendent très croyable même à la raison humaine, et *telle que tout esprit bien fait ne peut que l'embrasser et l'aimer.* Puisse une telle protestation, que je désire être connue de tout le monde, car je ne rougis pas de l'Evangile, *non erubesco Evangelium*, produire de bons fruits! »

Silvio Pellico dans ses *Devoirs des hommes* rend hommage à la foi vive de l'illustre savant et se plaît à le proposer comme modèle aux chrétiens: « Notre Volta, qui était un très grand physicien et un homme d'une rare instruction, fut toute sa vie un très vertueux catholique. » Il le regardait comme son maître en religion, lui demandant comment on échappe au doute. Silvio dit encore du savant physicien : « Je vis qu'un catholique peut, comme le grand Volta, dire humblement son chapelet, et rester une intelligence saine, clairvoyante, robuste (1). »

Nous n'avons rien à ajouter à ce témoignage du poète italien.

---

(1) Lettre à M⁰ Rossi-Giampieri.

WALDECK-ROUSSEAU

JURISCONSULTE, DÉPUTÉ, MAIRE DE NANTES.

(1812-1882)

> « Je vous le promets, j'observerai ce règlement. »
> Waldeck-Rousseau.

Au mois de février 1882, la ville de Nantes assistait aux funérailles d'un homme qui occupa une place considérable dans sa vie politique; M. *Waldeck-Rousseau*, ancien représentant du peuple, célèbre avocat, maire de cette ville, venait de mourir dans les sentiments de la plus vive piété.

Né à Rennes en 1812, après avoir terminé ses humanités au collège Saint-Jean-d'Angély et son droit à Rennes, il se fit inscrire au barreau de Nantes et fit partie, sous le règne de Louis-Philippe, de la *Société des droits de l'homme*. Après la révolution de février, ses opinions libérales le firent nommer à la Chambre par plus de 86.000 voix. Il y soutint la politique de Cavaignac et combattit le prince Napoléon.

Il témoigna alors d'un trop grand zèle pour la cause républicaine, mais peu à peu l'expérience le désabusa, et il ne conserva plus de ses opinions premières qu'un grand et sincère amour de la liberté, sagement dirigé par une foi vive et agissante. Maire de Nantes en 1871, il lutta vaillamment contre les hommes de son parti politique en faveur des écoles congréganistes, et le libre exercice du culte catholique. Malgré les menaces de l'impiété, il engagea le clergé nantais à faire la procession ordinaire de la Fête-Dieu et se porta garant de la paix publique. Cette cérémonie eut lieu, en effet, et, grâce à son énergie, rien ne vint troubler l'ordre dans la rue.

Bientôt chassé de l'hôtel de ville par le flot démagogique, il consacra exclusivement les dernières années de sa vie aux devoirs de sa profession et aux œuvres de sanctification personnelle.

A la mort du docteur Guépin, le représentant du parti républicain, M. Waldeck crut pouvoir donner un gage à ses amis politiques, en assistant à l'enterrement civil du fameux démocrate, ami de Garibaldi. Il y fut, en effet, au grand scandale de la population honnête et religieuse de Nantes, et à la grande joie des révolutionnaires.

Avant son départ, une personne qui lui était chère, et qui voulait lui épargner cette faute publique, avait dit : « Mon ami, le bon Dieu vous punira. »

Cette prédiction s'accomplit.

Le soir même de la sépulture civile, le célèbre avocat était frappé d'une maladie qui le mit aux portes du tombeau et dura de longs mois. Le prêtre fut appelé. Avant de recevoir le saint Viatique, le malade, en présence des personnes qui emplissaient sa chambre, demanda pardon à Dieu et aux hommes du scandale qu'il avait eu la faiblesse de donner en assistant aux funérailles du docteur Guépin.

Le scandale avait été public, la réparation devait l'être aussi : elle ne coûta pas à son humilité.

Dieu le rappela à la vie, mais il dut abandonner les occupations de sa profession et renoncer à porter la parole au barreau.

*
* *

Il nous a été donné de connaître et de voir de près M. Waldeck-Rousseau et nous pouvons garantir la vérité des détails qui suivent :

M. Waldeck a été toute sa vie un catholique pratiquant.

Le curé d'une paroisse (1) où il passait ses vacances une partie de l'été, s'étant permis de demander à la pieuse compagne de sa vie s'il était vrai

(1) M. Waldech avait, à sa campagne à Boufferé, (Vendée) fait restaurer une petite chapelle et l'avait placée sous l'invocation des patrons de ses deux enfants.

que M. Waldeck avait commencé depuis peu à faire ses Pâques, en reçut cette réponse :

« Mon mari n'a pas eu besoin de recommencer à faire ses Pâques, car il n'a jamais cessé de les faire depuis sa sortie du collège. »

Et voici ce qu'elle rapporta à ce sujet :

M. Waldeck terminait ses études et allait sortir de la maison de S.-Jean-d'Angély lorsque le supérieur, un vénérable prêtre, doué d'une grande expérience et qui avait bien jugé le jeune étudiant, le fait appeler dans sa chambre et lui parle ainsi :

« Mon ami, vous allez nous quitter, pour aller à travers le monde, dans une carrière que vous ne connaissez pas. Bien des dangers vous y attendent. Vous avez de la foi, du sérieux, vous êtes un homme de devoir, il faut l'être toute votre vie, voulez-vous persévérer?

— Sans doute, Monsieur le Supérieur.

— Eh bien! voici un moyen. Lisez ceci. »

Et le supérieur présente au jeune homme un règlement de vie assez large pour s'adapter aux situations les plus diverses, mais aussi très complet et fixant les principaux points d'une conduite vraiment chrétienne : la prière chaque jour, la messe chaque dimanche, la communion pascale chaque année.

Le jeune Waldeck jette les yeux sur ce règlement et demeure quelques instants pensif :

« Voulez-vous me promettre d'observer ce règlement? dit le supérieur.

Pas de réponse. Le silence dura encore un moment.

« Voyons, voulez-vous me le promettre? tendez-moi la main. »

Et M. Waldeck restait immobile et silencieux. Enfin il met sa main dans celle du supérieur, et d'une voix ferme, interprète d'une volonté énergique : « M. le supérieur, je vous le promets, je l'observerai. »

« Et depuis cette époque, ajoutait le narrateur, jamais, non jamais, M. Waldeck n'a cessé de faire son devoir pascal. Et c'est au règlement du vénérable supérieur et à sa propre volonté, ferme et invariable, qu'il a dû de se conserver pur et chrétien, partout et toujours. »

L'assistance à la messe chaque matin dans la chapelle des Jésuites de la rue Dugommier et la méditation, comme un religieux, faisaient partie du règlement qu'il s'était imposé.

.·.

Plusieurs fois bâtonnier de l'ordre, il a laissé dans le barreau nantais un vide qui n'a pu être comblé.

Sa parole ample, majestueuse, sa grande science juridique avaient une haute autorité. Toutes les classes étaient confondues et se pressaient dans son cabinet, faisant antichambre pendant des jours entiers pour avoir quelques minutes de consultation.

Que de services désintéressés il a rendus à la cause de la justice et de la religion !

Un jour, un prêtre vendéen, que son zèle et sa science avaient arraché à la poursuite des ennemis de l'Eglise, était venu lui offrir les honoraires auxquels il avait droit. Le jurisconsulte refuse de rien recevoir et comme le prêtre insistait, M. Waldeck lui, serrant la main avec affection :

« Monsieur, lui dit-il, ma meilleure récompense est le plaisir de vous avoir rendu service. »

En se retirant, l'ecclésiastique déposa furtivement cent francs sur la cheminée du salon.

C'est aux pauvres, aux auditoires de la Sainte Famille et des patronages, que cet homme éloquent a donné le dernier souffle de sa parole; c'est aussi aux pratiques de piété et aux saintes réflexions qu'il a consacré les dernières années de sa vie, se préparant à paraître avec confiance devant le souverain Juge.

Lors de l'exécution des décrets contre les religieux, il donna un admirable exemple de courage et de religion. Il avait passé la dernière nuit avec les PP. Jésuites, et quand les crocheteurs arrivèrent au matin, *M. Waldeck-Rousseau, père de M. Waldeck-Rousseau, ministre de l'intérieur sous Gambetta,* sortit le premier, emmenant au bras un vénérable religieux octogénaire, que toute la ville de Nantes, et les ouvriers principalement, vénéraient comme un saint (1). Il lui donna asile en sa maison jusqu'à sa mort.

La France n'a pas assez de ces catholiques !

.*.

M. Waldeck ne s'est pas contenté d'avoir des croyances religieuses, il a cherché à les communiquer à ceux de ses amis qui n'avaient pas ce bonheur, il s'est fait apôtre en certaines circonstances; et, pour cela, rien ne lui manquait, ni l'autorité de la science et de la parole, ni le zèle, ni les senments de l'amitié la plus sincère.

Un prêtre qui l'a beaucoup connu nous écrit :

« La dernière fois que j'ai vu M. Waldeck-Rousseau, c'est auprès d'un médecin très dangereusement malade. Ce médecin ne se confessait pas, bien qu'il fût un homme irréprochable au point de vue professionnel.

« M. Waldeck le connaissait, et nous le visitions tous les deux dans l'intérêt de son âme.

« Les démarches de l'ancien maire de Nantes furent couronnées de succès. Ce médecin se confessa et mourut après avoir reçu, avec une foi très vive et une édifiante piété, tous les sacrements de l'Eglise. L'honnête homme expira en bon chrétien.

« En cas semblable, l'influence de M. Waldeck

(1) Le R. P. Labonde.

était presque toujours décisive, et *il ne reculait jamais devant ce charitable apostolat* (1). »

(1) Le célèbre oculiste Guépin, impie et fougueux démocrate, fut aussi parfois l'apôtre de la vérité, tellement la religion a d'empire sur les plus incrédules.

Il y a environ trente-cinq ans, un intime ami du docteur Ange Guépin, médecin lui aussi, était à la veille d'une mort certaine. La femme du malade profondément religieuse et dévouée, priait depuis longtemps pour sa conversion. Voyant entrer M. Guépin pour faire visite à son mari, cette dame lui dit, avec un accent inspiré par sa foi et sa douleur : « Oh! M. Guépin, que vous nous faites de mal ! — Et pourquoi donc, madame? reprend le docteur. — Mon mari va mourir en réprouvé, et vous en serez cause. — Moi! madame; je sais que nous avons dit, votre mari et moi, bien des impiétés, mais ce n'est plus le temps, laissez-moi faire.

Puis, M. Guépin entre dans la chambre du malade, et, assis près de lui engage la conversation suivante ; « Mon cher ami, vous voilà bien malade! — Eh parbleu ! je ne le sais que trop... — Oui, mais votre état a empiré et nous cause de graves inquiétudes. — Où voulez-vous en venir? — Il serait temps de mettre ordre à vos affaires. — Mais, je laisse une femme et des enfants, et mes affaires sont en règle. — Ce n'est pas cela dont je veux parler. A votre place je me confesserais! — Vous plaisantez, Guépin, dit le malade étonné, est-ce que nous n'avons pas dit que toutes ces pratiques-là n'étaient que des bêtises? — Oui, mon cher, *nous l'avons dit, mais nous ne l'avons pas prouvé. Et si par hasard nous nous étions trompés?*

Après avoir réfléchi un moment, le malade qui avait repoussé jusque-là toutes les supplications de sa femme, terrassé par cette franche et brusque déclaration de son ami, lui dit: « *Vous avez raison*, Guépin, *nous l'avons dit*, mais *nous ne l'avons pas prouvé*. Je ne veux pas m'exposer à un regret éternel. Allez prier M. le curé de S.-Nicolas (M. Fournier, depuis évêque de Nantes), de venir me voir.

Peu d'heures après, il se réconciliait avec Dieu et mourait en bon chrétien.

Mais lui, Guépin, qui avait dit *à votre place je me confesserais*, est mort subitement en chemin de fer, et son cadavre a servi de prétexte à une manifestation impie et scandaleuse dans la bonne ville de Nantes.

WALKENAER

SAVANT NATURALISTE, GÉOGRAPHE, DE L'INSTITUT.

(1771-1852)

> « Dieu se sert d'une rencontre fortuite en apparence pour opérer son œuvre. »
>
> A. B.

Né à Paris et orphelin dès son enfance, Charles-Athanase *Walkenaer* reçut cependant une bonne et solide éducation. Doué d'heureuses dispositions pour l'étude, il fut capable, à l'âge de dix ans, de résoudre les problèmes des hautes mathématiques, et à douze ans il traduisait Horace et Virgile en langue anglaise.

A sa sortie de l'Ecole polytechnique, il s'adonna aux sciences naturelles, sa passion dominante. Après avoir fait paraître sur les *Insectes* plusieurs ouvrages remarquables, il accepta, sous la Restauration, qui avait ses sympathies, d'entrer dans l'administration civile. Successivement maire à Paris, secrétaire général, préfet de plusieurs départements, il montra, dans ces fonctions si nouvelles pour lui, les talents d'un administrateur habile.

Mais, après 1830, il rentra dans la vie privée pour n'en plus sortir.

Cette retraite donna une nouvelle ardeur à ses

travaux scientifiques et littéraires. Sa *Géographie des Gaules*, couronnée par l'Académie des Inscriptions, le fit entrer dans cette société, où bientôt il était choisi pour secrétaire perpétuel.

Comme biographe, Walckenaer fut innovateur en France de ces grandes biographies, à la manière anglaise, qui sont, à propos d'un homme, l'histoire du peuple où il vécut, de ses mœurs et de ses usages. Il réussit pleinement en ce genre, et ses biographies de La Fontaine, d'Horace, de Mme de Sévigné sont le fruit d'immenses lectures et d'études approfondies sur le siècle où vécurent ces auteurs.

Le célèbre naturaliste ne fut pas toujours chrétien, mais il eut le bonheur de rencontrer dans sa carrière littéraire un saint religieux, qui fut l'instrument de sa conversion.

Dieu se sert ainsi d'une circonstance, fortuite en apparence, pour attirer les âmes à la vérité. Nous sommes ses instruments parfois à notre insu. Quand il nous emploie dans ce but, c'est un honneur insigne dont nous ne devons pas nous glorifier.

C'est ce qu'avait si bien compris le bon P. de Ravignan, et les occasions lui manquèrent moins qu'à tout autre de contribuer à la gloire de Dieu. Son nom, en effet, attirait les âmes. Combien de mères lui amenèrent leurs fils! de sœurs, leurs frères! d'épouses leurs maris! Combien d'amis lui présentaient leurs amis!

Ce fut en 1839, que le baron de Walckenaer devint la conquête glorieuse du savant religieux.

Une lettre de ce membre de l'Institut, devenu pieux disciple de l'Evangile, nous dira comment il persévéra dans la fidélité à Dieu, et dans son amitié pour le prêtre qui l'avait réconcilié avec le Ciel.

« Que je vous dois de reconnaissance ! Certes, je me propose bien d'aller passer trois jours à Paris, uniquement pour faire mes Pâques. Soyez béni, vous qui bénissez les autres ! C'est là ma plus ardente prière; elle est exaucée depuis longtemps. Nous avons été alarmés par l'état de votre santé. Si jamais la douleur d'une telle perte venait affliger mes vieux jours je ne vous déguiserais pas que, dans cette douleur, il entrerait beaucoup de ressentiment contre vous. Je vous ai souvent exhorté à ne pas abuser des forces de votre nature, et au contraire, vous en avez abusé avec excès. »

Dix ans après, rapporte le P. de Ponlevoy, le bon vieillard accomplissait un acte de tendresse chrétienne : sa femme venait de tomber malade. Il accourt aussitôt au P. de Ravignan, avant d'avoir prévenu le médecin. « Il ne pense pas comme elle ni comme moi, » dit-il, et dans sa foi naïve il ajouta : « Priez pour elle, saint homme ! »

Une sainte mort réunit bientôt au ciel les deux époux un instant séparés.

WARD (lord)

PHILOSOPHE, PUBLICISTE, PAIR D'ANGLETERRE.

(1817-1882)

> « Ami du docteur Newman, il l'avait accompagné dans son glorieux exode. » A.B.

Les catholiques anglais ont fait, en 1882, une grande perte en la personne du Dr *William Ward*, onzième baron, pair d'Angleterre. Né en 1817, lord Ward appartient à une noble et antique famille, élevée, dès 1644, à la pairie héréditaire.

Après avoir fait de brillantes études à l'Université d'Oxford, il prit la place de son père à la Chambre des lords, et y vota toujours avec les conservateurs. En 1851, il a épousé miss de Burgh.

Ami du Dr Newman, il l'avait accompagné dans son glorieux exode, et s'était converti au catholicisme avec sa jeune femme. Quoique laïque et marié, lord Ward était si pieux et si érudit dans la philosophie et la théologie qu'il fut chargé par le cardinal Wiseman du cours de théologie dogmatique au grand séminaire de Saint-Edmond. Il conserva ces fonctions pendant sept ans, et quand il se retira, Pie IX lui conféra le grade de docteur. En 1863, il prit la direction de la *Dublin Review*, recueil trimestriel très sérieux et très estimé.

Comme philosophe, le docteur Ward jouissait d'une grande réputation en Angleterre. Il est mort en juillet 1882, après une longue maladie supportée avec une foi vive et une patience admirable. Léon XIII l'avait créé, en 1888, commandeur de l'ordre de Saint Grégoire-le-Grand.

WURTZ

CAPITAINE DE VAISSEAU.

(1796-1861)

> « Madame l'amirale, je suis catholique, et j'observe les lois de l'Eglise. »
>
> J. *Wurtz.*

Joseph Eugène *Wurtz* était un officier moins distingué par le grade qu'il occupait dans la marine française que par la supériorité de son esprit et la noblesse de son caractère.

C'eût été un homme accompli, si la religion avait donné à ses belles qualités un but digne d'elles. Malheureusement, il était venu à une époque où l'impiété était de bon ton, et notre capitaine de vaisseau affichait à l'égard de la religion une indifférence qui dégénérait facilement en hostilité. Une circonstance en apparence la plus fortuite, un de ces riens, qui, dans les desseins de la Providence, décident d'une éternité, lui fit connaître le Dieu qu'il ignorait.

En congé à Bordeaux, il accompagna par politesse à l'église une de ses parentes qu'il était venu visiter.

Le célèbre abbé Rauzan devait y prêcher.

Joseph Wurtz s'était bien promis de ne pas franchir le seuil du temple, et arrivé à l'entrée, ayant au bras sa cousine, il se disposait à se retirer.

« Mais entrez donc, lui dit-elle, et veuillez me tenir compagnie, » et en disant ces mots, elle l'entraînait doucement à sa suite.

Après avoir jeté les yeux sur l'édifice et sur la foule, il cherche à s'esquiver sans bruit. Mais la réputation de l'orateur avait attiré une foule compacte, et notre marin se vit cerné, bloqué de toutes parts. S'ouvrir un passage de force, c'était s'exposer au murmure des élégantes dames, attirer sur soi l'attention de la foule, et provoquer une multitude de questions sur le personnage, qui s'était ainsi échappé au moment du discours.

L'officier sentit son courage faiblir plus que s'il avait dû monter à l'assaut d'un vaisseau ennemi.

Bientôt le prédicateur parut dans la chaire, l'officier fixa sur lui des regards curieux. Aussi quand, après quelques instants de prières, l'abbé Rauzan se releva, fit son signe de croix et prononça son texte, le marin ne perdit pas un mot.

L'orateur avait choisi ces paroles de Notre-Seigneur : « *Venite ad me omnes qui laboratis et onerati estis, et ego reficiam vos*, venez à moi vous tous qui êtes courbés sous le poids du travail et de la douleur et je vous soulagerai. »

L'effet de ces paroles fut irrésistible ; elles s'enfoncèrent comme un trait dans le cœur de l'officier et l'impressionnèrent toute sa vie. « Dès ce moment, a-t-il raconté plus tard, je me livrai à l'orateur, je le suivis dans tous ses développements, mon cœur se dilatait à la chaleur de ses paroles. Le texte divin revint à plusieurs reprises, et chaque fois c'était un nouveau coup qui m'était porté ; jamais je n'avais ressenti une semblable émotion. »

* *

Avant la fin du discours, la mâle poitrine du marin ne pouvait plus contenir l'émotion qui l'agitait. L'amour, le repentir, l'inanité, le vide des chimères qu'il avait poursuivies jusqu'alors, toutes ces pensées se pressaient dans son âme, sa tête était cachée dans ses mains, et c'est en vain qu'il eût cherché à dérober son émotion à ceux qui l'entouraient.

Aussi, au salut qui suivit, quand Dieu sortit de son tabernacle pour faire fructifier les paroles de son ministre, Joseph Wurtz, à genoux comme tous les assistants et profondément recueilli, ne put retenir les larmes dont ses yeux se remplissaient.

Que se passa-t-il dans son cœur? Qu'entendit-il

au fond de son âme? c'est le secret de Dieu, mais il était subjugué, et après l'office il se levait résolument de sa place, se dirigeant vers la sacristie et demandant M. l'abbé Rauzan.

Le missionnaire vit tout de suite l'importante conquête qu'il venait de faire, mais ne pouvant donner de longs moments à l'officier de marine, il s'excuse, propose un délai, et obtient de lui la promesse qu'il viendra le lendemain sur les dix heures le trouver dans sa chambre.

Ce retard eût été funeste si le prêtre eût été moins soigneux d'exiger un engagement et le marin mouis esclave de sa parole.

Rendu au grand air, en face de ce monde indifférent ou impie, dont il avait jusque-là partagé les idées, M. Wurtz sentit ses bonnes impressions se dissiper. Il se demanda s'il ne sortait pas d'un rêve; il s'en voulut presque d'avoir été sur le point de succomber à ce qu'il appelait un moment d'exaltation religieuse. Il résolut de tenir sa promesse mais ses dispositions étaient changées.

A l'heure indiquée, l'officier était dans la chambre du missionnaire, et après les compliments d'usage, il exposa d'un ton brusque les motifs qui l'avaient fait changer de résolution. L'homme de Dieu les reprend, les réfute en quelques mots, l'exhorte à ne pas résister à la grâce qui le sollicite par ces paroles : « *Venite ad me, omnes...* »

L'effet en fut instantané et décisif; de nouveau le

brave capitaine se sent impuissant à contenir son émotion et ses larmes. Il tombe aux genoux du prêtre et ne s'en relève que pour publier jusqu'aux derniers jours de sa vie les miséricordes de Dieu.

Dès lors l'intrépide marin est devenu un des plus fermes chrétiens de nos jours, observant toutes les lois de Dieu et de son Eglise : jamais il n'a transigé avec sa conscience.

*
* *

Invité un jour d'abstinence à la table de l'amiral de M***, il se voit assis à une table exclusivement servie en gras.

Les convives étaient nombreux. Un chrétien ordinaire eût cru devoir faire céder les lois de l'Eglise devant la bienséance et la crainte de contrister ses hôtes, sinon devant le respect humain.

Le nouveau converti n'agit pas ainsi.

Il vit passer tous les mets devant lui sans y toucher, jusqu'à ce que Madame l'amirale, qui s'en aperçut, lui en demanda la cause :

« Madame, je suis catholique, et j'observe les lois de l'Eglise. »

La dame se confond en excuses et fait servir du maigre.

Quelques années après, M. Wurtz, retiré de la marine, se livrait entièrement aux œuvres chrétiennes, édifiant tous ceux qui le connaissaient, et faisant le bien autour de lui, dans une ville maritime de Bretagne, où il est mort en 1851 dans d'excellents sentiments de foi, laissant à tous l'exemple d'une vie fortement trempée par la religion.

WURTEMBERG (Paul de)

PRINCE ALLEMAND.

1802-1852.

> « Enfin, la grâce de Dieu opérant, ce caractère très énergique, très indépendant se soumit. »
> P. de Ponlevoy.

Le prince Paul *de Wurtemberg*, frère du roi actuellement régnant, rapporte le P. de Ravignan, vivait en France depuis plus de trente ans. Sa fille, madame la comtesse de Montessuy, m'introduisit auprès de lui, il y a environ deux ans. J'y allai de temps à autre et n'avançais guère dans l'œuvre du salut de cette âme.

Vers la fin de 1851, le prince fut attaqué d'une maladie assez grave, fort longue, mais qui le laissait en pleine possession de ses facultés, et lui permettait de sortir quelquefois.

Cette maladie avait amené une surdité qui rendait fort pénibles les conversations avec le prince. Une sœur de Bon Secours le gardait; elle avait pris sur lui une certaine influence, du moins elle lui parlait de Dieu et elle était écoutée. Madame de Montessuy, fort aimée de son père, continuait ses pieuses assiduités. J'y allai souvent.

Enfin, la grâce de Dieu opérant, ce caractère très énergique, *très indépendant, se soumit.* Avec la plus grande franchise, le prince se décida à embrasser la religion catholique. Il accomplit toutes les conditions, se confessa ; et le trente janvier 1862, je reçus dans sa chambre, son abjuration, et dus renvoyer à quelques jours la communion, pour la commodité du prince.

Je tombai alors malade et ne quittai point mon lit ou ma chambre durant près de trois mois. Le prince Paul envoyait tous les jours à notre maison de la rue de Sèvres, pour savoir quand je serais en état de le voir. *Il vint lui-même, me déclara qu'il voulait compléter son œuvre, communier et recevoir la Confirmation.* Je ne pouvais parler et ne pouvais sortir. Le prince, de lui-même, pria le P. Supérieur de le confesser, de dire la messe et de lui donner la communion. Le lundi saint tout fut religieusement accompli : le prince se confessa et communia dans la chapelle des enfants délaissés, et le même jour le nonce alla le confesser dans sa chambre.

Huit jours après le prince mourait. On put lui administrer l'Extrême-Onction.

Le prince Paul m'avait imposé et voulait garder

pour un temps, un secret absolu. Il m'avait cependant permis de communiquer la bonne nouvelle au nonce sous le secret; depuis il le pria d'en instruire le pape. Ses convictions étaient depuis longtemps fixées, et nul esprit autant que le sien ne fut opposé au principe protestant.

Madame de Montessuy avait déclaré ouvertement l'abjuration que son père avait voulu tenir secrète pour un temps. Le monde politique s'émut. Le roi de Wurtemberg n'a pas voulu recevoir le corps de son frère dans ses Etats. Qu'importe! Dieu, nous l'espérons, a reçu son âme dans le royaume éternel (1). »

La conversion du prince Paul, quand elle devint publique, ayant été contestée par le monde protestant, Mgr Garibaldi, nonce à Paris, voulut avoir entre les mains un document authentique qu'il pût faire valoir au besoin; il s'adressa donc au P. de Ravginan qui lui envoya la lettre qu'on vient de lire.

(1) *Vie du P. de Ravignan*, par le P. de Ponlevoy.

FIN

TABLE DES MATIERES

	Pages
Milleriot (P)	1
Moigno	9
Moncey	18
Montalembert (de)	20
Montalivet (de)	31
Mousseaux (des)	32
Nadau-Desislets	34
Napoléon Ier	37
Napoléon	57
Nélaton	64
Nelson (lord)	67
Nicolai (baron de)	75
Niel	78
Noé (comte de) Cham	84
O'Connell	91
Ozanam	100
Pâqueron	109
Pardessus	121
Pâris (Paulin)	123
Parrini	126
Pas (de)	129
Pélissier	135
Pierre	138
Pimodan (de)	140
Plancy (Colin de)	140
Pothuau	156
Randon	153
Ratisbonne (de)	161
Récamier	165
Rémusat (de)	174
Renault	176
Ressayre	180
Rigault de Genouilly	183
Ripon (lord)	185
Rossini	190
Rostopéhine (comtesse)	192
Rougé (de)	203
Royer-Collard	208

Sacy (de)	215
Saint-Arnauld	218
Saint-Marc Girardin	225
Saint-René Taillandier	230
Sainte-Clair Deville	234
Saisset	235
Salignac-Fénelon	237
Schelling (Dr)	241
Secchi (P.)	244
Silvio Pellico	248
Sonis (de)	252
Soulié Frédéric	253
Souty	256
Spencer (lord)	261
Stolberg (de)	267
Strafford (comtesse de)	273
Surville (de)	275
Swetchine	276
Talhouët (de)	284
Tayer	287
Thénard	292
Thierry (Aug.)	295
Thierry (Amédée)	301
Tocqueville (de)	306
Tréboute	326
Tréhuart	327
Troplong	329
Touchard	331
Vaillant	334
Valette	337
Veuillot (Louis)	339
Viennet	349
Vigny (de)	351
Villemain	357
Villeret (de)	361
Villiers-Berthen	365
Vinoy	369
Vitet	373
Volta	377
Waldek-Rousseau	380
Walkenaer	388
Ward	391
Wurtz	392
Wurtemberg	397

Paris. — Imprimerie Téqui, rue de Vaugirard, 92

ON TROUVE A LA MÊME LIBRAIRIE

OUVRAGES DE H. B. DE LAVAL

ROLLAND, ou les aventures d'un brave, 1 vol. illustré 1 50

TROMPE-LA-MORT, 1 vol. in-12 illustré . . 3 »»

BOUMAZA, aventures d'un coureur de bois, in-12, illustré . . . . 3 »»

LES ADMIRATEURS DE LA LUNE, par Léo Taxil, illustré 3 50

LES SŒURS DE CHARITÉ, par Léo Taxil et P. Marcel, in-12 . . . . 3 50

LA CAPRICIEUSE, naufrage dans une île déserte, 2 vol. in-12 . . . . 4 »»

LA TROMBE DE FER, par Paul Feval fils, in-12 . . . . 3 50

CHRÉTIENS ET HOMMES CÉLÈBRES, par l'Abbé A. Baraud, 3 in-12, illustrés . . . 9 »»

HISTOIRE D'UN HÉROS, par l'Abbé Teysseyre, in-12 illustré . . . . 3 »»

AMALIA CORSINI, par l'abbé Doublet, 9e édition, in-12 . . . . 2 »»

L'ASTROLOGUE, par Walter Scott, édition revue par L. A. Jumin, in-12 . . . . . 2 »»

ELISABETH OU LES EXILÉS DE SIBÉRIE, 1 vol. in-12 . . . . 1 50

GINEVRA, ou le manoir de Grantley, par Lady Fullerton, in-12 . . . . 2 »»

MANUEL THÉORIQUE ET PRATIQUE D'HORTICULTURE, 1 vol. in-12 illustré . 3 50

VOYAGE DE L'ONCLE CHARLES, par A. de Montanclos, in-12 . . . . 2 »»

SOUVENIRS D'AMÉRIQUE ET DE FRANCE 1 vol . . . . 3 »»

Paris. — Imprimerie Téqui, 92, rue de Vaugirard

www.ingramcontent.com/pod-product-compliance
Lightning Source LLC
Chambersburg PA
CBHW052118230426
43671CB00009B/1033